Effektives Lernen
CompactLehrbuch

Anleitung zu Selbststudium,
Gruppenarbeit und Examensvorbereitung

Hella Dahmer
Jürgen Dahmer

Vierte Auflage

Schattauer

Die Deutsche Bibliothek – CIP-Einheitsaufnahme

Dahmer, Hella:
Effektives Lernen : Anleitung zu Selbststudium, Gruppenarbeit und Examensvorbereitung / Hella Dahmer ; Jürgen Dahmer. – 4. Aufl. – Stuttgart ; New York : Schattauer, 1998
(CompactLehrbuch))
ISBN 3-7945-1831-4

Printed in Germany

Gedruckt auf chlor- und säurefrei gebleichtem Papier.

ISBN 3-7945-1831-4

Inhaltsverzeichnis

Hinweise zur Bearbeitung 1

1.0 Allgemeines und Grundsätzliches 2

1.1 Zweck des Buches 2
1.2 Allgemeine Lernziele 4
1.3 Rahmenplan – Der rote Faden 1 5

2.0 Das Lernen 7

2.1 Was heißt Lernen? 8
2.2 Was bedeutet Codierung für das Lernen? 10
2.3 Lernpsychologische Schulen und ihre Synthese in der Codierung 14
2.4 Lernen und die progressive Abstraktion 16
2.5 Lernfaktoren 19

3.0 Psychologische Voraussetzungen des Lernens 22

3.1 Aufmerksamkeit und Konzentration 22
3.2 Das Gedächtnis als Grundlage aller Lernformen 26
Das Gedächtnis als Informationsspeicher 30
Gedächtnisformen 30
Welche praktische Bedeutung haben die Gedächtnisformen für das Lernen? 31
Was bedeutet progressive Abstraktion für das Lernen? 34
Behalten und Vergessen 38

4.0 Motivation, Lernerfolg und Verstärkung 43

4.1 Motivation und Verstärkung 43
4.2 Motivation durch Erfolg 45
4.3 Primäre und sekundäre Motivation 49
4.4 Valenzentheorie 50

4.5 Motivation durch Relevanz 51
4.6 Motivatoren 54
4.7 Motivationstraining 58
4.8 Definierte Lernziele als Mittel der Langzeitmotivation 61
4.9 Vermeiden von Ablenkung 63
4.10 Zwei zusätzliche Motivationshilfen – Gruppendruck und Vorbild 65

5.0 Gruppenarbeit 71

5.1 Vor- und Nachteile der Gruppenarbeit 72
5.2 Vier Arten der Gruppenarbeit 76
5.3 Psychologische Aspekte der Gruppenarbeit 78
5.4 Vorbereitung von Gruppenarbeit 80
5.5 Ablauf der Gruppenarbeit 83
5.6 Die Rolle des Diskussionsleiters 87

6.0 Lernkanäle und wie man sich einliest 92

6.1 Lernkanal I – Das Hören 93
6.2 Lernkanal II – Das Sehen 94
6.3 Lernkanal III – Aktives Lernen durch Handeln 94
6.4 Wie liest man sich ein? – Vier Regeln zur Beherzigung 98

7.0 Lernformen 106

7.1 Orientierendes Lesen als Beispiel für orientierendes Lernen . 106
7.2 Strukturierendes Lernen als höhere Lernform 108
Was heißt strukturieren? 109
Horizontale und vertikale Strukturierung 114
Wie bildet man Superzeichen? 118
Wie benutzt man eine Textgliederung? 119
Analytische und synthetische Strukturierung 121
Lernplateaus als Zeichen der Strukturierung 130
Drei Strukturierungsmethoden 131
7.3 Durchschauendes und entdeckendes Lernen 135

8.0 Lernplanung als gezielte Prüfungsvorbereitung 143

8.1 Für jede allgemeine Lernplanung gelten drei Regeln: 143
Deutliche Ziele 144
Einteilung des Weges 144
Teilerfolge sichtbar machen 145
8.2 Klarheit über die Prüfung 146
Was wird geprüft? 147
Wie wird geprüft? 149
Wann wird geprüft – Lieben Sie Zwang? 150
8.3 Grundsätze für die praktische Examensvorbereitung 153
8.4 Durchführung gezielter Prüfungsvorbereitung 154
Allgemeine Vorbereitungsphase 155
Übersichtsphase – 1. Durchsicht 156
Strukturierungsphase – 2. Durchsicht 157
Die Phase des Einprägens – memorierendes Lernen 161
Die Phase des Rückgriffs und des selektiven Lückenfüllens ... 164
Kontrollphase 164
Phase der Wiederholung 170

9.0 Lernhemmungen und Pausenregelung 176

9.1 Lernhemmung durch zeitliche Nähe 186
9.2 Lernhemmung durch inhaltliche Nähe 187
9.3 Vorschläge zur effektiven Pausenregelung 190
9.4 Der Schlaf und die effektive Pausenregelung 192

10.0 Prüfungsformen und Prüfungsverhalten 196

10.1 Prüfungsverhalten in schriftlichen Prüfungen 197
10.2 Wie man Multiple-Choice-Fragen beantwortet 200
10.3 Prüfungsverhalten in mündlichen Prüfungen 214
10.4 Gruppenprüfungen 216

Zusammenfassung 220
Lösungsvorschläge zu den Aufgaben 221
Literatur 235
Sachverzeichnis 241

Hinweise zur Bearbeitung

Das vorliegende Taschenbuch ist ein Arbeitsbuch, das Ihnen eine Reihe lernpsychologischer Erkenntnisse vermittelt. Es bietet nicht nur Informationen, sondern auch Aufgaben, mit deren Bearbeitung Sie das Gelesene sofort in die Praxis umsetzen können. Dazu brauchen Sie Papier und Bleistift, und Sie tun sich selbst einen Gefallen, wenn Sie konsequent jede Aufgabe schriftlich lösen, bevor Sie die Lektüre fortsetzen. Nichts motiviert mehr zum Lernen als der eigene Erfolg!
Die Aufgaben dienen teils Ihrer Vorprogrammierung auf kommende Informationen, teils der Strukturierung und Festigung des Gelernten. Unmittelbar **nach** jeder Lösung sollten Sie Ihre Ergebnisse mit unseren Lösungsvorschlägen ab Seite 221 vergleichen.

Wenn Sie Gelegenheit haben, mit drei bis vier anderen Lesern dieses Buches die „Aufgaben für die Gruppenarbeit", die wir meist am Ende eines Kapitels anbieten, gemeinsam durchzuarbeiten, schaffen Sie sich mit der Diskussion des Stoffes eine zusätzliche Möglichkeit zur Vertiefung. Außerdem lassen sich in der Gruppe Lücken leichter ausfüllen und Unklarheiten beseitigen. Sie sollten für die gemeinsame Bearbeitung des Buches gegebenenfalls das Kapitel über die Gruppenarbeit vorrangig bearbeiten.

Das Buch ist mit Hilfe eines Dezimalsystems in Kapitel und Abschnitte unterteilt. Definitionen, Regeln und besonders wichtige Passagen haben wir am Rand gekennzeichnet. Die Lernziele finden Sie am Anfang jedes Kapitels und können mit der abschließenden Zusammenfassung bzw. mit den gebotenen Aufgaben selbst kontrollieren, ob Sie die gesteckten Ziele erreicht haben.
Der „Rote Faden" am Ende jedes Kapitels dient der schnellen Wiederholung des Vorangegangenen und dem Verständnis größerer Zusammenhänge. Lesen Sie pro Tag nicht mehr als ein Kapitel, sonst laufen Sie Gefahr, sich mit Lernhemmungen um die Früchte Ihrer Arbeit zu bringen.

Viel Erfolg!

1. Kapitel: Allgemeines und Grundsätzliches

1.1 Zweck des Buches; 1.2 Allgemeine Lernziele; 1.3 Rahmenplan und Roter Faden.

1.1 Zweck des Buches

Dieses Buch ist zwar kein Nürnberger Trichter, wird aber allen, die gern rationell arbeiten und sich auf ein Examen vorbereiten, das Lernen erleichtern. Für die Standard-Lernform an deutschen Oberschulen und Universitäten sind Begriffe wie „büffeln", „pauken" oder „einhämmern" gebräuchlich. Sie zeigen, wie wenig lustbetont offenbar das Thema ist, mit dem Sie sich noch jahrelang beschäftigen werden und das Sie darüber hinaus als „life-long-learning" zum Prinzip Ihrer beruflichen Weiterbildung machen sollten.
Wir wollen Ihnen zeigen, wie Sie sich viel unnütze Arbeit und Mühe ersparen können, indem Sie zunächst lernen, Ihr geistiges Handwerkszeug sinnvoller einzusetzen, d. h. Lernen lernen. Wir werden Ihnen dazu bestimmte Techniken anbieten, mit denen Sie leichter lernen, besser behalten und das Gelernte in Prüfungen leichter reproduzieren können.
Wenn Sie dieses Buch lesen, werden Sie feststellen,

LERNEN MACHT SPASS,

und Prüfungen führen nicht nur zu Angst, sondern auch zu Erfolgserlebnissen und damit zur Selbstbestätigung. Voraussetzung für erfolgreiches Arbeiten ist, daß man genau weiß, was man will; deshalb sind Ihre Erwartungen für den Lernerfolg entscheidend:

Aufgabe 1*

Nehmen Sie sich 3 Minuten Zeit für eine schriftliche Stichwortsammlung zu der Frage: „Was erwarte ich von einem Arbeitsbuch über effektives Lernen und gezielte Prüfungsvorbereitung?“

Aufgabe 2*

Ordnen Sie schriftlich Ihre Stichwortsammlung nach dem Stellenwert, den Sie den einzelnen Erwartungen zumessen, in einer Rangreihe. Die wichtigste Erwartung erhält den Stellenwert 1, zum Beispiel Motivationshilfen (1), Regelung der Lernpausen (2) usw.

Gruppenarbeit
Aufgabe A

Diskutieren Sie Ihre Erwartungen an dieses Buch in der kleinen Gruppe mit dem Ziel, eine gemeinsame Rangordnung für die fünf wichtigsten Erwartungen an das effektive Lernen zu bilden. Konsensus erreichen Sie entweder im Kompromißverfahren, bei dem „jeder etwas gewinnt und etwas verliert“, oder im Nominalverfahren, bei dem die individuell bewerteten Rangplätze der Gruppenmitglieder summiert und durch die Zahl der Gruppenmitglieder dividiert werden.
Kehren Sie nach der gemeinsamen Bearbeitung des Taschenbuches zu dieser Aufgabe zurück und beurteilen Sie gemeinsam, ob Ihre Erwartungen erfüllt wurden.

* Lösungsvorschläge bieten wir Ihnen nur zu Aufgaben an, für die eine einheitliche Lösung möglich ist. Zu vorprogrammierenden Aufgaben, wie hier den Aufgaben 1 und 2, selbständigen Formulierungen und Fragen, die unmittelbar auf nachfolgende Textstellen Bezug nehmen, machen wir keine Lösungsvorschläge.

1.2 Allgemeine Lernziele

1. Auch die raffiniertesten Lerntechniken sind ohne Ihren guten Willen wertlos, denn man lernt immer nur das, was man lernen will. Psychologen nennen diesen guten Willen **Motivation**. Sie werden sich über Ihre Grundmotive klar werden müssen und es lernen, diese Motive als Antriebe für Ihr Lernen sinnvoll zu nutzen.
2. Sie werden zu Prüfungen eine neue Einstellung gewinnen und **Erfolgskontrollen** als Mittel der Selbstbeurteilung schätzen lernen, d. h. als eine Möglichkeit, sich selbst mit dem eigenen Lernerfolg und der Freude an der vollbrachten Leistung zu motivieren. Mit dieser konstruktiven Ergebnishaltung gewinnen Sie eine neue Einstellung zum Lernen, denn erfolgreiches Lernen macht Spaß. Es kommt nur entscheidend darauf an, den Lernerfolg festzustellen, wenn Sie sich mit der Freude über den eigenen Erfolg selbst zu weiterem Lernen motivieren wollen. Und da auf die Dauer jeder nur das gern tut, was Spaß macht, sollten Sie das Lernen in einem Wissenschaftsbereich, dem Sie sich aus freier Wahl zugewandt haben, nicht durch stures Pauken zur Plage machen.
3. Sie werden die unterschiedliche Lernwirksamkeit der **Lernkanäle**, wie Lesen, Anschauen, Experimentieren oder Zuhören, kennenlernen und die Vorteile der jeweiligen Lernkanäle für bestimmte Aufgabenstellungen richtig einschätzen und entsprechend ihrer Lernwirksamkeit benutzen.
4. Es gibt kein Lernverfahren, das für alle Lernenden und für alle Lerninhalte gleich gut geeignet ist. Sie werden deshalb für Ihre speziellen Anliegen die **Lernformen** auswählen und anwenden lernen, die der Aufgabe angemessen sind. Wir werden uns darauf beschränken, Ihnen lernpsychologische Einsichten, Methoden und Hilfsmittel anzubieten, die es Ihnen erleichtern, die Ihrem Lerntyp und den verschiedenen Lernanforderungen angemessene Lernform selbst zu finden. Erwarten Sie also keine Patentrezepte, sondern ein Informationsangebot, über dessen Nutzung Sie in jeder Lernphase selbst entscheiden.
5. Sie werden lernen, Ihre eigenen Lernprozesse zeitlich, inhaltlich und formal selbständig zu **planen**, einfache Lernhilfen sinnvoll

anzuwenden und, soweit Sie für die Arbeit in der kleinen Gruppe Partner finden, sinnvoll in Gruppen zusammenzuarbeiten.
6. Examina werden auch in Zukunft unvermeidlich sein. Deshalb sollen Sie es lernen, sich anstelle des sturen Paukens durch rechtzeitige und systematische **Strukturierung** des Prüfungsstoffes gezielt auf Prüfungen vorzubereiten und sich bei der Prüfung so zu verhalten, daß Sie Ihren Prüfungserfolg nicht gefährden.

Wenn diese Lernziele Ihren Erwartungen an effektives Lernen und sinnvolle Prüfungsvorbereitung entsprechen, wird sich der Aufwand lohnen.

1.3 Rahmenplan – Der rote Faden 1

Wir wollen Ihnen jetzt einen Überblick über die Themen geben, die hier behandelt werden. Zunächst brauchen Sie eine Definition des Begriffs Lernen – 2. Kapitel –, mit der Sie größere Zusammenhänge erfassen und mit der wir uns verständigen können.
Lernpsychologische Erkenntnisse von Pawlow bis zur Gegenwart werden wir im 3. Kapitel und nur so weit behandeln, wie sie für Ihre Lerntechniken und damit für die Bewältigung Ihres Studiums von Bedeutung sind, und ausführlich auf Erfolgsmotivation, Motivatoren und Motivationstraining eingehen, denn Sie müssen motiviert sein, umfangreiche Informationen aufzunehmen – 4. Kapitel –.
Da ein Teil Ihrer Ausbildung in kleinen oder größeren Gruppen erfolgt, sollen im 5. Kapitel bestimmte Formen der Gruppenarbeit besprochen werden, mit denen Sie sowohl Ihren Lernprozeß wirksamer gestalten als auch Arbeitsformen üben können, die Ihnen in Ihrem späteren Beruf von großem Nutzen sein werden. Im 6. Kapitel werden wir auf die Bedeutung der Lernkanäle eingehen und Sie mit der Frage vertraut machen „Wie liest man sich in ein Wissenschaftsgebiet ein?"
Das wiederholte Hersagen von Zahlen ist bestenfalls eine Möglichkeit, das Kleine Einmaleins auswendig zu lernen. Aber auch für das repetierende Lernen wendet man heute wirksamere Lernformen – 7. Kapitel – an. Pauken im Sinne von Lernen durch Wiederholung ist für Sie besonders deshalb eine denkbar ungeeignete Lernform, weil sie Ihren Lernzwecken völlig fremd ist: Sie lernen nicht, um

etwas auswendig hersagen zu können, sondern um das Gelernte als Arzt, als Ingenieur oder als Geisteswissenschaftler anzuwenden. Genauso wie zum Sprechen einer Fremdsprache außer Vokabeln die Regeln der Grammatik nötig sind, so zum Studium neben Terminologie die Einsicht in Sinnzusammenhänge, die Einsicht durch strukturierendes Lernen.

Sicher erinnern auch Sie sich an zu spät begonnene Vorbereitungen für irgendeine Prüfung und Ihren Versuch, den Zeitmangel durch intensives Büffeln auszugleichen. Man nimmt sich zwar vor, nicht eher schlafen zu gehen, bis man dieses oder jenes im Kopf hat, schläft dann aber doch um zwei Uhr morgens bei der 47. Zigarette ein und verbrennt sich die Finger. Wie man das durch sinnvolle Lernplanung vermeiden kann, besprechen wir im 8. Kapitel, Lernhemmungen und sinnvolle Pausenregelung im 9. Kapitel.

Wir schildern dann die üblichen Formen akademischer Prüfungen, und wie man sich sinnvoll und ohne Hetze darauf vorbereitet. Da auch akademische Prüfungen leichter mit einem gewissen „know how“ zu bewältigen sind, schließen wir das 10. Kapitel mit praktischen Empfehlungen für das Prüfungsverhalten ab.

2. Kapitel: Das Lernen

2.1 Definition; 2.2 Codierung; 2.3 Lernpsychologische Schulen; 2.4 Informationstheorie; 2.5 Lernfaktoren.

Lernziele

Sie werden nach der Bearbeitung dieses Kapitels
- den Begriff Lernen in bezug auf Ihr Anliegen, effektiv zu lernen, definieren,
- den Zusammenhang zwischen Codierung und Lernen darstellen,
- den wesentlichen Gehalt zweier lernpsychologischer Schulen erläutern,
- und Sie werden angeben können, wie man seinen Wortschatz und damit seine Gedächtniskapazität vergrößert
- und wie man Einzelheiten leichter lernt.

Ein lernpsychologischer Grundsatz heißt:

Vorprogrammiertes Lernen bedeutet leichteres Lernen und besseres Behalten.

Programmieren Sie den eigenen Lernprozeß dadurch vor, daß Sie zu einem Thema, das Sie bearbeiten wollen, zunächst Ihre Wissensreserven mobilisieren. Das Neue gedeiht auf vorbereitetem Boden besser.

Aufgabe 3

Suchen Sie in den nächsten 3 Minuten selbst eine Antwort auf die Frage:

Was heißt Lernen?

2.1 Was heißt Lernen?

Ihr Ziel ist es, den eigenen Lernprozeß effektiv zu gestalten. Dazu wollen wir Ihnen zunächst eine möglichst klare Vorstellung davon vermitteln, was hier mit dem Begriff Lernen bezeichnet werden soll. Unsere Definition ist **eine bewußt vereinfachte Zweckdefinition, die für die Ziele dieses Taschenbuches ausreicht.** Wir bieten Ihnen zunächst Informationen an, zu denen Sie Stellung nehmen sollen. Lesen Sie unsere Definition vergleichend mit Ihrer Antwort zu Aufgabe 3.

1. Im allgemeinen versteht man unter Lernen das Erwerben von Wissen und Können. Diese Definition reicht für unsere Zwecke nicht aus, weil man Wissen und Können nicht unmittelbar messen kann. Wir benutzen deshalb hier den informationstheoretischen Begriff vom Lernen im Sinne von **Änderung des Verhaltens** aufgrund von Informationen. Lernen, wie wir es verstehen, führt dazu, daß man nach dem Lernprozeß anders handelt als vorher, Zusammenhänge anders erläutert, anders rechnet, begründet, plant oder interpretiert, kurz, daß man sich aufgrund von Informationen nach einem Lernprozeß anders verhält als vorher.
2. Lernen in unserem Sinne erfolgt **absichtlich.**
   Der wesentliche Unterschied zwischen unserer Definition und dem breiteren herkömmlichen Begriff vom Lernen besteht darin, daß uns nicht auch das Zufällige, sondern hier nur die Formen des Lernens interessieren, deren Ergebnis beabsichtigt ist.
   Verhaltensänderungen erfolgen auch durch Reifung, Krankheit, klimatische Einflüsse usw. Zum Beispiel „lernt" der menschliche Körper auf 3000 m Höhe in den Anden, den Sauerstoffmangel durch 7 statt 5 Millionen Erythrozyten pro mm^3 auszugleichen. Das ist kein beabsichtigter Lernprozeß.
3. Lernen in unserem Sinne muß **erkennbar** gemacht werden können. Wir wollen uns nicht darauf beschränken, als Ergebnis des Lernens allein Begriffe wie „Wissen" oder „Können" zu akzeptieren. Die Behauptung, daß man etwas Bestimmtes weiß, hält bekanntlich nicht immer einer Nachprüfung stand. Vielmehr muß der Lernende durch sein beobachtbares oder meßbares Verhalten nachweisen, daß er z. B. ein bestimmtes Wissen tatsächlich erworben hat. Er muß sein Wissen reproduzieren können, so daß es festgestellt, beobachtet oder gemessen werden kann.

Definition

Lernen in unserem Sinne erfolgt also absichtlich und führt zu Verhaltensänderungen, die erkennbar gemacht werden können.

Aufgabe 4

Vergleichen Sie diese Definition mit Ihrer Antwort auf Frage 3. Welche Gesichtspunkte, die Ihnen wichtig erschienen, sind in unserer Definition nicht enthalten?

Aufgabe 5

Warum sollte Lernen als beabsichtigte Verhaltensänderung möglichst meßbar sein? Berücksichtigen Sie bei der Antwort den Begriff „effektives Lernen". ________________

____

Vergleichen Sie Ihre Lösung mit unseren Lösungsvorschlägen auf Seite 221. Suchen Sie bei eventuellen Abweichungen Ihrer Lösung nach dem Grund, denn: Fehler kann man vermeiden, wenn man ihre Gründe kennt!

Aufgabe 6

Kreuzen Sie bitte an, ob folgende Beispiele für unsere Definition vom **Lernen als beabsichtigter und erkennbarer Verhaltensänderung** zutreffen. Alle drei Bedingungen (Verhaltensänderung, beabsichtigt, erkennbar-meßbar-beobachtbar) müssen erfüllt sein:

	Entspricht vollständig der Definition:	
1. Die Bewohner der Anden haben es gelernt, in großen Höhen zu leben, weil sich die meßbare Zahl ihrer roten Blutkörperchen von durchschnittlich 5 auf 6 Millionen pro mm³ erhöht haben.	ja	nein
2. Der Fernsehzuschauer lernt zufällig bei einer Sendung über technische Neuigkeiten in der Autobranche, daß er sein Auto heute zu einem höheren Verkaufswert abgeben kann.	ja	nein
3. Der Student lernt eine Kommilitonin kennen, die ähnliche Berufsabsichten hat wie er.	ja	nein
4. Während seines Studiums hat es ein Student im Erste-Hilfe-Kurs gelernt, einen Verband sachgemäß anzulegen und kann sein Wissen bei einem Unfall anwenden.	ja	nein

2.2 Was bedeutet Codierung für das Lernen?

Um Sachverhalte darzustellen, benutzen wir bestimmte Code-Systeme, die es gestatten, auch komplexe Zusammenhänge in Kurzform mitzuteilen, als Abstraktion der Wirklichkeit. Solche Code-Systeme benutzen wir auch zum Lernen und zum Reproduzieren des Gelernten. Codieren heißt, komplexe Sachverhalte in Formeln bringen.

Worte stehen für den komplexen Sachverhalt, der sich dahinter verbirgt, den Sie zum Beispiel beim Begriff „Lernen“ als beabsichtigte, meßbare Verhaltensänderung mitdenken.
Mathematische Symbole oder Formeln, wie $(a + b)^2 = ...$, sind Code-Systeme für logische Zusammenhänge.
In der neuesten Zeit codieren wir Hinweise und Erläuterungen mit **Piktogrammen.** Sie kennen diese Hinweissymbole von Flugplätzen oder aus den Fernsehnachrichten.

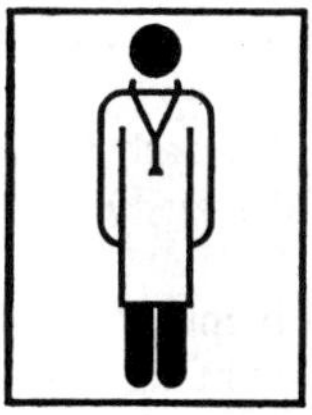

Wir können davon ausgehen, daß **Worte die häufigst gebrauchten Formeln** zur Codierung und damit zur Abkürzung von Informationen sind. Codierungen gestatten es, komplexe Informationen nicht nur zu organisieren und mitzuteilen, sondern sie auch zu erfassen und im Gedächtnis zu speichern, d. h. sie zu lernen. Erst die Codierung macht es möglich, daß Sie in ein umfangreiches Wissenschaftssystem eindringen können. Bewußte Codierung – wir sprechen auch vom Strukturieren – ist ein Schlüsselwort für das effektive Lernen.
Als Regel gilt, daß aktiver Wortschatz und Gedächtnis gleichsinnig voneinander abhängig sind. **Je größer der aktive Wortschatz, desto größer das Gedächtnis**. Daraus können Sie für Ihr Studium schließen: Am Anfang ist das Wort. Und damit hätten Sie den Nagel auf den Kopf getroffen. Lernfreundlicher ausgedrückt, könnte man zu der Feststellung kommen, daß Sie mit wachsendem (Fach-)Wortschatz immer mehr Kristallisationspunkte für die Begriffsbildung, also für erläuternde Informationen gewinnen, mit deren Hilfe Sie aus bloßen Worten einen „Begriff“ vom Bedeutungsgehalt des Wortes bekommen. Sie erweitern Ihren Code.
Der Philosoph Husserl formuliert: Der Begriff ist der Schnittpunkt aller Urteile. Versucht man, diesen Gedanken graphisch z. B. auf den Begriff Auto anzuwenden, so entsteht folgendes Schema:

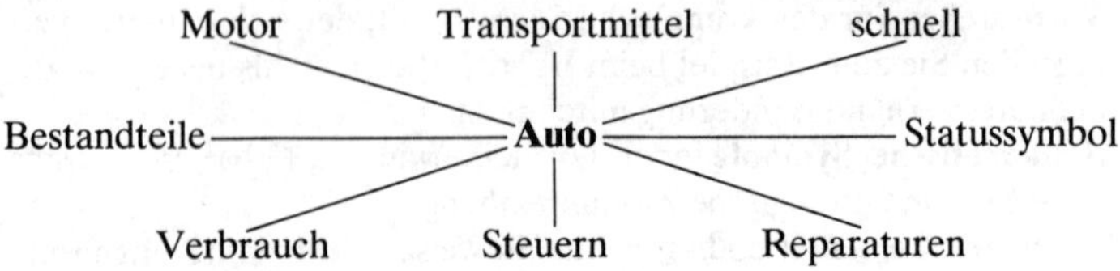

Aus dem bloßen (Code-)Wort Auto ist durch die Erläuterungen (Urteile) ein inhaltsschwerer Begriff geworden, der sich noch um viele Aspekte erweitern läßt. Die Gesamtheit aller Urteile gehört zum Begriff.

Wie kann man den aktiven Wortschatz und damit seine Gedächtniskapazität als Speicher für das zu Lernende vergrößern? Zum Beispiel

1. indem man sich ständig bemüht, Worte durch die Beantwortung der Frage „Was versteht man darunter?“ mit **Gehalt** anzufüllen,
2. indem man alles, was man lernt, zu **veranschaulichen** sucht und die Veranschaulichung auch verbalisiert (zum Beispiel die Aufzweigung eines arteriellen Gefäßes = Baum – Äste – Zweige – immer kleiner werdend usw.),
3. durch **Übersetzungen**, die einen zwingen, möglichst passende deutsche Worte zu suchen und damit den eigenen Wortschatz zu aktivieren.

Bemühen um das einzelne Wort unserer Sprache heißt nichts anderes, als den Sinngehalt so reich wie möglich machen, also durch Erläuterungen Begriffe bilden – studieren.

Zum Beispiel steht die Abkürzung PSR (Code) für Patellarsehnenreflex.

Dieses Wort (ebenfalls ein Code) wird zum Begriff durch Erläuterungen über Auslösungsort, auslösbar durch, diagnostisches Zeichen für, differentialdiagnostische Bedeutung für usw.

Das Wort allein bleibt also eine Schablone, die man nur dann der Wirklichkeit aufprägen kann, wenn man den Gehalt, für den die Schablone stellvertretend benutzt wird, begriffen hat. Leitner formulierte die Bedeutung des Wortes als Code so treffend, daß er hier wörtlich zitiert werden soll:

„Der Dichter unterscheidet sich von unsereins nur dadurch, daß er für seine Vorstellungen und Gefühle unendlich mehr Wort-Schablo-

nen besitzt als der gewöhnliche Sterbliche. Der Wortreichtum eines Dichters läßt sich ebenso lernen wie jede andere Wissenschaft. Alles in allem: Wer lernen, Augen und Gehör schärfen, sein Gedächtnis stärken will, der möge Jagd auf Worte machen, in trockenen Fachzeitschriften ebenso wie in den Werken von Dichtern. Er soll jedes neue Wort, dessen er habhaft werden kann, wie eine kostbare Beute behandeln.
Er soll es drehen und wenden und von allen Seiten besehen. Er soll es betasten, beriechen und schmecken, im Mund zerkauen und auf der Zunge zergehen lassen, bis es ganz sein geworden ist, ein körpereigenes Werkzeug wie die Zellen des Gehirns, in denen es fortan bereitliegt – als Kürzel für die Wirklichkeit, die er sonst nicht begreifen könnte, als Schlüssel zum besseren Verständnis der Welt" und – wie wir hinzufügen möchten – als Code für die begriffene Wirklichkeit.

Aufgabe 7

Lesen Sie den komplexen Sachverhalt zum Begriff Codieren noch einmal. Zeichnen Sie **dabei** den Begriff Codierung als Schnittpunkt der gegebenen Informationen zu diesem Thema.

Aufgabe 8

Formulieren Sie frei (ohne erneute Zuhilfenahme des Textes), was Codierung bedeutet. ______________________

____

Aufgabe 9

Welche drei Möglichkeiten wurden genannt, mit denen Sie Ihren aktiven Wortschatz und damit ihre Gedächtniskapazität vergrößern können? (Bitte nur Schlagworte)

______________ ______________ ______________

2.3 Lernpsychologische Schulen und ihre Synthese in der Codierung

Seit Jahrzehnten können zwei lernpsychologische Schulen nur schwer zueinander finden. Die **Gestaltpsychologie** geht davon aus, daß das Lernen in „Gestalten“ erfolge. Diese Gestalten werden auch Ganzheiten genannt. Schließlich wird Lao-Tse bemüht, der sagte, daß die Ganzheit mehr als die Summe der Teile sei.
In unserer Alltagssprache bedeutet das nichts anderes, als daß die Anordnung, die **Struktur des Ganzen,** seine Gestalt, zu den einzelnen Teilen hinzukommen muß, wenn man zum Beispiel ein Mosaik setzen oder erkennen will. Man könnte in diesem Zusammenhang noch den Begriff des Überblicks benutzen, den man zum Beispiel gewinnt, wenn man etwas von dem Mosaik zurücktritt und, indem man Abstand vom Detail gewinnt, nicht mehr die Einzelsteine, sondern plötzlich das Ganze erkennt und das berühmte Aha-Erlebnis hat.
Demgegenüber behaupten die **elementaristischen Behavioristen** – auch Reiz-Reaktions-Theoretiker genannt –, menschliches Verhalten, Denken und auch Lernen sei am besten zu **erklären mit den Teilen,** aus denen die psychischen Vorgänge bestehen. Um im Bild zu bleiben, ihr Schwerpunkt liegt also mehr bei den Einzelwahrnehmungen der Steine, aus denen das Mosaik geschaffen ist. Nach ihrer Meinung erfolgt das Lernen am leichtesten in „graduellen Annäherungen“ an die Wirklichkeit, d. h. im einzelnen, aufeinander folgenden Lernschritten.

Wir sind der Auffassung, daß beide Wege zum Ziel führen können. Vielleicht ist es für Studenten etwas motivierender und angemessener, wenn sie zunächst einen Überblick über das Ganze gewinnen und sich dann umso intensiver mit den Teilen beschäftigen. Ein Entweder – Oder zwischen ganzheitlichem Überschauen von Zusammenhängen einerseits und Detailinformationen andererseits scheint in wissenschaftlichen Bereichen nicht vertretbar.

Die Brücke zwischen unserem Anliegen der Codierung durch strukturierende Informationsverkürzung und den beiden Lerntheorien ist leicht zu schlagen. Wir brauchen uns nicht die Zahl und den geometrischen Ort jedes einzelnen Steines eines Mosaiks zu mer-

ken, wenn wir den Code „Kopf des Zeus“ begriffen haben. Denn damit wird der sonst notwendige Lernprozeß für die Einzelteile durch Strukturierung, d. h. durch Verständnis für die Gestalt des Ganzen, entscheidend abgekürzt und erleichtert.
Die Codierung „Kopf des Zeus“ oder „Aphrodite im Bade“ scheint für unser Erleben und damit auch für das ganzheitliche Lernen brauchbarer als der Ort der einzelnen Steine. Wollen wir dagegen eine Aussage über die Zahl der verwendeten Mosaiksteine, ihre Einzelform, ihre Farbe usw. machen, so bleibt uns nichts anderes übrig, als Einzelheiten zu lernen. Es ist für Lernprozesse in der Universität die Frage zu klären, ob sich diese Einzelheiten besser lernen lassen, wenn man vorher weiß, zu welcher Ganzheit (welchem Bild) sie gehören. Aus eigener Erfahrung wissen Sie, daß Ihr Zugang zur Erarbeitung von Einzelheiten motivierter und damit leichter erfolgt, wenn Sie vor Beginn der Detailarbeit den Gesamtzusammenhang überblicken. Sich Überblick verschaffen bedeutet aber nichts anderes, als das Ganze und die Zielsetzung einer Aufgabe durchschauen. Als praktische Anweisung für effektives Lernen heißt das:
Suchen Sie beim Lernen von Details nach übergeordneten Strukturierungsmerkmalen. Begreifen heißt Zusammenhänge zwischen Einzelinformationen verstehen. Mit der gewonnenen Einsicht kann man sich selbst motivieren.

Aufgabe 10

Fassen Sie die beiden Abschnitte über Codierung und lernpsychologische Schulen selbst zusammen.

Codieren heißt ________________________.

Die häufigst gebrauchten Formeln sind ________________.

Je größer Ihr aktiver Wortschatz, desto größer __________
____

Seinen Wortschatz vergrößert man, indem man den Sinngehalt anreichert, zum Beispiel durch ________________, ________________, ________________.

Die Gestaltpsychologie sucht einen gestalthaften, ganzheitlichen Zugang zum Lernen (Mosaik) und versucht, das Lernen als das Aufnehmen von ________________ zu erklären.

Die elementaristischen Behavioristen suchen die psychischen Teilvorgänge zu analysieren, aus denen ein Lernprozeß besteht, und erklären das Lernen aus seinen ________________.

Das Lernen von Einzelheiten erfolgt leichter, wenn man den Code, den ________________, überblickt, zu dem die ________________ gehören.

2.4 Lernen und die progressive Abstraktion

Als Informationsmaß benutzen wir das bit. Das ist die Informationsmenge, die man benötigt, um zwischen zwei gleich wahrscheinlichen Möglichkeiten zu unterscheiden.
Wir nehmen dauernd eine Unzahl von bits auf, erleben aber bewußt höchstens 16 bit/sec. Man kann damit rechnen, daß jeder durchschnittlich begabte Mensch etwa 10 bit/sec. zur Kenntnis nehmen kann. Was darüber hinausgeht, bezeichnet man als „Rauschen“.
Unterscheiden Sie zwischen bewußtem Zur-Kenntnis-nehmen und der Aufnahmekapazität unserer Sinnesorgane. Die Nervenzellen der menschlichen Netzhaut können wahrscheinlich pro Sekunde mehr als 100 Millionen bit zum Gehirn melden. Diese Informationsmengen werden aber (Gott sei Dank) nicht bewußt.
Die über die Sinnesorgane aufgenommenen Informationen werden schon unterbewußt oder vorbewußt analysiert, gebündelt, assoziiert.

Dadurch wird der Informationsgehalt von Sinneseindrücken, auf die wir bewußt reagieren, verringert. Wir „begnügen“ uns mit dem Wesentlichen. So haben Sie eben den fehlenden unteren Teil des Wortes „Wesentlichen“ selbst ergänzt.
Bei Texten, die Ihrem Verständnisniveau entsprechen, brauchen Sie sich der Bedeutung der einzelnen Wörter nicht bewußt zu werden. Die Bedeutung des Satzes oder des Abschnitts genügt!
Das Kind in der Volksschule beginnt zu buchstabieren, liest dann ganze Wörter, dann Sätze. In den weiteren vorbereitenden Schulen nimmt die Spanne der aufzunehmenden Informationen zu, und Sie werden es während Ihres Studiums lernen, in Absätzen, Abschnitten und ganzen Kapiteln zu denken und selbst zu arbeiten.
Wenn Sie diesen Weg noch einmal überdenken, so handelt es sich um einen immer hochgradigeren Prozeß der Abstraktion, die von den vielen tausend Einzelinformationen einzelner Buchstaben bis zum verstehenden Übernehmen ganzer Informationskomplexe in einem Lehrbuchabschnitt reicht. Wir sprechen von **progressiver Abstraktion.**
Sie sollen diese Erkenntnis bewußt als Verfahren nutzen, um effektiver zu lernen. Dabei ist es selbstverständlich, daß Sie während Ihres Studiums einen ganz ähnlichen Prozeß durchlaufen, wie Sie ihn vom ABC-Schützen bis zum heutigen Stand Ihrer codierenden Informationsaufnahme durchlaufen haben. Erst mit Hilfe der progressiven Abstraktion sind Sie in der Lage, überschaubare Konzepte an die Stelle mühsam aneinandergereihter Buchstaben zu setzen. Aus Buchstaben werden Wörter – Begriffe – Zusammenhänge, mit denen Sie zum Beispiel in einem einzigen Wort ihr ganzes Wissen über Krankheitsgruppen, wie „Infektionskrankheiten“, oder über Chlor, Jod usw. unter dem Oberbegriff „Halogene“ bündeln.
Beim lernenden Aufnehmen codieren Sie vorbewußt jede Information auf die Ihnen längst geläufigen Konzepte für die Aufnahme eines massiven Informationsangebotes. Dabei sparen Sie Bewußtseins- und Gedächtniskapazität. Diesen Prozeß sollen Sie bewußt einsetzen, um große Mengen verhältnismäßig neuer Informationen während Ihres Studiums zu verarbeiten. Von Ihrer Fähigkeit zu codieren werden weitgehend die Geschwindigkeit und die Intensität abhängen, mit der Sie lernen.

Aufgabe 11

Welcher Zusammenhang besteht zwischen der progressiven Abstraktion und der Gedächtniskapazität (dem Lernen)?

Unter dem Strich

(„Unter dem Strich“ werden wir Ihnen Informationen anbieten, die zwar das Thema vertiefen, aber nur mittelbar zu Ihrer Absicht gehören, effektiver zu lernen und sich gezielt auf Examen vorzubereiten. Diese Informationen „unter dem Strich“ gehören nicht zum eigentlichen Lernstoff und bleiben bei den Selbstkontrollen unberücksichtigt. Sie dienen als Anregung, selbständig ein bestimmtes Thema zu vertiefen.)
Wir haben schon darauf hingewiesen, daß wir nur dann von Lernen sprechen wollen, wenn der Lernerfolg als beabsichtigte Verhaltensänderung nachweisbar wird. Einzelne Autoren, wie Kugemann, sehen Lernen ausschließlich als Reaktion auf „Wahrnehmung von Veränderungen in der Umwelt“, so auch Hilgard und Bower, Theorien des Lernens, Stuttgart 1970, Band 1, Seite 16.
Es soll eingeräumt werden, daß ein großer Teil des Lernens auf Reize aus der Umwelt zur Anpassung an die Umwelt erfolgt, sei es zur Existenzerhaltung, sei es zur Hebung des Lebensstandards oder zur Rationalisierung bestimmter Verrichtungen. Wir wenden uns nur gegen die starre Einschränkung menschlichen Lernens auf reaktives Lernen, mit anderen Worten auf die bloße Übernahme von Informationen. Der Mensch lernt auch aus eigenem geistigen Anstoß. Trotz der Bedeutung der Übernahme von Informationen (Reizen aus der Umwelt) für den akademischen Unterricht sollte zum Beispiel auf das Lösen von Problemen, die sich der Student auch ohne unmittelbaren Umweltreiz stellt, nicht verzichtet werden.

2.5 Lernfaktoren

Über das Lernen selbst konkrete und wissenschaftlich gesicherte Aussagen zu machen, fällt schwer, weil man den Lernprozeß als solchen nicht beobachten, sondern nur aus seinen Ergebnissen auf das Lernen schließen kann.

Die wenigen gesicherten Schlüsse, die man aus Lernergebnissen ziehen kann, wollen wir nennen:

1. Lernen ändert die Wahrscheinlichkeit, mit der in einer bestimmten Situation ein bestimmtes (erwartetes) Verhalten erfolgt. (Beispiel: Wenn Sie sich beim Arbeiten mit einem Messer mehrfach in den Finger geschnitten haben, steigt die Wahrscheinlichkeit, daß Sie sich mit zunehmender Häufigkeit und Tiefe der Verletzungen vorsichtiger verhalten.)
2. Lernen wird durch Erfahrungen bedingt. Was die Erfahrung – im Englischen spricht man genauer von learning experience – im einzelnen in unserem Gehirn bewirkt, ist nur in geringem Umfang bekannt und beruht weitgehend auf Vermutungen.

Seit Ende des vergangenen Jahrhunderts sind verschiedene Lerntheorien entwickelt worden. Bestimmte Begriffe, die darin immer wieder vorkommen, müssen Sie kennen, wenn Sie sich die Lerntheorien zunutze machen wollen:

Reiz („Stimulus“) nennt man den Anlaß, etwas zu tun, z. B. reizt Sie ein deutlich gegliedertes Buch, es zu lesen und dabei zu lernen. Auch Situationen, wie der heftig blutende Unfallverletzte nach einem Zusammenstoß oder der bewußtlose Patient im diabetischen Koma, sind Reize und damit genauso Anlaß zum Lernen für den künftigen Arzt wie die Konstruktion des Eiffelturms für den angehenden Ingenieur.

Reaktionen erfolgen auf einen Reiz, wenn z. B. das englische Wort für „Reiz“ erfragt wird, reagieren Sie mit der Antwort „stimulus“ oder bei einem Unfall mit einem erlernten Verhalten an der Unfallstelle usw. Durch den Lernprozeß, den Sie während Ihres Studiums durchmachen, wird, um im Bild zu bleiben, Ihr Verhalten an der Unfallstelle geändert. Kürzer formuliert: Lernen drückt sich aus in bestimmten, erlernten Reaktionen.

Verstärkung erfahren Sie z. B. in Ihrem Lernbemühen, wenn Sie feststellen, daß Sie die gesteckten Ziele erreicht haben. Durch den eigenen Erfolg werden Sie in Ihrem Bemühen verstärkt. Diese Befriedigung Ihres Erfolgsbedürfnisses – die Verstärkung also – erhöht die Wahrscheinlichkeit, mit der Sie auf bestimmte Situationen (Reize) mit bestimmten Reaktionen (Verhalten) reagieren werden, also lernen. Benutzen Sie deshalb den eigenen Lernerfolg, um sich zu verstärken oder, wie die Fachleute sagen, zu konditionieren.

Aufgabe 12

Erläutern Sie mit eigenen Worten die Begriffe Reiz, Reaktion und Verstärkung. Legen Sie sich schriftlich fest und vergleichen Sie erst dann mit unserem Lösungsvorschlag am Ende des Buches.

Gruppenarbeit
Aufgabe B, C, D

B: Diskutieren Sie die Aufgaben 3 bis 5 in der Gruppe mit dem Ziel, gemeinsam zu Vorstellungen darüber zu kommen, (B 1) wie Lernen hier definiert wurde, (B 2) warum wir uns hier auf diese Zweckdefinition beschränkt haben und (B 3) was nach Ihrer Auffassung zusätzlich zum Begriff Lernen gehört.

C: Diskutieren Sie die Ergebnisse der Aufgaben 7 und 8 mit dem Ziel einer gemeinsamen Begriffsbildung und einer einheitlichen, möglichst vollständigen graphischen Darstellung.

D: Tragen Sie einzeln Ihre Erläuterungen zu Reiz-Reaktion und Verstärkung vor. (D 1) Akzeptiert die Gruppe die individuellen Definitionen? (D 2) Listen Sie in der Gruppe mindestens 10 Beispiele für Erfolgserlebnisse auf, die Sie in Ihrem Bemühen, etwas zu lernen, verstärkt haben. (D 3) Welche Gemeinsamkeiten lassen sich daraus ableiten?

Es gibt drei Wege, unterschiedliche Meinungen „unter einen Hut" zu bringen oder Entscheidungen gemeinsam zu treffen.
Das Dominanzverfahren: Einer oder einige zwingen den anderen ihre Meinung auf.
Das Kompromißverfahren: Jeder steckt ein bißchen zurück und das Integrationsverfahren: Alle Meinungen werden in der gemeinsamen Lösung berücksichtigt.
Zu diesem erstrebenswerten Verfahren gehört besonderes Verständnis aller Teilnehmer für die **Ziele,** die gemeinsam erreicht werden sollen, für den **Stoff,** der behandelt wird, ganz besonders aber für das Anliegen der anderen, d. h. echter **Teamgeist.**

Der rote Faden 2

In diesem Kapitel haben Sie sich ausführlich mit der Definition des Lernens als beabsichtigte, erkennbare Verhaltensänderung beschäftigt und die Codierung als Möglichkeit kennengelernt, komplexe Sachverhalte in Formeln zu bringen, leichter zu lernen und besser zu behalten. Die Methode, die Sie beim Codieren in Zukunft wahrscheinlich bewußter als bisher anwenden werden, ist die progressive Abstraktion. Mit ihr können Sie viele tausend Informationen besser lernbar machen und abrufbar in Ihrem Gedächtnis speichern. Die mit Hilfe der progressiven Abstraktion gespeicherten Daten können Sie „auf Knopfdruck" abrufen, indem Sie für die Reproduktion des Gelernten denselben Code, dieselben Oberbegriffe benutzen, unter denen Sie die Informationen gespeichert haben.
Die drei Lernfaktoren „Reiz" als Anlaß, etwas zu lernen, „Reaktion" als das durch Lernen geänderte Verhalten und „Verstärkung" als Konditionierung, die dazu führt, daß Sie auf Reize mit bestimmten Reaktionen antworten, sind terminologische Grundlagen, auf denen im folgenden Kapitel die psychologischen Voraussetzungen des Lernens aufgebaut werden.

3. Kapitel: Psychologische Voraussetzungen des Lernens

Es ist über eine Vielzahl psychologischer Einflußgrößen auf das Lernen wissenschaftlich gearbeitet worden. Wir beschränken uns hier auf vier psychologische Voraussetzungen des Lernens, mit deren Berücksichtigung Sie effektiver lernen können:
3.1 Aufmerksamkeit und Konzentration; 3.2 Gedächtnis, Motivation (4. Kapitel).
Im folgenden Kapitel lernen Sie,

- die Begriffe Aufmerksamkeit und Konzentration sowie Gedächtnis zu definieren.
- Sie werden Zusammenhänge zwischen Konzentration, effektivem Lernen, Erfolgserlebnissen und Freude am Erfolg entdecken und als Grundlage der Selbstmotivation anwenden,
- drei Arten des Gedächtnisses unterscheiden und ineinander überführen lernen.
- Dann werden Sie das Prinzip der progressiven Abstraktion auf die Strukturierung von Lerninhalten anwenden, um sich das Lernen zu erleichtern, und
- schließlich die für das Lernen benutzten Codierungssysteme auch für die Reproduktion des Gelernten anwenden.

3.1 Aufmerksamkeit und Konzentration

Eine psychologische Voraussetzung des Lernens ist die Konzentration der Aufmerksamkeit. Das einfachste Lernschema ist die Bildung von Assoziationen, zum Beispiel

$$\text{Ampel: rot} \xrightarrow{\text{Assoziation}} \text{Anhalten}$$

Bei der Bildung dieser Assoziation richtet sich die Konzentration der Aufmerksamkeit sowohl auf den bestimmten Reiz als auch auf die bestimmte Reaktion. Ohne die Konzentration der Aufmerksamkeit auf den Reiz – rote Ampel – sieht man lediglich ein buntes Straßenbild, in dem das rote Licht an Bedeutung verliert, und ohne Konzentration auf die Reaktion – Anhalten – wird es teuer.

Unter **Aufmerksamkeit** verstehen wir den Zustand des Lernenden, mit dem er sich bewußt auf den Lerngegenstand ausrichtet und gleichzeitig andere Bewußtseinsinhalte absichtlich hemmt („abschaltet“).

Die Psychologen unterscheiden fixierende Aufmerksamkeit, die sich auf das Detail richtet – im Prinzip ist das die Analyse –, von einer fluktuierenden Aufmerksamkeit, die vom Detail ausgehend das Ganze zu überschauen sucht, mehr in die Breite geht. Sinnvoll ist der bewußte Einsatz beider Formen der Aufmerksamkeit, wobei die fluktuierende Aufmerksamkeit das Problem als Ganzes sucht und erfaßt und die analytisch fixierende Aufmerksamkeit das Detail herausarbeitet. Ihre Aufmerksamkeit arbeitet dann wie eine gute Büroorganisation. Mit einem Griff haben Sie den Ordner mit den großen Überschriften zur Hand und finden in ihm das Detail.

Man spricht vom Umfang der Aufmerksamkeit und meint damit die Zahl der Dinge, auf die man sich gleichzeitig ausrichten kann. Umfang und Dauer der Aufmerksamkeit sind nicht nur abhängig vom Lebensalter, dem Bekanntheitsgrad des Lernstoffs und der Persönlichkeit des Lernenden, sondern auch von äußeren Faktoren wie Strukturiertheit des Lerngegenstandes, Organisation des Arbeitsplatzes usw.

Zusätzlich ist für den Lernprozeß eine Sonderform von Bedeutung, die sog. unwillkürliche oder passive Aufmerksamkeit als ein Sich-Offenhalten für bestimmte Reize. Zum Beispiel sollten Sie in einem etwas fortgeschrittenen Studium zu einem bestimmten Thema wissenschaftliche Texte nicht nur in bezug auf das dort Geschriebene lesen, sondern offen sein für gedankliche Bezüge und Querverbindungen, die Ihnen das Einordnen des Gelesenen ermöglichen oder erleichtern. Auch die passive Aufmerksamkeit kann man bewußt trainieren, indem man sich z. B. vor Beginn einer Detailarbeit mit dem größeren Sinnzusammenhang des Themas vorprogrammiert, wie Sie es z. B. mit Aufgabe 3 „Was heißt Lernen?“ getan haben.

Wie oft sind Sie schon aufgefordert worden, frisch ans Werk zu gehen und diesen oder jenen Text konzentriert durchzuarbeiten. Was heißt Konzentration?

Konzentration ist die willkürliche Steigerung und Fokussierung der Aufmerksamkeit. Sie wirkt sich nicht nur im Sinne einer einengenden Vernachlässigung des Umfeldes des Lerngegenstandes aus, sondern auch als Vorprogrammierung in Form thematisch orientierter Einstellung des Lernenden auf den Lehrgegenstand.

Das Ergebnis Ihrer Lernanstrengungen hängt entscheidend von der Fähigkeit ab, sich mindestens für kurze Zeit ganz in eine Sache zu versenken, sich zu konzentrieren. Wenn Sie Ihre Aufmerksamkeit teilen, verdoppeln Sie gleichzeitig den Aufwand für das Lernen. Das hat zwei Konsequenzen:

1. Ihr Lernen wird unökonomischer, gleichzeitig sinkt die Effektivität,
2. ineffektives Lernen hat die emotionale Folge, daß Erfolgserlebnisse als Mittel der Selbstmotivation seltener werden oder ausbleiben.

Die Quintessenz konzentrierten Arbeitens heißt also formelmäßig ausgedrückt:

Konzentriertes Arbeiten ist effektives Arbeiten.

Durch effektives Arbeiten haben Sie Erfolgserlebnisse und damit Freude am Erfolg. Das Schlagwort für diesen Prozeß, der sich selbst aufschaukelt, heißt „Selbstmotivation“.

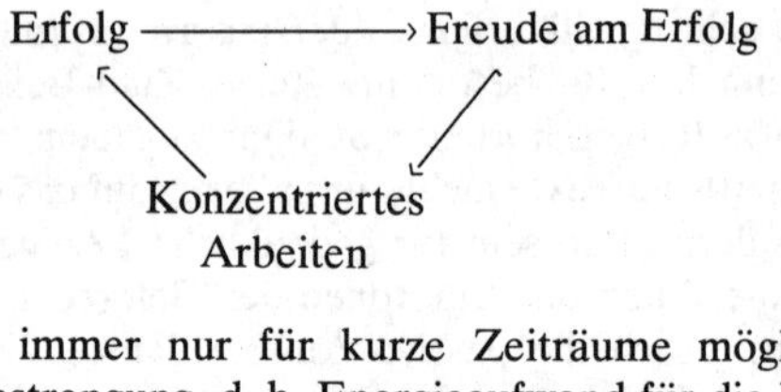

Konzentration ist immer nur für kurze Zeiträume möglich. Sie ermüdet leicht. Anstrengung, d. h. Energieaufwand für die Konzentration, geht für den eigentlichen Lernprozeß verloren!

Berücksichtigen Sie für das effektive Lernen: Die Konzentration läßt nach, wenn man sich überfordert und wenn man die Lernanforderungen an sich selbst zu gleichförmig gestaltet. Monotonie ist ein Gegenspieler der Konzentration. Die Variation der Lernkanäle, der Lernformen und des Lernstoffs führen zu einer späteren und geringeren Ermüdung der Konzentration und damit zur Senkung des Energieaufwandes.

Bisher war in erster Linie von willkürlicher Steigerung und bewußter Aufmerksamkeit die Rede. Der weit größere Anteil seelischer Prozesse läuft unterbewußt ab. Der Hinweis auf eine Volksweisheit mag dazu beitragen, die Bedeutung des Unbewußten für den Lernprozeß anzudeuten. Es handelt sich um das bekannte „Buch unter dem Kopfkissen“.

Der psychologische Hintergrund dieses Spruches liegt tiefer als irgendein Zauber, durch den der gedruckte Text nachts in den Kopf des Lernenden diffundiert. Eher ist doch die hintergründige Aufforderung gemeint, vor dem Zubettgehen noch einmal das Gelesene zu durchdenken und nicht auf dem Buch, sondern auf das Buch ausgerichtet, d. h. mit dem Gelesenen im Kopf, einzuschlafen. Unser Unterbewußtes arbeitet im Schlaf weiter und am nächsten Tag ist „automatisch“ eine Lösung gefunden, ein strukturierendes Prinzip durchschaut, neue Gedanken sind uns gekommen, und was bisher furchterregend verworren erschien, wird plötzlich klar. Voraussetzung dafür ist die konzentrierte Beschäftigung mit dem Thema, mit anderen Worten die bewußte Ausrichtung auf den Lerngegenstand, die sich in der **unterbewußten Weiterbeschäftigung** mit dem Problem auswirkt.

Aufgabe 13

Suchen Sie stichwortartig und ohne zurückzublättern eine Antwort auf die Fragen

„Was heißt Aufmerksamkeit?“ ____________________

„Was heißt Konzentration?“ ____________________

Vergleichen Sie dann Ihr Ergebnis mit unserer Definition auf den Seiten 23/24 und ergänzen Sie die fehlenden Gesichtspunkte in Ihrer Definition.

Aufgabe 14

Beschreiben Sie mit eigenen Worten

a) den Unterschied zwischen fixierender und fluktuierender Aufmerksamkeit ____________________

b) den Zusammenhang zwischen konzentriertem Arbeiten und Selbstmotivation ____________________

c) den Zusammenhang zwischen „dem Buch unter dem Kopfkissen“ und effektivem Lernen ____________________

3.2 Das Gedächtnis als Grundlage aller Lernformen

Wenn Sie auf Reize mit angeborenen Reflexen und Instinkten reagieren, zum Beispiel auf die Berührung der Hornhaut des Auges mit einem Zwinkern, so ist das noch kein Lernen in unserem Sinne; denn diese Reaktionsformen wurden im Laufe der menschlichen Phylogenese[1] erworben und gehören damit zum angeborenen, fixen Speichergut jedes Menschen. Sie erhalten das Leben – denken Sie an den Saugreflex des Säuglings – und erleichtern die Anpassung des einzelnen an die Umwelt, sind aber nicht Ergebnis individueller Lernprozesse in unserem Sinne.

[1] Menschheitsentwicklung im Sinne von Stammesentwicklung.

Stark vereinfacht können wir von Lernen erst dann sprechen, wenn auf einen Reiz – zum Beispiel rot an der Kreuzung – verhältnismäßig dauerhaft eine gleichbleibende Reaktion erfolgt: Sie halten an. Den lernpsychologischen Begriff für diese Kette haben Sie schon kennengelernt: Es handelt sich um eine Assoziation, eine Verknüpfung der psychischen Vorgänge, deren Zusammenhang man daran erkennt, daß der Reiz das Auftreten der Reaktion mit ziemlicher Regelmäßigkeit nach sich zieht. Regelmäßigkeit der eintretenden Reaktion ist das Zeichen dafür, daß die Assoziation

Ampel: rot ⟶ Anhalten

in Ihrem Gedächtnis verankert ist, daß Sie gelernt haben. Ihr Gedächtnis wirkt also als Speicher für gelernte Verhaltensbereitschaften, die im aktuellen Fall Ihr tatsächliches Verhalten bestimmen.
Nicht so geradlinig ist die Verbindung zwischen Reiz und Reaktion zum Beispiel bei vegetativen Reaktionen, bei denen wir „gelernt" haben, nicht nur auf den ursprünglichen Reiz beim Kauen reflektorisch Speichel abzusondern, sondern auch schon mittags auf Bratenduft oder Geschirrklappern in der Form zu reagieren, daß uns „das Wasser im Munde zusammenläuft". An die Stelle des ursprünglichen Reizes Kauen ist ein anderer Reiz getreten, der aber zur ursprünglichen Reaktion führt.

Kauen ⟶ Speichelabsonderung
↓ ↗
Tellerklappern

oder

Muttersprachliche Aufforderung, etwas zu tun ⟶ Handlung
↓ ↗
Fremdsprachliche Aufforderung, etwas zu tun

Verallgemeinert:

Reiz ⟶ Reaktion
↓ ↗
bedingter oder mittelbarer Reiz

Dieses Lernen nennt man **Konditionieren.** Sie wissen aus eigener Erfahrung, daß das Lernen von Strukturformeln oder sphärischer Trigonometrie nicht ganz so einfach zu erklären ist, dennoch werden Sie auch bei komplexen Lernprozessen vieles auf diese beiden einfachen Schemata zurückführen können. Es sind Grundformen des Lernens. Vom **Assoziieren** sprechen wir also beim einfachen Aneinanderreihen von Reizen und Reaktionen und von Konditionieren, wenn durch mehrfache Übung bewirkt wird, daß eine Reaktion auch dann auftritt, wenn anstelle des ursprünglichen Reizes ein anderer Reiz tritt. Diese Grundformen der Anpassung an die Umwelt können durch Lernen in höherem Sinne überlagert und modifiziert werden.

Voraussetzung der Assoziationsspeicherung, der Konditionierung und aller höheren Lernformen ist das Gedächtnis.

Zusammengefaßt sprechen wir also bei der einfachsten Aneinanderreihung von Reizen und Reaktionen vom Assoziieren. Der Unterschied zwischen Assoziieren und Konditionieren liegt darin, daß beim Konditionieren der ursprüngliche Reiz durch einen anderen Reiz ersetzt wird, der dann unabhängig vom ursprünglichen Reiz zur gleichen Reaktion führt.

Unter dem Strich

Am Anfang des Lernens steht ... Pawlow und der Hund.

Der Platz zum Theoretisieren in einem Arbeitsbuch ist beschränkt. Dennoch müssen Sie sich einige Begriffe und Zusammenhänge ganz klarmachen, wenn Sie aus den lernpsychologischen Erkenntnissen, von denen hier die Rede ist, für das eigene Lernen profitieren wollen.

Pawlow erhielt den Nobelpreis nicht für den Hund, sondern für seine Arbeit über die Verdauungsdrüsen. Erst viel später begannen die Verhaltenspsychologen, das Loblied des Pawlowschen Hundes zu singen, das noch im Jahre 2000 in den Ohren Lernender aktuell klingen wird. Welche Bedeutung hat nun der Pawlowsche Hund für den heutigen Studenten?

Wie dem Menschen, so läuft auch gelegentlich dem Hund das Wasser im Munde zusammen. Das kann man messen, wenn man den Speichel mit einer künstlichen Zyste nach außen ableitet. Mit dem Lernen besteht folgender Zusammenhang:

1. Pawlow läutete eine Glocke. Dieser Reiz ist für die Verdauungsdrüsen bedeutungslos.
2. Er zeigte dem Hund ein Stück Fleisch. Die Verdauungsdrüsen begannen zu arbeiten. Die Menge des Sekrets wurde gemessen. Da außer dem Fleisch keine weiteren Bedingungen zu dem Experiment gehörten, nannte Pawlow das dargebotene Fleisch den „unbedingten Reiz", die darauf folgende Speichelsekretion eine „unbedingte Reaktion". Wir würden heute von unmittelbarem Reiz und unmittelbarer Reaktion sprechen.
3. Dann zeigte Pawlow dem Hund das Fleisch und läutete gleichzeitig als zusätzliche Bedingung die Glocke. Er wiederholte dieses Verfahren 25mal. Immer erfolgte als unbedingte Reaktion der Verdauungsdrüsen die Speichelabsonderung.
4. Jetzt ließ Pawlow das Fleisch weg und läutete nur noch die Glocke, und die Drüsen reagierten auch auf den Glockenton, auf den sie vor dem Lernprozeß nicht reagiert hatten, mit einer Speichelsekretion.
   Damit hatte der Hund eine neue Verbindung zwischen einem ursprünglich indifferenten Reiz (Glockenton) und einer Reaktion gelernt. Pawlow nannte das Glockenläuten, das ohne Fleisch zur Speichelsekretion geführt hatte, den „bedingten Reiz" und diese ungewöhnliche Reaktion auf den Glockenton „bedingte Reaktion", bedingt durch die vorangegangene Koppelung mit dem Fleisch. Wir würden hier von mittelbarem Reiz und mittelbarer Reaktion sprechen.

Was fand Pawlow wirklich?
Über unbedingte Reize, die zu unbedingten Reaktionen führen, hinaus können auch indifferente Reize dann zu den ursprünglichen Reaktionen führen, wenn sie mehrfach gemeinsam mit unbedingten Reizen auftreten: Diese bedingten Reaktionen sind eine Säule des Lernens.
Das Englischlernen in der Schule läßt Sie zunächst kalt, weil Sie nicht in einer Welt leben, die Englisch spricht. Wenn Sie in England Ferien machen und ein Hotelstreik dazu führt, daß Sie auf dem Wochenmarkt in London einkaufen müssen, „hören" Sie spätestens beim ersten Magenknurren die „Glocke", sind konditioniert, nehmen gegebenenfalls ein Wörterbuch zur Hand und lernen die Vokabeln für das, was Sie einkaufen wollen.
Die Verknüpfung von Reizen und Reaktionen, zwischen denen kein ursprünglicher Zusammenhang besteht, das Reagieren auf Reize, die bis dahin gar nicht oder anders beantwortet wurden, nennt man Lernen im weitesten Sinne. Nur wer richtig konditioniert ist, reagiert richtig. Lernen ist also die Fähigkeit, auf bestimmte Reize in neuer, bisher nicht beherrschter Form zu reagieren. Wir müssen, um neue Reaktionen hervorbringen zu können, lernen. Das kann gewiß in anderen, komplexeren und auch komplizierteren Lernformen geschehen als geschildert – am Anfang steht die Fähigkeit, mit Hilfe des Gedächtnisses zu speichern.

3.2.1 Das Gedächtnis als Informationsspeicher

Das Gedächtnis ist die Voraussetzung dafür, daß Lernen eine anhaltende Veränderung unserer Verhaltensdispositionen bewirkt. Stellen Sie sich unser Gehirn wie einen Informationsspeicher vor, dann funktioniert unser Gedächtnis – ähnlich wie ein Computer –, indem es bestimmte Reaktionsformen als Verhaltensmuster speichert. Wir speichern Quadratwurzeln, Rot an der Kreuzung, den Weg zum Kaufmann, den Typ des vorbeigefahrenen Autos oder die Heisenbergsche Gleichung. Die Dauerhaftigkeit der Änderung unserer Verhaltensdispositionen, d. h. des Gelernten, richtet sich nach dem Bedeutungsgehalt der Reize, nach dem Aufnahmemodus, der Gedächtnisform, mit der wir Reize aufnehmen, aber auch nach der Zahl der Wiederholungen.

3.2.2 Gedächtnisformen

Wir können grob drei Gedächtnisformen unterscheiden: das Momentgedächtnis, das Kurzzeitgedächtnis und das Langzeitgedächtnis.
Das **Momentgedächtnis** speichert Informationen für die Dauer bis zu einer Sekunde, funktioniert vorwiegend visuell; anders ausgedrückt, es werden visuelle Engramme* gebildet, entsprechend den Nachbildern, die Sie im Dunkeln von einer plötzlich verloschenen Lampe haben. Das Momentgedächtnis beruht auf Nachbildern.
Schlagen Sie für den Selbstversuch eine beliebige Seite dieses Textes auf, blicken Sie nur ganz kurz auf die ganze Seite und schließen Sie dann sofort die Augen. Für den kurzen Zeitraum von etwa einer Sekunde sehen Sie die Seite noch im Geiste vor sich, dann schwindet das Nachbild. Man spricht von mentalen Nachbildern.
Mit dem **Kurzzeitgedächtnis** haben Sie schon mehr oder weniger bewußt gearbeitet – das Immer-wieder-vor-sich-Hersagen einer Vokabel auf dem Weg zur Wohnungstür, wenn es geklingelt hat, das Wiederholen der Telefonnummer zwischen dem Telefonbuch und dem Wählen, das Fremdwort, das Sie vor sich hersagen auf dem Weg zum Buch, zum Lexikon usw. Was passiert, wenn es bei diesem Weg

* Engramme: bleibende und erinnerbare Spur von Eindrücken.

zum Lexikon an Ihrer Zimmertür klopft und Sie der Nachbar nach einer Formel fragt? Ihr Kurzzeitgedächtnis funktioniert nur so lange, wie der vor sich hin gemurmelte Begriff nicht durch andere Reize gestört wird. Andernfalls versagt Ihr vorwiegend akustisches Kurzzeitgedächtnis. Sie vergessen die Telefonnummer und die Frage, d. h. Ihr Speicher bricht zusammen. Die zeitliche Dimension, in der man im Kurzzeitgedächtnis speichert, beträgt Sekunden bis Minuten. Die höchste Speicherform ist das **Langzeitgedächtnis**, in dem Sie Begriffe oder Bedeutungsgehalte lagern, die aus dem Kurzzeitgedächtnis übernommen werden. In Ihrem Langzeitgedächtnis erfolgt die dauerhafte Engrammbildung, die über Minuten hinausgeht.

Zusammengefaßt: Das Momentgedächtnis arbeitet in der Regel mit visuell-mentalen Nachbildern. Hier werden Informationen etwa eine Sekunde lang gespeichert.
Das Kurzzeitgedächtnis ist ein primär akustisch-verbales Gedächtnis, in dem z. B. Wörter durch ununterbrochene Wiederholung schon für Sekunden bis Minuten gespeichert werden können.
Das Langzeitgedächtnis speichert in erster Linie begriffliche Bedeutungen, die aus dem Kurzzeitgedächtnis übernommen werden, für Zeiträume, die über Minuten hinausgehen. Über die genannten zeitlichen Dimensionen gibt es unterschiedliche Auffassungen.

3.2.3 Welche praktische Bedeutung haben die Gedächtnisformen für das Lernen?

Ihr Anliegen ist es, beim Lernen selektiv Eindrücke des Moment- und Kurzzeitgedächtnisses in das Langzeitgedächtnis zu übernehmen. Das können Sie bewußt trainieren, indem Sie die primären visuellen Reizformen des Momentgedächtnisses in die nächst höhere Gedächtnisstufe überführen, indem Sie also visuelle Eindrücke des Momentgedächtnisses verbalisieren und damit in der geeigneten akustisch-verbalen Reizform in Ihr Kurzzeitgedächtnis „hineinmurmeln".
Wollen Sie sich zum Beispiel das Erscheinungsbild eines Röteln-Exanthems oder das Strukturmodell eines Benzolrings merken, dann formulieren Sie den Befund gedanklich, verbal oder schriftlich aus; zum Beispiel: „Kleine, wenig erhabene, rosarote Flecken mit hellem, anämischem Hof, die nicht konfluieren ..." usw.

Wollen Sie das Besondere eines elektrischen Schaltbildes in der gleichen Form in Ihr Kurzzeitgedächtnis aufnehmen, so formulieren Sie das gesehene Bild ebenfalls in Stromeingang, Widerstände, Kondensatoren, Transformatoren usw., d. h. Sie übersetzen den visuellen Eindruck in eine Beschreibung.

Nach den Untersuchungen von Sperling muß die Verbalisierung oder Veranschaulichung als Voraussetzung für die Übernahme ins Kurzzeitgedächtnis sofort geschehen, d. h. die das erkannte Bild beschreibenden Worte müssen schon während der Betrachtung, spätestens aber eine Sekunde nachher formuliert werden.

Bei der Selektion, die Sie mit dem orientierenden Überfliegen eines Textes vornehmen, genügt offenbar das Festhalten einzelner gelesener Begriffe im Momentgedächtnis für die Entscheidung, ob Sie die Information für lernwürdig halten und ob Ihnen die nächst höhere Leseform, das informierende Lesen, angebracht erscheint.

Die Bedeutung des Momentgedächtnisses für das Lernen besteht darin, daß die Engrammbildung im Momentgedächtnis bestenfalls dazu ausreicht, später etwas wiederzu e r k e n n e n, nicht jedoch es selbst zu reproduzieren. Die Reproduktion ist aber in den meisten Fällen die von Ihnen geforderte Gedächtnisleistung in Prüfungen und in der Praxis. Das einmalige Lesen von Lehrbüchern zu einem neuen Thema und „in einem Zuge" ist oft deshalb wertlos, weil die meisten Informationen bestenfalls in Ihr Momentgedächtnis aufgenommen, aber nicht über das Kurzzeit- in das Langzeitgedächtnis hineingearbeitet werden.

Der Weg vom orientierenden Überfliegen zum dauerhaften Engramm läuft vom Bildeindruck (Momentgedächtnis) über die Verbalisierung (Kurzzeitgedächtnis) zur dauerhaften Engrammbildung im Langzeitgedächtnis, meist durch mehrfache W i e d e r h o l u n g in codierter Form.

Der Übergang vom Kurzzeit- in das Langzeitgedächtnis ist nicht ganz so einfach nachzuvollziehen wie die Engrammbildung im Kurzzeitgedächtnis. Mit dem Kurzzeitgedächtnis memorieren Sie, bildlich gesprochen, wie eine Schallplatte mit dem berühmten Sprung – mit dem berühmten Sprung – mit dem berühmten Sprung usw. Es gilt, sich den Verlauf der Vergessenskurve für Speicherung im Langzeitgedächtnis klarzumachen, die in ihrer ersten Phase besonders steil abfällt. Hier sind also besonders häufige Wiederholungen nötig.

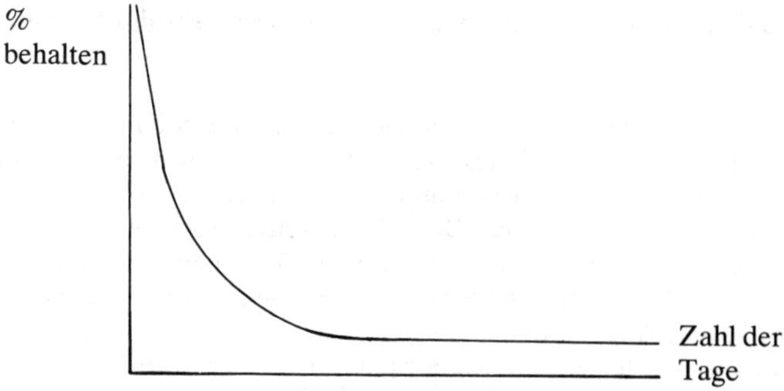

Drei Voraussetzungen für die Engrammbildung im Langzeitgedächtnis sind zu berücksichtigen:

1. Je öfter und je früher Informationen, die im Kurzzeitgedächtnis haften, wiederholt werden, desto mehr geht von den Engrammen in das Langzeitgedächtnis über, desto seltener müssen Sie später einen Stoff wiederholen, um ihn nicht zu vergessen. Sie kennen dieses Phänomen aus dem Alltag beim Memorieren von Autonummern, Telefonnummern, Formeln usw. Es gilt also, für die Engrammbildung im Langzeitgedächtnis nicht nur Informationen selbst zu verbalisieren, sondern sie auch zunächst möglichst häufig, dann seltener zu wiederholen.
2. Gleichzeitig strukturieren Sie den Stoff, den Sie speichernd in das Langzeitgedächtnis nehmen wollen. Aus Worten werden durch zunehmenden Bedeutungsgehalt Begriffe, die in einer bestimmten Anordnung gelernt werden. An diese Begriffe lagern Sie immer mehr Urteile an und kommen allmählich zu Denk- und Wertgerüsten, die Ihre Sicht der Welt widerspiegeln.
3. Für das Haften im Langzeitgedächtnis spielen persönliche Wertschätzungen und Bedeutungsgehalte eine entscheidende Rolle. Wir kommen darauf bei der Besprechung der Motivation ausführlicher zurück.

Kurzum: Memorierendes Lernen heißt, daß Sie sich daran gewöhnen, die zu lernenden Informationen zu verbalisieren, zu wiederholen und in das – sehr persönliche – Sinngefüge Ihrer Erlebniswelt einzugliedern. Dazu brauchen Sie das Gedächtnis, in dem Sie das zu Lernende in codierter Form speichern.

3.2.4 Was bedeutet progressive Abstraktion für das Lernen?

Wie schon angedeutet, denken und sprechen wir in Formeln, in Codierungen. Das sind Abkürzungen für die anschauliche oder gedankliche Vielfalt unserer Erkenntniswelt. Je reifer wir werden, desto mehr Gehalt haben unsere Begriffe, je weiter unser Lernprozeß auf einem bestimmten Gebiet fortschreitet, desto mehr subsummieren wir unter bestimmten Oberbegriffen. Diesen Vorgang nennen wir progressive Abstraktion.

Sind uns Worte gelegentlich noch als Abkürzungen zu lang, so werden sie weiter gekürzt, z. B. H_2SO_4, TÜV, 1^{-6}, BuPoMist oder Mrs. F. D. R., wobei die beiden letzten Beispiele, der Bundespostminister oder die Gattin des amerikanischen Präsidenten Franklin Delano Roosevelt, zeigen, wie weit man es treiben kann.

Überlegen Sie einmal, wie viele gedankliche Inhalte Sie schon jetzt mit dem Wort „Medizin" codieren und speichern. Eine solche Abkürzung dient nicht nur der schnellen und leichten Kommunikation, sondern auch dem Lernen und Behalten komplexer Sachverhalte bei begrenzter Aufnahmekapazität unseres Gedächtnisses.

Unser Kurzzeitgedächtnis kann durchschnittlich nur sieben überschaubare und merkbare Informationen gleichzeitig behalten; man spricht von dem sogenannten Simultangedächtnis. Fitney Smith hat versucht, diese natürliche Merkkapazität künstlich zu vergrößern. Sein Kunstgriff heißt recoding, und dieses Prinzip der „Umordnung" ist nichts anderes als eine strukturierende Gliederung. An einem Beispiel ist das leichter zu verstehen:

AYBXCWDVEUFTGS

Versuchen Sie, diese Reihe aus 14 Buchstaben mit einmaligem lauten Lesen zu lernen. Das ist so gut wie aussichtslos und durch dreimaliges Lesen auch kaum zu schaffen.

Zerlegen Sie jetzt schriftlich die Reihe durch senkrechte Trennungsstriche in Zweiergruppen; das ist Ihre erste Codierung. Durch sie „verkürzen" Sie die Gesamtinformation aus 14 Buchstaben, Sie strukturieren das Ganze in Gruppen um, und in sieben Gruppen wird die Aufgabe für das Lernen handlicher.

Die zweite Codierung ist die für unser Beispiel entscheidende Verkürzung des Lernstoffs auf zwei Informationen:

1. In jeder der aufeinanderfolgenden sieben Buchstabengruppen steht an erster Stelle der Buchstabe nach dem ABC vorwärts.
2. An zweiter Stelle steht der Buchstabe nach dem ABC rückwärts, Z ausgelassen.

Das Prinzip, mit dem Sie sich jetzt das Memorieren der 14 Informationen erleichtern und das Gelernte dann auch reproduzieren können, heißt **codierendes Lernen.** Sie bringen 14 schwer zu lernende Einzelinformationen in Zweiergruppen, in denen die Buchstaben nach einer bestimmten alphabetischen Ordnung gruppiert sind. Achten Sie darauf, daß Sie dabei zweierlei voraussetzen: Die Bekanntheit der verwendeten Buchstaben und ihre Reihenfolge in unserem Alphabet (primäres Strukturgitter). Die Codierung erfolgt dann durch eine Neuordnung, mit der Sie die Gesamtheit der Informationen verkürzen und ein sekundäres Strukturgitter schaffen. Schlichter ausgedrückt: Sie suchen und lernen die kürzere Spielregel, nach der eine kompliziertere und umfangreichere Information aufgebaut ist. Sie entwickeln Konzepte für Zusammenhänge zwischen den Einzelheiten, die Sie dann nicht mehr einzeln lernen müssen, sondern von denen Sie nur noch den strukturellen Aufbau modifizieren. Der Zündfunke AYB ... läßt Sie dann die ganze Reihe reproduzieren. So lernen Sie schneller und behalten länger. Unverbundene Fakten belasten dagegen das Gedächtnis stärker und werden schneller vergessen. Sie können eigene und fremde Codesysteme manipulieren, erweitern, verkürzen, abändern. Sie müssen allerdings vor jeder Arbeit an Konzepten entscheiden, ob der jeweilige Lerngegenstand den intellektuellen Aufwand für eine Konzeptbildung lohnt, mit der Sie leichter lernen und Gedächtniskapazität sparen.

Wenn Sie versuchen, die folgenden 28 Zahlen in dieser Reihenfolge ohne Gliederungshilfen – additiv – auswendig zu lernen,
1 – 0 – 2 – 4 – 1 – 1 – 2 – 2 – 1 – 2 – 2 – 0 –
1 – 3 – 1 – 8 – 1 – 4 – 1 – 6 – 1 – 5 – 1 – 4 –
1 – 6 – 1 – 2
werden Sie feststellen, daß Sie weder mit einmaligem Lesen noch mit zehnfacher Wiederholung Erfolg haben. Suchen Sie aber den Code, der eine strukturierende Informationsverkürzung gestattet, dann werden Sie feststellen, daß Sie wiederum nur zwei Informationen brauchen: je zwei aufeinanderfolgende Zehnerzahlen als Vierergruppen (xx – xx).

Wenn Sie das Prinzip erkannt haben, werden Sie spielend die 28 Zahlen in Ihr Langzeitgedächtnis aufnehmen und reproduzieren können.

Aufgabe 15

Formulieren Sie selbst die Lösung als Konzept.

Die erste Zehnergruppe heißt ___________ und erhöht sich bei jedem der sechs Schritte um ___________.

Die zweite Zehnergruppe heißt ___________ und verringert sich bei jedem der sechs Schritte um ___________.

Zugegeben, die gedankliche Analyse kostet Zeit, aber sehr viel weniger Zeit, als Sie für die zahlreichen Wiederholungen benötigt hätten, die für das Lernen von 28 Einzelinformationen notwendig gewesen wären. Eine Erwiderung auf Ihren zweiten möglichen Einwand „Aber die Anstrengung beim Suchen nach dem gedanklichen Zusammenhang, dem Code?" wäre: Wenn Ihre Denkanstrengungen so greifbare Lernerfolge zeitigen, hat es sich gelohnt. Irgendwann macht das Lernen und auch das Denken Spaß.
Schaffen Sie die 24 Zahlen noch, ohne zurückzublättern, die auf 10 – 24 folgten, jetzt aus dem Langzeitgedächtnis?
Mit der strukturierenden Informationsverkürzung durch Codierung tun Sie Ihrem Langzeitgedächtnis einen Gefallen. Schon für das Kurzzeitgedächtnis gilt, daß Sie sich üblicherweise nur sieben Informationseinheiten gleichzeitig merken können. Für das Langzeitgedächtnis noch weniger. Das genannte Prinzip des codierenden Lernens durch progressive Abstraktion gilt genauso wie für Zahlen und Buchstaben auch für kompliziertere Sachverhalte, ja selbst dann, wenn Sie sich den „Zusammenhang" zwischen unzusammenhängenden Fakten mit Hilfe künstlicher Eselsbrücken merken wollen. Es geht nur darum, Methoden zu entwickeln, mit denen Sie Informationen umcodieren und dabei in einer möglichst deutlich erkennbaren Struktur verkürzen.
Die Methode wenden Sie täglich in den Geisteswissenschaften, in den naturwissenschaftlichen Grundlagenfächern oder in der Klinik an, wenn Sie Denksysteme übernehmen, Strukturformeln in der

Biochemie zu begreifen suchen oder Symptome aufnehmen. In verbal codierten Abkürzungen denken Sie den gesamten philosophischen, chemischen oder ätiologischen Hintergrund mit. Die Codierung hilft Ihnen dann nicht nur beim Lernprozeß und bei der Reproduktion, sondern Sie können damit auch bestimmte gedankliche Operationen durchführen, das Gelernte anwenden.
Während Ihres Studiums gilt es, Informationsmassen bewußt und absichtlich möglichst kurz, möglichst präzise strukturiert und in einer für die Anwendung möglichst brauchbaren Form zu codieren und als Konzept im Langzeitgedächtnis aufzubewahren, um sie später in der Praxis abrufen zu können. Das ist der Zugang zum effektiven Lernen.

Aufgabe 16

Wiederholen Sie noch einmal die beiden wesentlichen Begriffe dieses Abschnitts, bevor Sie weiterlesen.

a) Wie bezeichnen Sie den Vorgang, mit dem Sie immer mehr Informationen unter Oberbegriffe subsumieren?
_______________ _______________

b) Welchen Vorteil bietet die Codierung (strukturierende Informationsverkürzung) in bezug auf die Gedächtniskapazität? _______________________________

c) Welche der beiden Aufstellungen A und B mit neun Informationen unter einer großen Überschrift lernt sich Ihrer Meinung nach leichter?

A	B
xxxxxxxxxxxxxxxxxxxxx	xxxxxxxxxxxxxxxxxxxxx
	— — — — — — — — —
_______________	_______________
_______________	_______________
_______________	_______________
_______________	— — — — — — — — —

d) Geben Sie eine kurze Begründung für Ihre Wahl.
e) Erläutern Sie, was an der progressiven Abstraktion „progressiv“ ist und welcher Denkprozeß mit „Abstraktion“ gemeint ist. Suchen Sie dazu drei Beispiele, mit denen Sie anderen die progressive Abstraktion erklären können. Sie haben etwas wirklich verstanden, wenn Sie es anderen erklären können!

3.2.5 Behalten und Vergessen

Behalten und Vergessen sind Funktionen unseres Gedächtnisses. Um sich klarzumachen, welche Bedeutung das Vergessen für effektives Lernen hat, brauchen Sie nur daran zu denken, daß Ihnen das Vergessen als Gegenspieler des Lernens gelegentlich trotz aller Mühe, die Sie sich geben, den Erfolg streitig macht. Mißerfolg durch Vergessen können Sie vermeiden, wenn Sie aus den folgenden Informationen über das Behalten und Vergessen Konsequenzen für Ihr Lernen ziehen. Zunächst ein Beispiel:

Für den Alltagsgebrauch kommt man mit rund 1000 Wörtern einer Fremdsprache aus. Es dürfte nicht allzu schwer fallen, pro Tag 10 Vokabeln und ein paar Regeln bzw. Redewendungen zu lernen. Das hieße, daß man mit diesem geringen Aufwand im Laufe von 100 Tagen die Grundlagen einer Fremdsprache beherrschen könnte. Es wird aber nicht lange dauern, bis Sie feststellen, daß Sie Gelerntes auch wieder vergessen, was Ihren Erfolg schmälert und den Aufwand erhöht. Dann wird unsere Rechnung komplizierter, und Sie werden Ihr Ziel nur erreichen, wenn Sie das Vergessen einkalkulieren, indem Sie zur Kompensation dieses Verlustes rechtzeitig anfangen, das Gelernte zu wiederholen.

Wie kann man das Vergessen meistern?

Sie werden eine Weile suchen müssen, wenn Sie Ihre Geburtsurkunde in den Papierbergen aufbewahren, die sich im Laufe eines Studiums anhäufen. Weniger Aufwand wird es kosten, wenn die Urkunde zum Beispiel in einer Mappe „Persönliche Papiere" abgeheftet ist, und noch weniger, wenn Sie wissen, wo dieser Hefter liegt. Ganz ähnlich verhält es sich mit dem menschlichen Vergessen. Es ist mit organisierter Speicherung beim „Abheften" und mit rechtzeitiger Wiederholung zu überwinden. Sie vergessen bei der Reproduktion des Gelernten weit weniger, wenn Sie dafür dieselben Organisationshilfen (Codesysteme) einsetzen, die Sie für das Lernen benutzt haben.
Beispiel: Die Speicherkapazität Ihres Gedächtnisses ist begrenzt wie ein Koffer bestimmter Größe. Aber ähnlich wie bei dem Koffer geht wohlsortiert mehr hinein; und wenn man sich beim Packen Gedanken darüber macht, wohin man bestimmte Teile legt, weiß man später, wo sie wiederzufinden sind. Übertragen auf unser Problem vom Lernen, Behalten und Reproduzieren des Gelernten heißt das: Setzen Sie strukturierende Codesysteme nicht nur für das Lernen ein, sondern benutzen Sie sie auch als Suchhilfen für das Gedächtnis.
In diesem Kapitel mußten wir Ihnen verhältnismäßig viele Informationen anbieten. Es scheint uns deshalb zweckmäßig, zunächst das über das Gedächtnis Gesagte durch eine kurze Wiederholung zu sichern und erst dann zum nächsten Thema „Motivation" fortzuschreiten.

Aufgabe 17

Überdenken Sie noch einmal die Abschnitte 3.2 bis 3.2.5 anhand folgender Fragen.

a) Welche beiden Begriffe werden in beiden geschilderten Lernformen benutzt? ______________________

b) Wie wird der Anlaß zur Reaktion beim Konditionieren verändert? ______

c) Versuchen Sie, die beiden Schemata für die Grundlernformen aus dem Gedächtnis zu reproduzieren.

d) Welche psychologische Leistung bildet die Grundlage allen dauerhaften Lernens? ______

e) Mit welcher Reizform kann man Eindrücke aus dem vorwiegend optisch arbeitenden Momentgedächtnis in das Kurzzeitgedächtnis übertragen? ______

f) Mit welchen drei Schlagworten können Sie Voraussetzungen für die Engrammbildung im Langzeitgedächtnis schildern?

______ ______ ______

g) Formulieren Sie mit eigenen Worten den Zusammenhang zwischen Konzentration der Aufmerksamkeit und Engrammbildung im Gedächtnis. ______

h) Formulieren Sie selbst den Zusammenhang zwischen Gedächtnis und Lernen ______

______

i) Wozu benutzen Sie die progressive Abstraktion?

______

k) Womit kann man ungegliederte Informationen strukturieren? ______

Aufgabe 18

a) Sammeln Sie 5 Minuten lang schriftlich Stichwörter zu der Frage „Warum lerne ich?“
Nennen Sie in der Reihenfolge, wie sie Ihnen einfallen, Gründe, die Sie bewogen haben, sich mit diesem oder jenem Thema ausführlich zu beschäftigen, Leistungssport zu treiben, eine Fremdsprache intensiver zu lernen als verlangt usw. Schreiben Sie die Gründe in Stichworten untereinander.

b) Bringen Sie Ihre Stichwortsammlung in eine Rangfolge von 1 bis x.

Gruppenarbeit

Aufgabe E, F

E: Die dargestellten Beziehungen zwischen konzentriertem Arbeiten, Erfolgserlebnissen und Selbstmotivation bilden die Grundlage erfolgreicher Eigenarbeit. Diskutieren Sie gemeinsam die Frage, wie die Gruppe dem einzelnen Teilnehmer Erfolgserlebnisse vermitteln kann, und formulieren Sie schriftlich die Ergebnisse.

F: Versuchen Sie, in der Gruppe durch Diskussion der von den Teilnehmern genannten Gründe für das Lernen festzustellen, wie weit die Motive der Gruppenmitglieder identisch sind.
Nutzen Sie das Ergebnis von Aufgabe 18 b), um rechnerisch (siehe Aufgabe a) Ihre Gründe nach der Bedeutung zu ordnen, die ihnen die Gruppe beimißt.

Der rote Faden 3

Nach der Arbeitsdefinition für das Lernen (Erinnern Sie sich?) war im 2. Kapitel die progressive Abstraktion als Mittel der Codierung und damit der Gliederung und Verkürzung der zu lernenden Informationen angeklungen. Im 3. Kapitel haben Sie sich mit der Aufmerksamkeit als einer Voraussetzung für die Speicherung von Engrammen im Gedächtnis beschäftigt und die strukturierende Codierung am Beispiel der Gliederung von Informationsmassen selbst angewendet, um leichter zu lernen, Gedächtniskapazität zu sparen und länger zu behalten.

„Nebenbei" haben Sie Assoziation und Konditionierung als unmittelbare bzw. mittelbare Verbindung von Lernreizen und den zu lernenden Reaktionen kennengelernt und, wie wir hoffen, die Reize (unseres Informationsangebotes) mit Ihren Reaktionen beim eigenen Lernen so dauerhaft verbunden, daß sie, in Ihrem Langzeitgedächtnis gespeichert, die Grundlage beabsichtigter und erkennbarer Verhaltensänderungen im Sinne des effektiven Lernens bilden.

Neben Gedächtnis und Konzentration der Aufmerksamkeit gehört zum Lernen die allgemeine Bereitschaft, die angebotenen Informationen aufzunehmen, man spricht auch von der **Erwartungshaltung**, vom Interessiertsein oder mit einem übergreifenden Schlagwort von Motivation.

Warum lernen Sie?

Die Frage klingt im ersten Moment nicht gerade geistreich. Im Selbstversuch werden Sie beim Nachdenken feststellen, welche Probleme hinter dieser Frage stecken.

4. Kapitel: Motivation, Lernerfolg und Verstärkung

Fortsetzung der psychologischen Voraussetzungen für das Lernen

4.1 Shaping; 4.2 Motivation durch Erfolg; 4.3 Primäre und sekundäre Motivation; 4.4 Valenzentheorie; 4.5 Motivation durch Relevanz; 4.6 Motivatoren; 4.7 Motivationstraining; 4.8 Definierte Lernziele als Mittel der Langzeitmotivation; 4.9 Wie man Ablenkung vermeidet oder überwindet; 4.10 Zwei zusätzliche Motivationshilfen.

Lernziele

Nach der Bearbeitung dieses Kapitels werden Sie
- den Begriff Motivation definieren können,
- primäre und sekundäre Motive unterscheiden und
- für den eigenen Lernprozeß nutzen können.
- Sie werden den Erfolg als starkes Motiv erkennen und mit dem eigenen Lernerfolg einen praktischen Zugang zur Selbstmotivation beim Lernen gewinnen,
- Regeln für das eigene Motivationstraining anwenden sowie
- Möglichkeiten nutzen lernen, sachliche und emotionale Ablenker zu vermeiden oder zu überwinden.

4.1 Motivation und Verstärkung

Als Verkehrsteilnehmer kommen Sie selbst täglich an Hunderten von Verkehrsschildern vorbei. Wenn Sie sie nur für eine Straße auswendig in der richtigen Reihenfolge hersagen sollten, würden Sie wahrscheinlich scheitern, obgleich Sie sie oft gesehen haben.
Das zeigt:
Wiederholung allein ist keine Garantie dafür, daß Sie lernen. Es fehlt noch ein Grund für das Lernen, kriminalistischer ausgedrückt: Es fehlt ein Motiv.

Motive haben wir immer: Hunger, Frieren, Geltungsanspruch, Einsichten in soziale Notwendigkeiten, Prüfungen, die wir bestehen wollen, eine Berufsausbildung als Grundlage für den Erwerb des Lebensunterhaltes oder eine glänzende Karriere usw. Warum reichen diese Gründe nicht aus, um alle, die sie haben, schon zu wahren Lernfanatikern zu machen? Weil es entweder nur allzu oft keine „echten" Gründe sind oder weil die Motive zu schwach sind, um über lange Zeiträume hin zum Lernen zu motivieren.

Ein Motiv scheint auf die Dauer wirklich tragfähig: **Die Freude an der Sache selbst.** Das Vertrackte ist nur, daß Freude an der Sache meist erst dann entsteht, wenn man sich schon so weit mit ihr beschäftigt hat, daß sie anfängt, „Spaß zu machen". Was wir für den Anfang suchen und brauchen, ist also nicht eine tragfähige Dauermotivation, sondern ein guter Starter. Wie können Sie nun Motivation als Freude an der Sache schon im Frühstadium der Beschäftigung mit einem Thema entwickeln?

Durch Verstärkung, also durch das Erlebnis jedes eigenen Lernerfolges, wird die Wahrscheinlichkeit und damit die Häufigkeit, daß Sie auf bestimmte Reize, wie zum Beispiel Prüfungsfragen, mit bestimmten Reaktionen, also den richtigen Antworten, reagieren, verstärkt.

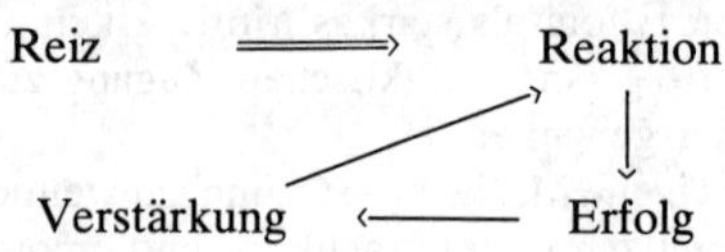

Thorndike formulierte das Gesetz vom positiven und negativen Nacheffekt:

Die Verbindung zwischen Reizen und Reaktionen wird verstärkt, wenn auf die Reaktionen ein positiver Nacheffekt folgt.

Die Verbindung zwischen Reizen und Reaktionen wird im allgemeinen schwächer, wenn ein negativer Nacheffekt folgt.

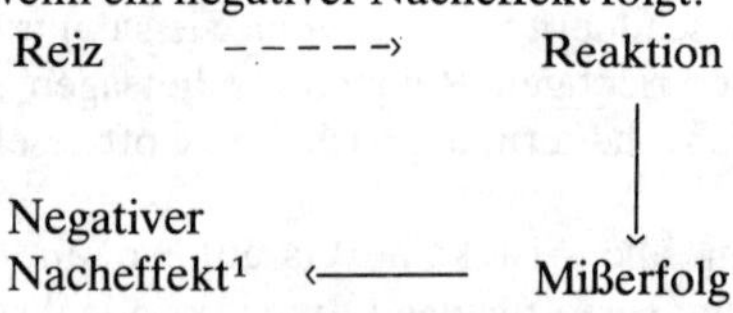

[1] Entgegen der Erwartung spricht man hier nicht von negativer Verstärkung.

Das heißt etwas einfacher ausgedrückt: Wenn Sie beim Lernen Erfolg haben, werden Sie gern und effektiver lernen, beim Mißerfolg werden Sie das Lernen hassen, und es kommt wenig dabei heraus. Da Erfolg beim Lernen aber meist Anerkennung durch andere heißt, Anerkennung aber besonders dem Anfänger selten gezollt wird, liegt der für Ihr ganzes Studium so bedeutsame Kunstgriff darin, nicht auf das Lob anderer zu warten, sondern sich selbst möglichst unmittelbar den Erfolg des eigenen Lernens vor Augen zu führen; im Fachjargon, sich selbst zu verstärken.

Ein Zusatz ist noch nötig: Positive und negative Nacheffekte wirken nur, wenn sie möglichst unmittelbar auf den Lernprozeß folgen.

Beispiel:

Verstärkung bedeutet die Vergrößerung der Wahrscheinlichkeit, daß auf einen bestimmten Reiz dieselbe Reaktion erfolgt; auf Ihr Problem bezogen: Je mehr Sie den Erfolg beim Lernen erleben, desto eher werden Sie von Ihrem Lehrbuch an den Schreibtisch gefesselt, desto eher werden Sie den Erfolg suchen und sich mit dem eigenen Erfolg zu weiteren Erfolgserlebnissen beim Lernen motivieren. In der englischen Lernpsychologie spricht man vom bewußten „shaping".

Das Besondere der Verstärkung beim menschlichen Lernen und damit der wesentliche Unterschied zu amerikanischen Versuchen mit Tieren besteht darin, daß nur der Mensch die Fähigkeit hat, schon in der Gegenwart, in der augenblicklichen Lernsituation, Vorstellungen von der Zukunft zu entwickeln, d. h. mögliche positive Nacheffekte zu antizipieren und als Motive für das Hier und Jetzt seiner Anstrengungen zu benutzen.

4.2 Motivation durch Erfolg

Geld, Lob oder soziales Ansehen nutzen sich als Motivation leichter ab als die einzige Verstärkung, die sich unmittelbar am Lerngegenstand orientiert, nämlich der Erfolg des Lernenden.

Sie wissen aus eigener früherer Erfahrung, daß Sie trotz mancher Abneigung gegen gewisse Themen und gelegentlich auch gegen Lehrer den Erfolg suchten, daß Sie danach strebten, mit Schwierigkeiten fertig zu werden, und sich selbst zeigen wollten, daß Sie es schaffen. Später wurde dann manches leidige Thema doch noch ganz akzeptabel, denn

nichts ist motivierender als der Erfolg.

Nur sollten Sie dabei nicht gleich an Abschlußprüfungen, Doktorhüte oder ähnliches denken, sondern an den unmittelbaren Lernerfolg, den nur Sie selbst erleben können und der mit äußeren Ehrungen, Lob und Tadel nicht gleichzusetzen ist. Wir sprechen von der unmittelbaren Befriedigung, die Sie beim Gelingen kleiner Lernschritte erleben. Die Konsequenzen, die sich aus diesem Zugang für Ihre Motivation ergeben, sind einleuchtend: Suchen Sie den Teilerfolg. Unterteilen Sie zu diesem Zweck das angestrebte Gesamtziel Ihrer Ausbildung in kleine Lernschritte, unterstützen Sie Ihre Gesamtmotivation, Ingenieur, Fremdsprachler oder Arzt zu werden, indem Sie sich Ihre kleinen Alltagserfolge bewußt machen und sich über jeden Schritt freuen, der Sie Ihrem Ziel näher bringt.
Nur das, was Freude macht, tut man auf die Dauer aus „Interesse an der Sache". Begeisterung entwickelt man nur für das, was einem gelingt. Lernen kann Quälerei sein oder Spaß machen, je nachdem, ob es gelingt, sich mit dem eigenen Erfolg selbst zu motivieren. Ihre konkrete Aufgabe ist es, sich immer wieder Erfolge anschaulich vor Augen zu führen.
Ein Beispiel für das deutliche Erleben des eigenen Lernerfolges ist die Lernkartei, die Leitner ausführlich beschreibt, oder eine selbst entwickelte Fragensammlung. Sie können jeden einzelnen Lernschritt mit einem Erfolgserlebnis verbinden, mehr noch, Sie können sich den Erfolg handelnd klarmachen, wenn Sie eine Karteikarte „promovieren" und das Päckchen des „Gekonnten" sichtbar anwachsen lassen.

Das über „Motivation durch Erfolg" Gesagte können wir in zwei Regeln zusammenfassen:

1. Jede geistige Arbeit, die nicht mit ihrer Vollendung das Gefühl hinterläßt, daß Sie etwas geschafft haben, ist für Ihre Motivation verloren. **Befriedigende Erfolgserlebnisse können Sie sich selbst verschaffen. Sie müssen sich nur Ihren Lernerfolg vor Augen führen.**

2. Auch die beste Motivation hält nicht ewig, wenn sie nicht gepflegt wird. Motive pflegen, heißt aber, **sich nicht überfordern,** sondern große Ziele in kleine Schritte aufteilen, lange „Durststrecken" durch kleine, aber häufige Erfolgserlebnisse überwinden.

Aufgabe 19

Üben Sie die Verstärkung durch Erfolgserlebnisse und damit die Selbstmotivation, indem Sie zu den folgenden Fragen in Stichworten, gegebenenfalls mit Zeichnungen Stellung nehmen.

a) Wie wirkt sich der positive Nacheffekt Thorndikes auf die durch das Lernen geschaffene Verbindung zwischen Reiz und Reaktion aus?

____

b) Was bedeutet Verstärkung?

____

c) Wie nennt man den bewußten Einsatz des Lernerfolges als Motivator zum Lernen?

____

d) Wie wirkt sich Ihrer Meinung nach im allgemeinen ein negativer Nacheffekt, zum Beispiel Tadel, auf das Lernen aus?

____

In der Sprache Thorndikes heißt das: Ein negativer Nacheffekt ____________________.

e) Wie machen Sie sich von der Anerkennung Ihrer Leistung durch Dritte unabhängig?

f) Wie kommen Sie über „Durststrecken“ ermüdenden Lernens?

g) Welche grundsätzliche zeitliche Regel gilt für die Verstärkung?

h) Leiten Sie für sich selbst eine Regel ab, die für die Bearbeitung dieses Buches gilt, mit der Sie jedoch Selbsttäuschungen verhindern können.

Sie haben sicher den größten Teil der Fragen richtig beantwortet und damit Erfolgserlebnisse gehabt, aber auch gleichzeitig erkannt, daß diese Erfolgserlebnisse keine Geschenke sind. Man muß schon etwas dafür tun.

Aufgabe 20

Die ganze Vielgestaltigkeit des Themas Lernmotivation – umfassend sind das Ihre Lerngründe – ist wahrscheinlich schon bei Ihrer Antwort auf die Frage angeklungen „Warum lernen Sie?“. Versuchen Sie, sich über Ihre Motive noch mehr Klarheit zu verschaffen, indem Sie Ihr Nachdenken über die Motive Ihres Handelns organisieren.

a) Welches ist Ihr wichtigstes Fernziel?

b) Welche Nahziele gehören unmittelbar zum Erreichen dieses Fernziels und welches davon ist das schwerwiegendste?

c) Was können Sie sofort tun, um sich ein Erfolgserlebnis auf dem Weg zum Erreichen dieses Nahziels zu verschaffen?

Bei dem Versuch, die Bedeutung von Motivation in den Griff zu bekommen, kann uns eine Arbeitsdefinition helfen.
Unter **Motivation** verstehen wir die Gesamtheit unserer Antriebe (Motive), die auf Werte gerichtet sind und sich in dem Bestreben des Lernenden zeigen, Erfolg zu haben.
Verglichen mit einem Kraftfahrzeug sind Ihre Lernanstrengungen die Räder, die Sie dem Ziel näher bringen, die Motivation ist der Kraftstoff und Ihr Gehirn der Laderaum für die Informationsmassen, die Sie aufnehmen sollen.

4.3 Primäre und sekundäre Motivation

Wir unterscheiden grob zwei Formen der Motivation: **Primäre (intrinsische) Motivation** entsteht, wenn Sie die Sache, das, was Sie lernen, als sinnvoll erleben und dieses Werterleben Ursache Ihrer Beschäftigung mit der Sache ist. Sie erkennen den Wert der Sache selbst, wenn Sie die Bedeutung des Lerngegenstandes z. B. für Ihre Berufsqualifikation verstehen, wie die Zellteilung als Voraussetzung der Wundheilung. Dagegen bezeichnet man mit **sekundärer (extrinsischer) Motivation** Lernantriebe, die nicht in der Sache selbst begründet sind, so zum Beispiel Geld oder Geltung, die einem durch erworbenes Wissen zufließen.
Da sich primäre und sekundäre Motivation häufig überschneiden, sollten Sie bei der Unterscheidung eher nach Schwerpunkten als nach reinen Formen der Motivation suchen.
Zu wissen, warum Sie etwas lernen – motiviertes Lernen –, ist eine entscheidende Voraussetzung dafür, daß Sie auf die Dauer und dauerhaft lernen. Wenn Sie sich eine Motivation aufbauen und sie für das Lernen nutzen wollen, müssen Sie sich Ihre **Lernziele** klarmachen. Das gilt sowohl für so weitreichende Ziele wie Ihr Ausbildungsziel als auch für unmittelbare Nahziele, wie das Nachschlagen der Bedeutung eines Fachausdrucks, das möglicherweise unterbleibt, weil Sie „nicht genügend motiviert“ sind, mit anderen Worten, weil Sie sich nicht genügend klarmachen, warum Sie nachschlagen sollten. Zu wissen, warum Sie etwas lernen, ist aber eine Voraussetzung dafür, daß Sie erfolgreich lernen, und Erfolg seinerseits ist die Voraussetzung dafür, daß Lernen Spaß macht. Wir kommen darauf zurück.

Lernen Sie gern bei Androhung von Strafe einen Ihnen unverständlichen Stoff auswendig? Wohl kaum, denn wer strengt sich schon gern an, wenn er den Sinn der Sache nicht erkennt und nur lernt, um nicht bestraft zu werden.
Lernen Sie wegen einer angekündigten Belohnung? Schon eher, denn belohnt wird jeder gern. Belohnung heißt Erfolg, und Erfolg bestärkt Sie in Ihren Bemühungen. Dieser Gedankengang heißt, progressiv auf das Wesentlichste abstrahiert und im Code der Lernpsychologie: Erfolg verstärkt.
Sowohl Strafe als auch Belohnung sind sekundäre Motivationen, also nicht im Lerngegenstand selbst begründet. Primäre Motivation führt dagegen zu der Einsicht, daß man zum Beispiel durch das Lernen von Lernprinzipien dem selbstgesteckten Ziel, effektiver zu lernen, näherkommt. Effektives Lernen halten Sie offenbar für sinnvoll, Sie sind motiviert, sich damit zu beschäftigen.

Regel: Primär (sach-)motiviertes Lernen entsteht durch Einsicht in die Sinnhaftigkeit, in den Wert des zu Lernenden.

Es gilt jetzt, Ihre Einsicht zu festigen, daß sinnvolles Lernen wesentlich dazu beiträgt, effektiver zu lernen.

4.4 Valenzentheorie

Lewin begründete 1936 die topologische Lernpsychologie. Der Lernende wird dabei in seinem Bezug zu Kräften der Umwelt gesehen, die in ihm Bedürfnisse wachrufen, z. B. Erwartungen der Eltern, der Freunde, der Ehefrau. Diesen positiven Valenzen wendet sich der Lernende zu; er entwickelt eine Motivation.

Aufgabe 21

a) Überprüfen Sie, ob Sie die Arbeitsdefinition für die Motivation noch parat haben:

____

und vergleichen Sie Ihr Ergebnis mit Seite 49.

b) Welcher Zusammenhang besteht zwischen den positiven Valenzen und unserer Arbeitsdefinition?

Leider liegen vor manchen positiven Zielvalenzen, zum Beispiel vor dem Ausbildungsziel Arzt, einem Sozialberuf mit wissenschaftlicher Tätigkeit und hohem Ansehen, oft Hürden, wie das Lernen unzähliger Fakten, die für Sie nur deshalb negative Valenzen darstellen, weil Sie den Zweck dieser Anforderungen nicht unmittelbar in Einklang mit Ihrem Generalziel bringen können.
Ein Beispiel:
Englische Vokabeln zur Fachterminologie ihres Studienfaches nachzuschlagen, hat für die meisten Leute negative Valenzen. Wissenschaftliche Ergebnisse im englischen Originaltext lesen können, eher positive, besonders dann, wenn der Beitrag unmittelbare Voraussetzung für die Doktorarbeit ist.
Mit Hilfe der Lewin'schen Valenzentheorie lassen sich zwei ständige Forderungen für das effektive Lernen ableiten:

1. Schaffen Sie sich klare Vorstellungen von Ihrem Ausbildungsziel. Erst dann können Sie es als positive Valenz sehen, die Sie anstreben, erst dann werden Sie sich damit identifizieren. Es wird **Ihr** Ziel.
2. Untergliedern Sie das Gesamtziel Ihres Studiums in immer konkretere Teilziele (zum Beispiel Prüfungsabschnitte – Fächer – Themenkreise – Lehrbuchkapitel – Abschnitte). Machen Sie sich immer wieder die Bedeutung dieser Teilziele als Voraussetzung für das Erreichen des Gesamtzieles klar. Auch das augenblickliche Lernen von Einzelheiten sehen Sie dann in einem größeren Zusammenhang, und es wird zu einer positiven Valenz.

Mit der gedanklichen Bezugnahme auf die Teilziele und weiter auf das Gesamtziel des Studiums können Sie sich beim Lernen ständig selbst motivieren und sich das Lernen leichter machen.

4.5 Motivation durch Relevanz

Ihre Dozenten können Ihnen dabei helfen, indem sie Ihnen nicht nur den Stoff anbieten, sondern die Bedeutung des Stoffs für das Erreichen Ihrer Ziele vergegenwärtigen. Regen Sie die Lehrenden durch Zusammenhangsfragen immer wieder an, Ihnen die Bedeutung eines bestimmten Stoffes für Ihre weiterreichenden Teilziele zu erklären.

Vage Examensforderungen stellen für das Zusammenhangsverständnis nur einen unzureichenden Ersatz dar, und es ist keineswegs selbstverständlich, daß Sie ohne Erläuterung verstehen, warum und wie weit der angebotene Stoff zum Erreichen Ihres Ausbildungszieles beiträgt. Fragen Sie ohne falsche Scheu nach dem Zusammenhang zwischen dem, was Sie gerade lernen, und dem Kapitel, dem übergeordneten Themenkreis und nach seiner Bedeutung für Ihren künftigen Beruf. Wenn Sie Ihr Leben lang weiterlernen sollen, müssen Sie unbedingt wissen, warum.

Falls Sie keine Hilfe erhalten können, müssen Sie versuchen, die Frage nach dem größeren Zusammenhang selbst zu beantworten. Hierzu bieten wir Ihnen zwei Hilfen an, die Ihnen den praktischen Zugang erleichtern:

1. Suchen Sie sich Advance Organizer
   und
2. definieren Sie Ihre Lernziele operational.

Ein **Advance Organizer** ist eine Beschreibung des jeweils größeren Zusammenhangs, in dem der Lernstoff Bedeutung hat und verstanden werden kann (Ausubel, 1960). Er enthält zum Beispiel einen Oberbegriff, vergleichbar den Umrissen eines Hauses (a), für diesen Oberbegriff untergeordnete Begriffe, denen die groben Strukturlinien der Fassade des Hauses entsprechen könnten (b). Diesen (nunmehr als Advance Organizer gesehenen) Begriffen untergeordnete detailliertere Begriffe wären die für Fenster und Türen angedeuteten Öffnungen (c) usw.

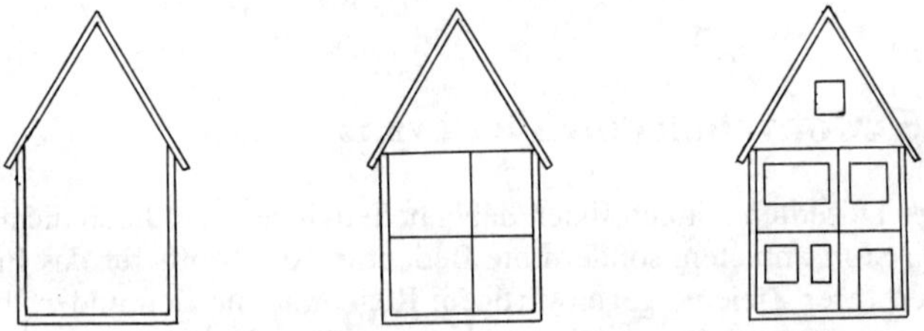

a b c

Geht man von der Annahme aus, daß Gedächtnisinhalte als System hierarchisch gegliederter Begriffe gespeichert werden, dann bietet der Advance Organizer dem Lernenden ein Gerüst, mit dessen Hilfe die zu erwartenden Informationen strukturiert, d.h. am richtigen Platz in der durch den Advance Organizer umrissenen Begriffshierarchie verankert werden können.

Der Advance Organizer dient der Motivation und ist eine Strukturierungshilfe. Er aktiviert beim Lernenden auch frühere Gedächtnisinhalte, die mit dem Lernstoff in Zusammenhang stehen. Die Anknüpfung an im Gedächtnis schon Vorhandenes trägt ebenfalls dazu bei, daß der Lernstoff leichter aufgenommen und behalten werden kann.

Lernziele sind Beschreibungen des Zieles, zu dem der Lernende durch einen Lernprozeß hingeführt werden soll (Mager, 1965). Genau zu wissen, was man nach einem Lernprozeß mit dem Gelernten wirklich t u n können soll und wie der Lernerfolg gemessen wird, kann die Motivation des Lernenden und damit seine Lernaktivität steigern. Bei Kenntnis des Zieles kann der Lernende außerdem seinen Einsatz entsprechend der Bedeutung, die er dem Ziel beimißt, und der ihm zu Verfügung stehenden Zeit dosieren. Entscheidend ist, daß er seinen Lernerfolg an der Zielbeschreibung messen kann.

Der didaktische Wert beider Lernhilfen wurde in pädagogischen Experimenten anhand der Steigerung des Lernzuwachses nachgewiesen.

Sie erleichtern eine sinnvolle Strukturierung der Gedächtnisinhalte, eine zweckmäßige und individuell ausgerichtete Organisation des Lernprozesses und die Kontrolle des Lernerfolgs. Sie steigern die Motivation des Lernenden und damit seine Lernaktivität.

Aufgabe 22

Überdenken Sie noch einmal das bisher zum Thema Motivation Gelernte und füllen Sie folgende Lücken aus:

a) Für das Lernen ist im Vergleich mit einem Kraftfahrzeug das Gehirn der Laderaum und die Motivation der ____.

b) Primäre Motivation entsteht durch Einsicht in den ____ des zu Lernenden.

c) Sekundäre Lerngründe sind ________ in der Sache selbst begründet.

d) Zu wissen, warum Sie etwas lernen, ist eine ________ ______, daß Ihnen das Lernen Spaß macht.

e) Belohnung ist ein Beispiel für ________________ Motivation.

f) Kräfte der Umwelt, die in Ihnen Lernbedürfnisse wachrufen, nennt Lewin ________________.

g) Im Rahmen Ihres Studiums sind Teilziele dann relevant, wenn sie möglichst ____________ ____________ für das Erreichen des Ausbildungsziels darstellen.

h) Mit der gedanklichen Bezugnahme auf übergeordnete Ziele können Sie sich ständig __________ _________.

i) Falls Sie niemanden nach dem ____________ zwischen dem, was Sie gerade lernen, und überge________ ________ fragen können, helfen Ihnen operational ____________ ____________

k) Versuchen Sie, den Zusammenhang zwischen effektivem Lernen, Relevanz, Motivation, Erfolgserlebnissen und Verstärkung mit Hilfe einer Zeichnung darzustellen. Veranschaulichung ist eine wesentliche Hilfe beim Lernen!

4.6 Motivatoren

Aus den Ergebnissen motivationspsychologischer Forschung lassen sich für Ihre Absicht, effektiver zu lernen, sechs Motivatoren ableiten:

1. Einsicht in den Sinn des Lernstoffs (Wertbezug) ist ein starker

Motivator: Einsichtig Lernen heißt leichter lernen, schneller lernen und länger behalten. Einsichtiges Lernen spornt Sie an, weiterzulernen.

Mit Einsicht in größere Zusammenhänge sind auch mühsame Detailprobleme, mit denen Sie sich beschäftigen müssen, zu lösen. Suchen Sie deshalb bewußt, das Einzelproblem in größeren Zusammenhängen zu sehen.

2. Erfolg beim Lernen ist ein starker Motivator: Auch erfolgreiches Lernen heißt leichter lernen, besser lernen und länger behalten. Erfolgreiches Lernen spornt Sie an, weiterzulernen.

Mit Erfolgserlebnissen beim Erreichen kleiner Zwischenziele lassen sich auch die weniger erfreulichen Hürden Ihres Studiums nehmen. Suchen Sie deshalb bewußt die häufige Bestätigung Ihres Lernerfolgs. Die Erfolgskontrollen müssen dazu möglichst unmittelbar auf die Anstrengung folgen. Sie verstärken Ihre Motivation, wenn Sie sich selbst bestätigen, daß Sie die angestrebten Ziele erreichen. Mit positiven Zielvalenzen, über die man sich klar wird, baut man seine Motivation auf. Mit Erfolgserlebnissen kann man sie verstärken.

Dasselbe gilt auch mit negativem Vorzeichen: Mißerfolg behindert die Lust zum Lernen. Um effektiver zu lernen, gilt es, Mißerfolge zu vermeiden. Setzen Sie sich deshalb nicht unrealistische Zwischenziele, anders ausgedrückt, verderben Sie sich nicht den Spaß am Studium dadurch, daß Sie sich ständig selbst überfordern, und gestatten Sie es auch nicht anderen, Ihnen die Freude am Lernen dadurch zu nehmen, daß man Ihnen immer mehr anbietet, als Sie für das Erreichen Ihrer Ziele brauchen.

Lassen Sie sich auch Ihre Motivation nicht dadurch zerstören, daß zum Beispiel wegen angeblicher wissenschaftlicher Vollständigkeit in Teilbereichen Ihr studentisches Ausbildungsziel mit Notwendigkeiten der Weiterbildung in späteren Spezialfächern verwechselt wird. Fordern Sie für den angebotenen Lehrstoff auch die Begründung, warum jeder Rechtsanwalt, Arzt, Ingenieur usw. das können oder wissen muß.

3. Benutzen Sie Ihre Funktionslust bewußt dazu, den Lernstoff so selbständig zu gestalten und zu prägen, daß er durch diese Strukturierung im wahrsten Sinne des Wortes Ihr Eigentum wird.

Erst dann macht das darauf aufbauende Weiterarbeiten am Thema oder auch die Wiederholung des Stoffes Spaß, und Sie motivieren sich mit dem eigenen Lernerfolg.

4. Ihren Wissensdrang[1] können Sie pflegen, indem Sie sich selbst Begründungen abverlangen: „Warum ist das so?“. Damit erzeugen Sie bei sich die Problemspannungen, die der Sache selbst entsprechen und die Ihre intrinsische Motivation fördern.

Sie kennen das gute Gefühl, das man hat, wenn man ein Kapitel in einem Lehrbuch zu Ende gelesen, einen Brief in den Kasten gesteckt, die Vorbereitungen für ein Examen abgeschlossen hat usw., und wissen, daß der „Vollendungsdruck“ erst weicht, wenn man wirklich fertig ist.

5. Sie können Ihr Vollendungsstreben als leichten Druck selbst erzeugen, indem Sie über das zu erreichende Ziel nachdenken und indem Sie die Grundregeln effektiven Lernens anwenden: Unterteilen Sie Ihre Aufgaben in realisierbare Teileinheiten.

Das Vollendungsbedürfnis wird nur durch erreichbare Ziele verstärkt. Sie brauchen gelegentlich das angenehme Gefühl, einen Teil fertig zu haben. Das motiviert, weiterzuarbeiten. Wer zuviel auf einmal will, wird weniger schaffen.

6. Machen Sie aus dem Lernen einen Sport.

Für die Bewältigung eines theoretischen Lernstoffs kann Wettbewerb eine extrinsische Motivation sein. Wettkampfgeist sollte sicher nicht als einziger und idealer Antrieb zur geistigen Leistung gesehen werden. Soweit aber der Wettbewerbsgegner nicht als Feind gesehen wird, kann Wettkampf allen dienen und Spaß machen. Außerdem gibt Wettkampf in einer Gruppe Zugehörigkeitsgefühl

---

[1] Erinnern Sie sich an Situationen, in denen Sie Ihre Neugierde kaum beherrschen konnten: der Ausgang eines Romans, die Beziehungen zwischen X und Y, das Einkommen des Herrn Schulze oder die Beurteilung Ihrer Arbeit . . . Das Wesentliche an der Neugier ist der Sensationswert. Wenn Sie nun Ihre Neugier auf sachliche Gehalte Ihres Studiums richten, rückt im Laufe der Zeit der Informationswert gegenüber dem Sensationswert in den Vordergrund, und aus Neugier wird echter Wissensdrang. Fragen, die Sie aus Wissensdrang stellen, dienen dann eher der Vertiefung; zum Beispiel tritt der Gesichtsausdruck des Koma-Patienten hinter der Frage nach der Koma-Ursache zurück, oder die neugierige Frage „Was kostet Ihr Haus“ wird zum Wissensdrang nach Kosten als Kalkulationsgrundlage des Architekten usw.

und eine gewisse Sicherheit, die dazu beiträgt, Lernschwierigkeiten zu überwinden, z.B. auch andauernde Anstrengungen vor einem Examen durchzustehen. Deshalb sollte man zur Förderung seines eigenen Lernens Partner suchen, mit denen der Vergleich des Lernerfolges zum Ansporn wird.
Wenn Ihnen spontane Motive für diesen oder jenen Lernprozeß während des Studiums fehlen, erinnern Sie sich an Ihre Schulzeit. Haben Sie nicht manches getan, zunächst nur weil ein Freund es tat? In der Gruppe finden Sie Menschen, die wie Sie studieren und vielleicht gerade für die Bereiche, für die Ihre Motivation nicht ausreicht, besonders motiviert sind. Lassen Sie sich infizieren!

Aufgabe 23

Versuchen Sie, ohne zurückzublättern, schlagwortartig die sechs Motivatoren zu nennen.

________________ ________________

________________ ________________

________________ ________________

Aufgabe 24

Welcher der sechs Motivatoren hat nach Ihrer Meinung den stärksten Bezug zur Sache und damit am ehesten Anspruch auf die Bezeichnung intrinsische oder primäre Motivation?

____

4.7 Motivationstraining

Wie Sie aus der Diskussion der Motive gelernt haben, finden sich für Ihr Handeln oft mehrere Gründe. Ihren Motiven steht auch meist eine Vielzahl von Handlungsmöglichkeiten zur Verfügung; d.h. Sie müssen Entscheidungen treffen. Für den Zusammenhang zwischen Motivation, Zielsetzung und Handlung läßt sich ein einfaches Grundschema aufstellen.

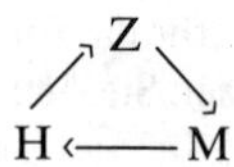

Aus Ihren Motiven schöpfen Sie die Kraft für das Handeln, mit dem Sie Ihre Ziele erreichen wollen. Dann aber wirkt das Erfolgserlebnis beim Erreichen der Ziele stärkend auf Ihre Motive zurück und fördert Ihre Motivation zu weiteren Handlungen, die Sie den gesteckten Zielen näherbringen. Ein Kreislauf kommt in Gang, den Sie für das effektive Lernen nutzen können: Klopfen Sie sich ruhig einmal gedanklich auf die Schulter und sagen Sie laut und deutlich zu sich selbst „das hast Du gut gemacht". Laut und deutlich, und üben Sie sich darin, sich Erfolge auch kleinster Art bewußt zu machen und sich darüber zu freuen. Eigenlob als Motivationshelfer stinkt nicht.

Die eigentliche Schwierigkeit, Ihre studentischen Ziele zu erreichen, liegt selten im Lernstoff, den haben Tausende vor Ihnen auch bewältigt, sondern in der Konzentration Ihrer Kraft auf das Ziel. Sie müssen deshalb lernen, Ihre Motive und Ihre ganze Kraft für Handlungen einzusetzen, die Sie Ihrem Ziel näherbringen. Hierzu können Sie manches, was für Lernziele gilt, auf die Motivation übertragen.

Lernziele	Motivation
Will man seine Ziele erreichen, muß man sie möglichst deutlich vor Augen haben.	Will man seine Kraft zielsicher einsetzen, müssen die Motive klar sein.

Weitgespannte Ziele erreichen Sie durch Aufteilung in möglichst konkrete Teilziele.

Eine Motivation bauen Sie auf, indem Sie sich den Sinn (Wert) der Sache erarbeiten und Ihre Motive am Erreichen von Teilzielen üben und stärken.

Wir sprechen von der **Kunst der kleinen Schritte:** Lassen Sie zunächst jede dritte Zigarette weg. Üben Sie die kleinen Willensentscheidungen, mit denen Sie Erfolg haben, ganz regelmäßig.
Es ist ziemlich aussichtslos, in einem Monat 20 Pfund abnehmen zu wollen. Bevor man seine Ziele festlegt, muß man sich zunächst sorgfältig überlegen, was erreichbar ist. Sagen wir zum Beispiel pro Woche 250 Gramm. Sie werden sehr bald feststellen, wie eisern Sie schon für dieses Ziel Ihren Appetit im Zaum halten müssen.
Eine **Fünf-Finger-Regel** hilft Ihnen beim Motivationstraining:

1. Starke Motive sind, bezogen auf unser Beispiel vom Abnehmen, „die Figur“, „der Freund“ oder „die Freundin“, „der Sport“, „der künftige Arzt als gutes Beispiel“, „Einsicht in die gesundheitlichen Folgen von Überernährung“ usw. Versuchen Sie, aus Ihren Kraftreserven möglichst **starke Motive** für das Erreichen Ihrer Ziele zu aktivieren. Machen Sie sich ganz klar, was für Sie besonders wichtig ist.
2. Suchen Sie aber **bewußt auch nach möglichst vielen Motiven**, die Sie – gegebenenfalls durch geringfügige Richtungskorrekturen – für ein bestimmtes Ziel zusätzlich aktivieren können. Sie finden sie mit der Frage „Was könnte ich außerdem damit erreichen?“. Hierzu gehören Selbstbestätigung, Ansehen, Verdienst, also ein Zu-Ende-Denken der Redewendung „Außerdem hat es den Vorteil, daß . . .“. Mit diesem Verfahren sammeln Sie Ihre Kräfte.
3. Benutzen Sie **Nur-wenn-dann-Belohnungen,** um sich gesteckte Ziele schmackhaft zu machen, zum Beispiel die Zigarette nach zwei Lehrbuchseiten, die Auslandsreise nach dem Examen usw.
4. **Vermeiden Sie** bewußt alles, womit Sie sich bei der Verwirklichung Ihrer Entscheidungen **selbst behindern** könnten. Auch Sie können konsequent sein. Etwa so: Ich habe mich gestern entschlossen, heute zu arbeiten, und das werde ich auch dann tun,

wenn die Sonne scheint. Meine Entschlüsse gelten!

5. Führen Sie sich Ihren Lernerfolg möglichst oft vor Augen, denn Lernerfolg motiviert. Teilen Sie große Ziele in Teilziele auf, die Ihnen **häufige Erfolgserlebnisse** geben. Der bewußt erlebte Erfolg bei den kleinen Schritten führt keineswegs langsamer, aber bestimmt sicherer zum Ziel. Nur Willensathleten oder gut trainierte Taucher können die Luft länger als eine Minute anhalten.

Noch einmal zum Motivationstraining:
- Suchen Sie Ihre starken Motive.
- Benutzen Sie möglichst viele Motive als Kraftquelle.
- Arbeiten Sie mit Nur-wenn-dann-Belohnungen.
- Vermeiden Sie Selbstbehinderung.
- Stärken Sie Ihre Motivation durch kleine Erfolgserlebnisse.

Aufgabe 25

Und nun die praktische Anwendung des Motivationstrainings:
Sie wollen einem lungenkranken Patienten, 46 Jahre, verheiratet, drei schulpflichtige Kinder, helfen, das Rauchen aufzugeben. Was würden Sie ihm raten? Wie würden Sie vorgehen?

Aufgabe 26

Erläutern Sie mit Ihren Worten den angedeuteten Zusammenhang zwischen Motivation, Zielsetzung und Handlung.

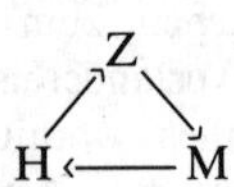

4.8 Definierte Lernziele als Mittel der Langzeitmotivation

Sie wissen, daß langfristige und damit verhältnismäßig abstrakte Lernziele für die Gesamtplanung eines Studiums nötig sind, aber nur bedingt zur täglichen Kleinarbeit motivieren. Für dieses Problem haben Sie wahrscheinlich längst eine Lösung gefunden. Man muß die langfristigen Lernziele in kurzfristige Lernziele aufteilen, d.h. möglichst **konkrete, detaillierte Feinziele** festlegen. Hierzu ein Beispiel:

Jeder Medizinstudent soll sich beim Erwerb physiologischer Kenntnisse an Fragen der praktischen Gesundheitsbetreuung orientieren.[1]

Sie wollen sich auf das physiologische Praktikum vorbereiten und wissen, daß Sie dafür die theoretischen Kenntnisse erwerben müssen, die die Voraussetzung für das Verständnis der praktischen Experimente sind. Nehmen wir an, diese theoretischen Kenntnisse sind als Lernziele definiert, dann ist die Gesamtheit der Vorbereitung so umfangreich, daß das Grobziel „Theoretische Vorbereitung der physiologischen Versuche“ als langfristiges Lernziel für die tägliche Lernmotivation noch weitgehend wirkungslos bleibt. Einen Schritt weiter unterteilte Grobziele wären z.B. die Physiologie des Kreislaufs, der Harnableitung und -ausscheidung oder der Ventilation. Dabei handelt es sich jeweils um rund 50 Lehrbuchseiten Physiologie. Auch das scheint als Bezugspunkt für Ihre Motive noch zu weit und zu abstrakt gefaßt. Sie brauchen Feinziele, die es Ihnen erlauben, Ihre Absichten (Motive) möglichst **unmittelbar** in die Tat umzusetzen und damit den Lernerfolg zu erleben.

Feinziele wären zum Beispiel:

- Die vorgegebene Definition zum Thema Motivation wiedergeben können,
- die Bedeutung von progressiver Abstraktion für das Lernen darlegen können,
- die Begriffe Gedächtnis und Konditionierung erläutern können usw.

---

[1] Abgeleitet aus den Thesen zum allgemeinen Ausbildungsziel für das Medizinstudium. Dahmer, J.: Ausbildungsziel Arzt. S. 170. Thieme, Stuttgart 1973.

Das sind jeweils Ziele, die in 20 bis 30 Minuten zu erreichen sind.
Lassen Sie uns wegen der grundsätzlichen Bedeutung wiederholen, daß eine Grundvoraussetzung aller Versuche, Ihr Lernen effektiver zu gestalten, eine hierarchische Aufteilung der Lernziele und damit des Lernstoffs in „verdauliche Portionen" ist. Da Ihnen bisher diese Aufgliederung des Stoffes nur teilweise abgenommen wird, müssen Sie selbständig die Zwischenziele setzen, die Sie erreichen können und mit denen Sie Lernkomplexe in immer kleinere überschaubare Teilziele untergliedern. Diese Gliederung müssen Sie so weit treiben, bis Sie für Ihre individuellen Bedürfnisse Lernziele und damit Stoffeinheiten festlegen, bei denen Sie Schritt für Schritt selbst kontrollieren können, ob Sie die Teilziele erreicht haben und damit dem jeweils übergeordneten und schließlich dem Gesamtziel näherkommen.
Die Aufteilung der Lernziele in konkrete Teilziele gestattet auch die konsequente Orientierung Ihrer Motive an Aufgaben, die Sie bewältigen können. Erst über die Zwischenstufe erreichbarer Teilziele wirken langfristige Gesamtziele motivierend.
Den geschilderten Prozeß der Unterteilung von Lernzielen in immer detailliertere Feinziele nennt man **Lernplanung.** Sie ist für effektiveres Lernen genauso wichtig wie der Bauplan für die Errichtung eines Hauses. Die hierarchische Unterteilung Ihrer Lernziele ist nicht nur **die** Methode, mit der überschaubaren Gliederung des Stoffs die Voraussetzungen für Ihre Motivation und die Stärkung Ihrer Motivation am eigenen Lernerfolg zu bilden, sondern, wie Sie noch erfahren werden, auch die Grundlage des strukturierenden Lernens und damit die Grundvoraussetzung effektiven Lernens.
Bei Ihrer Lernplanung, der Selbstmotivation und der methodischen Gestaltung Ihres eigenen Lernprozesses sollten Sie deshalb bewußt von der einheitlichen Grundidee ausgehen: Gemeint ist die Unterteilung großer Anforderungen in Teilaufgaben, die Sie bewältigen können.
Formulieren Sie für sich selbst konkrete Lernziele, mit deren Erreichen Sie sich häufig den eigenen Lernerfolg vor Augen führen können. Nur Erfolg hält langfristig Ihre Motivation aufrecht.

4.9 Wie man Ablenkung vermeidet oder überwindet

Zu den Ablenkern während Ihres Studiums gehört mehr als der Fernsehkrimi. Man kann Ablenkung vermeiden oder überwinden, wenn man ihre Ursachen kennt. Man kann sie aber auch umfunktionieren und in den Dienst der eigentlichen Ziele stellen, wenn man sie als Selbstbelohnung oder zur Pausenregelung nutzt. Schließlich kann man die Kraft der Ablenkungsvalenzen mindern oder meiden. Es lohnt, im einzelnen darüber nachzudenken.
Motivationsstörungen sind heimtückische Gesellen, weil wir sie gelegentlich als Bundesgenossen ganz gerne sehen, z.B. wenn wir keine Lust mehr haben zu arbeiten. Sie schleichen sich dann durch die Hintertür als Hunger, Durst oder das Bedürfnis zu rauchen ein, manchmal auch als Buch-verlegt oder finde-ich-nicht usw. Meist kommen sie im Gewand der Ausrede gegenüber der eigenen Zielsetzung und können dann als wahre Dauerquälgeister ihr Unwesen treiben. Wenn man sie kennt, richten sie kaum Schaden an, denn man läßt sich durch sie nicht beirren, sondern lernt weiter, bis das gesteckte Ziel erreicht ist.

Positiv auf den Lernerfolg wirken Ablenker, also unter Umständen starke Valenzen, wenn man sie umfunktioniert in Selbstbelohner oder Pausenregler: Zum Beispiel das Krimilesen erst nach getaner Arbeit, die Zigarette in einer Pause nach zwei Textseiten, das Abendbrot, wenn alle Fragen richtig beantwortet sind usw.

Ablenkungsvalenzen, die in Motivationsstörungen stecken – „ich muß jetzt unbedingt mal nach der Post sehen“ –, kann man mindern oder meiden, indem man zum Beispiel schon vor Beginn der Arbeit nach der Post sieht, mit anderen Worten alles das schon vor dem Lernen erledigt, was einen stören könnte; d. h. sich rechtzeitig die Zigaretten von der Ecke holt, das Telefongespräch führt, Bier in den Kühlschrank stellt usw. Planen Sie deshalb mögliche Motivationsstörungen ein. Versuchen Sie, Ihre Lernablenker kennenzulernen, und stellen Sie sie mit der folgenden Aufgabe unter „Polizeiaufsicht“.

Aufgabe 27

a) Überdenken Sie intensive Lernsituationen, wie Eigenarbeit zu Hause, Tutorial, Laborarbeit usw., und zählen Sie fünf Motivationsstörungen auf, die Ihnen am meisten zu schaffen machen.

b) Nennen Sie praktikable Möglichkeiten, wie Sie diese fünf Ablenkungen vermeiden oder überwinden können. Nehmen Sie sich für diese Aufgabe ruhig 30 Minuten Zeit. Sie sparen das Vielfache, wenn Sie sich Klarheit darüber verschaffen, wie man mit sich selbst fertig wird.

Auch emotionale Störungen kann man vermeiden oder überwinden. Es wirkt nicht nur erschwerend auf das Lernen und Behalten, wenn Sie müde sind, sich geärgert oder Krach mit der Wirtin haben, finanzielle oder sexuelle Probleme Sie bei der Arbeit ablenken. Es kann auch Ihre Motivation nachhaltig zerstören, wenn Sie im Zustand der Überarbeitung oder bei emotionaler Ablenkung überhaupt zu lernen versuchen. Der Sie immer wieder motivierende Lernerfolg bleibt aus, er muß ausbleiben, denn im Grunde wollen Sie in einer solchen Situation alles andere als lernen, und Sie werden dazu neigen, negative Gefühle, die auch den stark Motivierten stören können, auf die gesamte Lernsituation und den Lernstoff zu projizieren, der nicht in den Kopf will. Das kann sich bis zur Antimotivation aufschaukeln.
In diesem Zusammenhang können wir nur mögliche Lösungen andeuten:

1. Warten Sie in einem solchen Fall mit dem Versuch zu lernen ab,

bis Ihr Zorn über das fehlende Geld usw. verraucht ist, oder schlafen Sie sich richtig aus. Wenn Sie häufig unter emotionalen Ablenkungen leiden, versuchen Sie es mit autogenem Training.[1]

2. Gehen Sie die emotionalen Störungen aktiv an und vertragen Sie sich mit Ihrer Freundin; versuchen Sie, die Ursache der negativen Gefühle (nicht die Freundin) zu beseitigen.
3. Versuchen Sie, „abzuladen". Ein Gespräch mit jemandem, der Sie versteht, oder ein Brief, in dem Sie dem Freund den Standpunkt darlegen, kann lösend wirken.

4.10 Zwei zusätzliche Motivationshilfen – Gruppendruck und Vorbild

4.10.1 Nutzen Sie den Gruppendruck

Haben Sie schon einmal versucht, mit einer Gruppe in einer bestimmten Zeit ein festgelegtes Ziel zu erreichen? Dann haben Sie bemerkt, wie innerhalb der Gruppe bestimmte Erwartungen, Leistungsanforderungen und sogar Normen entstehen. Der Einzelne fühlt sich durch sein Zugehörigkeitsgefühl zur Gruppe genötigt (motiviert), den Gruppenerwartungen zu entsprechen, wenn er von den anderen Gruppenmitgliedern anerkannt werden will. Auch Ihr Status in der Gruppe kann Quelle für Erfolgserlebnisse sein.[2]

Diese Gruppenerwartungen erleben Sie besonders in der Examensvorbereitung als wohltuenden Druck, „etwas zu tun", und Sie werden eher geneigt sein, den Gruppenerwartungen Ihrer Kommilitonen nachzugeben, als den viel unpersönlicheren Erwartungen z. B. einer Prüfungsordnung. Der Gruppendruck wird auch dazu beitragen, in bezug auf gemeinsame Zielsetzungen der Gruppe das eigene Trägheitsmoment gelegentlich leichter zu überwinden. Nutzen Sie die soziale Motivation.

---

1 Schultz, J. H.: Das autogene Training. 19. Aufl. Thieme, Stuttgart 1991.

2 Dahmer, J.: Gruppenarbeit – wie ist sie realisierbar? Med. Welt *27*: 1449 bis 1454, 1481 bis 1488 (1976).

4.10.2 Suchen Sie sich „einen Riesen"

Neben dem gesunden Wettbewerb in der Gruppe, deren Mitglieder etwa die gleiche Leistungsklasse haben, sollten Sie das Gespräch mit älteren Semestern, Assistenten oder Dozenten suchen, denen Sie die Fragen stellen können, die sich aus der Eigenarbeit oder aus der Gruppenarbeit ergeben, zu deren Klärung aber die Gruppe selbst noch nicht beitragen kann. Sie sollten für derartige Anliegen davon ausgehen, daß für grundsätzliche Fragen eines bestimmten Faches der Lehrstuhlinhaber gerade der richtige Gesprächspartner ist. Überwinden Sie eventuelle diesbezügliche Scheu.
Lassen Sie sich nicht abwimmeln. Hochschullehrer sind neben Ihren sonstigen Verpflichtungen als Lehrer auch für Sie da. Aus dem Gespräch mit dem „Riesen" können Sie nicht nur die gewünschte Information, sondern auch Ansporn und Anregungen gewinnen. Die Person des Dozenten kann für Ihre Einsatzbereitschaft von entscheidender Bedeutung sein.

Zusammenfassung zum Thema Motivation

Zunächst zum Prinzip: Grundsatz der Lernplanung ist die Untergliederung größerer Themen in Teilthemen. Das gilt auch für den Aufbau und die Stärkung Ihrer Motivation. Die Einteilung Ihrer Kräfte ist für die Bewältigung größerer Aufgaben von ausschlaggebender Bedeutung. Sie werden Fernziele nur erreichen, wenn Sie es lernen, aus dem Erfolgsgefühl über erreichte Zwischenziele Kraft für die weitere Arbeit zu schöpfen.
Motivationsregeln:

1. Denken Sie oft darüber nach, **welche Ziele** Sie mit Ihrem Studium verfolgen. Schwierigkeiten im Detail lassen sich mit einer großen Zielsetzung leichter bewältigen.
2. Unterteilen Sie, ausgehend vom allgemeinen Ausbildungsziel, Ihre Lernziele für die einzelnen Studienabschnitte, -fächer und -themen in erreichbare, möglichst **konkrete Zwischenziele**. Jeder Lernerfolg wird Sie motivieren. Es hängt von Ihnen ab, wie oft Sie das angenehme Gefühl des eigenen Lernerfolgs erleben und als Motivator benutzen.
3. Auch dann, wenn Sie mit einer Reihe kleiner Teilziele ein größe-

res Ziel erreicht haben, sollten Sie sich die Zeit nehmen, darüber nachzudenken, und sich über Ihren **Erfolg** freuen.

4. Wir haben die Gesamtheit der Motive, die Sie für das Erreichen Ihres Zieles einsetzen, Motivation genannt. Suchen Sie bewußt, Ihre intrinsische, wertbezogene Motivation zu stärken und auch **andere Motive**, wie Funktionslust, Wissensdrang, Vollendungsstreben oder Wettkampfgeist, einzusetzen, um die begonnene Arbeit erfolgreich zu vollenden.
5. **Meiden Sie Motivationsstörungen** und verderben Sie sich nicht den Spaß an der Sache dadurch, daß Sie Ihre wissenschaftliche Arbeit mit negativen Gefühlen aus anderen Lebensbereichen belasten.
6. Nutzen Sie **auch die extrinsische Motivation**, um sich im Rahmen Ihres Studiums Erfolgserlebnisse zu verschaffen. Machen Sie aus dem Lernen einen Sport. Versuchen Sie, in einem etwa gleich starken Team zu arbeiten, und nutzen Sie den Gruppendruck für das Erreichen Ihrer Ziele. Suchen Sie aber auch die Unterstützung von Experten als Gesprächspartner und versuchen Sie, konkurrierende Motive für die Anliegen Ihres Studiums umzufunktionieren.

Unter dem Strich – „Tu's gleich!"

Eine goldene Regel aller geistigen Arbeit, genau genommen eine Binsenweisheit, ist die Forderung: „Tu's gleich!" Und da Beer in seinen Methoden der geistigen Arbeit es so treffend formuliert hat, wollen wir ihn wörtlich zitieren: „Die meiste Mühe liegt nicht im Stoff, sondern in unserer mangelnden Entschlossenheit, ihn anzupacken. So quälen wir uns stundenlang damit herum, am Pfeifenmundstück oder am Federhalter zu kauen und abwechselnd aufs Papier und auf die Uhr zu schauen ... Wenn man sich sein Fach und die Arbeit leicht machen will, dann braucht man nur den Stoff in der bekannten und uns leider allen vertrauten Weise immer wieder vor sich herzuschieben, braucht sich nur stets aufs neue an das Unerledigte zu erinnern, ohne es anzupacken. Bald ekelt einen beides an: Die Arbeit und man selbst ... Gönnen wir uns von Anfang an bei der Arbeit keine Schlamperei! Sie wird tausendfältig bestraft. Das Ergebnis jeder geistigen Arbeit hängt von der Fähigkeit ab, sich wenigstens zeitweise voll und ganz in eine Sache hineinzuversenken und in ihr aufzugehen. Glücklicherweise wird alles interessant, womit man sich ernstlich beschäftigt, ..."

Das klingt nicht nur plausibel, sondern enthält auch die Begründung für die goldene Regel „Tu's gleich", die im Grunde nichts anderes sagt, als daß ein Hinausschieben einer Arbeit dem Lernenden das Leben deshalb vermiesen kann, weil er sich selbst durch die im Laufe der Zeit zunehmende Spannung zwischen dem, was er eigentlich tun müßte und doch nicht tut, dauernd frustriert.

Dagegen könnten Sie argumentieren, daß die goldene Regel „Tu's gleich" wohl kaum anzuwenden ist, wenn man in der linken Hand 1000 Seiten Physik und in der rechten Hand ein entsprechend umfangreiches Lehrbuch der Biochemie hält. Sie haben recht. Der Ausweg heißt: Planung! Und mindestens dafür gilt: „Tu's gleich".

Gruppenarbeit

Aufgabe G, H, I, K

G: Arbeiten Sie auf einer DIN-A-4-Seite zu Frage 20 b) mit Endterminen und Gewichtung ein praktisch brauchbares Schema Ihrer Nahziele aus, die Sie z. B. für eine Klausur, ein Testat oder die Prüfungsvorbereitung verwenden können, von der im 8. Kapitel die Rede sein wird.

H: Diskutieren Sie in der Gruppe die Gründe für die Abweichungen der individuellen Lösungen der Aufgabe 22k von unserem Lösungsvorschlag und protokollieren Sie die Gründe in Kurzform.

I: Diskutieren Sie die Ergebnisse zu Aufgabe 24 in der Gruppe und suchen Sie eine gemeinsame Formulierung.

K: Diskutieren Sie zu Aufgabe 27 die genannten Motivationsstörungen in der Gruppe. Versuchen Sie gemeinsam, eine Liste häufiger Ablenker und möglichst allgemeingültiger Maßnahmen zu schildern, die man dagegen ergreifen kann.

Der rote Faden 4

Mit diesem Kapitel haben wir die psychologischen Voraussetzungen für das Lernen fortgesetzt. Sie können jetzt Motivation als die Gesamtheit Ihrer Antriebe definieren, die auf Werte gerichtet sind und die sich in Ihrem Streben nach Erfolg zeigen. Motiviertes Lernen heißt zielgerichtetes Lernen.
Wenn Sie neben den positiven Valenzen des Ausbildungszieles, also neben der Sache, alle Kräfte zum Erreichen dieses Zieles sammeln wollen, müßten Sie neben der primären auch sekundäre Motivationen aufbauen.

Ähnlich wie bei der Aufteilung Ihrer Ziele in erreichbare Teilziele (Studienplanung) ist es zweckmäßig, sich an den kleinen Erfolgen alltäglicher Arbeit zu freuen. Erfolg motiviert, und Erfolgserlebnisse helfen Ihnen, während des Studiums durchzuhalten. Motiviertes Lernen ist freudiges Lernen!

Die Anwendung der fünf Regeln für das Motivationstraining – starke Motive, viele Motive, Selbstbelohnung, Selbstbehinderung meiden, Erfolgserlebnisse suchen – kann Ihnen helfen, selbst mühselige Studienabschnitte zu bewältigen und Ablenkungen durch Motivationsstörungen leichter zu überwinden. Motiviertes Lernen ist wirksames Lernen.

Gruppenarbeit, von der im nächsten Kapitel die Rede sein soll, stärkt und ergänzt Ihre eigene Motivation durch manchen Anstoß oder Ansporn zum Arbeiten. Sie gewinnen in der gemeinsamen Diskussion tieferes Verständnis und lernen, mit anderen zusammenzuarbeiten.

Aufgabe 28

Notieren Sie bitte zur Vorprogrammierung auf das nächste Thema „Gruppenarbeit“ in Stichworten, welche Voraussetzungen erfüllt sein müssen, damit Sie sich gern an kleinen, selbständigen Arbeitsgruppen beteiligen.

5. Kapitel: Gruppenarbeit

5.1 Nachteile und Vorteile; 5.2 Vier Arten der Gruppenarbeit; 5.3 Psychologische Aspekte; 5.4 Vorbereitung; 5.5 Ablauf; 5.6 Leitung der Gruppe.

Die Vorteile gemeinsamen und gegenseitigen Lernens sind bisher für die Ausbildung nur begrenzt genutzt worden. Unter Studenten entstanden zwar häufig vor den Examina Prüfungsgruppen, aber das waren eher Angstgemeinschaften als Arbeitsgruppen, die mit gruppen- oder lernpsychologischem Know-how die Vorteile gemeinsamen Lernens genutzt hätten. Andererseits entstehen Diskussionen und Ad-hoc-Konferenzen öfter und dauern meist länger, als den Teilnehmern beim abendlichen Überdenken des wirklich Geschafften lieb ist. Das Geheimnis sogenannter Erfolgsteams liegt nicht zuletzt in der systematischen Vorbereitung und in der Strategie, mit der sie ihre Gruppenarbeit durchführen und die Ergebnisse auswerten.

Lernziele

In diesem Kapitel sollen Sie lernen,
- Vor- und Nachteile der Gruppenarbeit gegeneinander abzuwägen,
- vier Arten der Gruppenarbeit zweckentsprechend einzusetzen,
- psychologische Aspekte bei der Gruppenarbeit zu berücksichtigen,
- das Gelingen der Gruppenarbeit durch Vorbereitung, geordneten Ablauf und sachgemäße Leitung zu sichern.

Die hier angebotenen Beispiele und Aufgaben sollen Ihnen helfen, das Instrument „Teamwork“ für Ihren Lernprozeß sinnvoll einzusetzen, mit anderen Worten, Sie sollen es lernen, in der Gruppe effektiv zu arbeiten.
Aufgabe der Gruppenarbeit ist es, die Lernenden selbst zur gegenseitigen aktiven Mitarbeit an der eigenen Ausbildung anzuregen. Sie sollen – abgesehen von grundsätzlichen Anleitungen – in der Gruppe eigene Wege suchen und finden, wie man Informationen zusammenträgt, lernt und sich auf Prüfungen vorbereitet. In der Gruppe profitieren die Lernenden voneinander.
Gruppenarbeit ist die zweckorientierte Zusammenkunft einer

kleinen Anzahl von Personen (etwa 3 bis 10), die von Angesicht zu Angesicht mit dem Ziel zusammenarbeiten, aus der persönlichen Aktivität aller Teilnehmer Vorteile zu ziehen.
An der Gruppenarbeit kann der Dozent teilnehmen, aber der freie Gedankenaustausch der Studenten untereinander herrscht vor. Beim Gruppen**unterricht** steht dagegen eher der Gedankenaustausch zwischen Lehrendem und den Lernenden im Vordergrund. Dabei ist die Verhaltensweise des Lehrenden von ausschlaggebender Bedeutung. Jeden Versuch der Gruppe, ihn als treibende Kraft zu benutzen und ihn in die gewohnte Rolle als Informationsvermittler zu drängen, sollte er verhindern. Seine Aufgabe ist es, zur Diskussion anzuregen, Ideen und Meinungen zu fördern, Themen zu verteilen und die Studenten zu sachbezogener Stellungnahme anzuregen. Gruppenunterricht bedeutet keineswegs traditionelles Lehren vor einer kleinen Hörerzahl. Vielmehr steht dem Dozenten hier die Funktion des Katalysators zu, nicht aber die eines Gruppenmitgliedes, das immer die Antwort weiß oder Probleme löst. Bestenfalls kann die Rolle des Dozenten die des Diskussionsleiters sein, dessen Ziel es ist, Studenten zum selbständigen Arbeiten zu motivieren. Gegebenenfalls kann er helfen, Mißverständnisse und Vorurteile der Gruppenmitglieder aufzudecken, und dann korrigieren, wenn die Lernenden nicht selbst den richtigen Weg finden.

5.1 Vor- und Nachteile der Gruppenarbeit

Stellt man Nachteile und Vorteile der Gruppenarbeit gegenüber, so gilt als Nachteil, daß „Kapazitäten" eine Gruppe in Grund und Boden reden können oder Statusprobleme die Meinung des einzelnen nicht zur Geltung kommen lassen, daß die Interaktion der Gruppenmitglieder zu unerwünschten Unterbrechungen und Abweichungen führen kann. Die Gruppe arbeitet langsamer als der einzelne und kann deshalb nur kleine Lernschritte vollziehen. Verglichen werden sollte aber nicht das Stoffangebot üblicher Unterrichtsveranstaltungen mit dem in der Gruppe, sondern nur das, was tatsächlich an Informationen aufgenommen wird. Im ungünstigsten Fall leidet die Gruppe unter mangelnder Zusammenarbeit der Mitglieder und/oder an unzureichender Zielbezogenheit. Das ist dann nicht selten Folge unzureichender Einsicht in gruppenpsychologische Prozesse oder Folge mangelnder Organisation. Beide gehören zu den üblichen Anfangsschwierigkeiten selbständiger Gruppenarbeit und lassen sich mit einem Mindestmaß an gegenseitiger Rücksichtnahme überwinden. Keineswegs kann man diese Phase der „Persönlichkeitsorientierung“ als selbstverständlich voraussetzen.

5.1.1 Vorwiegend intellektuelle Vorteile der Gruppenarbeit

Lerngruppen sollen sich an Sachfragen orientieren. So erleben die Lernenden den Gruppenprozeß in erster Linie als stoffbedingte Interaktion. Kern solcher Gruppenarbeit ist die Diskussion, der Austausch von Gedanken zu einem bestimmten Thema. Die Diskussion erfordert eine viel aktivere Beteiligung als schlichtes Zuhören. Der Wunsch junger Menschen zu diskutieren ist in erster Linie als Zeichen dafür zu werten, sich aktiv mit dem Lehrangebot auseinanderzusetzen. Aus der lernpsychologischen Forschung ist bekannt, daß aktives Lernen allen anderen Lernformen weit überlegen ist.

Gemeinsames Lernen in der Gruppenarbeit erzieht dazu, das selbst zu tun, was in den Schulen und Hochschulen in Verkennung pädagogischer Grundregeln nur allzu oft für die Lernenden getan wird. Selbständige Gruppenarbeit fördert die Eigeninitiative, sich Informationen aus den üblichen Quellen selbst zu beschaffen, zu bearbeiten und in der Diskussion mit Gleichgestellten zu beurteilen, zu korrigieren und zu vertiefen. Hier lernt man voneinander und miteinander und löst sich dabei aus der Abhängigkeit von einem Lehrenden als Informationsquelle. Durch die Interaktion in der Gruppe wird ein intellektueller Reifungsprozeß in Gang gesetzt.

Darüber hinaus ermöglicht die Gruppenarbeit ein tieferes Verständnis des Diskussionsgegenstandes, das weit über die bloß rezeptive Aufnahme von Informationen hinausgeht. Der gegenseitige Austausch von Meinungen läßt den Lernenden auch an der Sicht des anderen teilnehmen, er erleichtert das begreifende, das durchschauende Lernen und damit das wirkliche Erfassen. Der eigene Standpunkt kann im Licht der Beiträge der Gesprächspartner in Frage gestellt werden, und aus der Differenzierung der eigenen Sicht am Urteil anderer zieht der einzelne Vorteile, egozentrische Denkweisen werden korrigiert; die Bewertung des Lernerfolges geschieht gegenseitig unter Gleichgestellten und wird weniger als Fremdkontrolle erlebt.

5.1.2 Vorwiegend emotionale Vorteile der Gruppenarbeit

In der Gruppe findet der Lernende seine Wünsche erfüllt, sich aktiv an der Auseinandersetzung mit dem Stoff zu beteiligen. Die gemeinsame Zielsetzung der Gruppenarbeit kann zu einem Faktor der Persönlichkeitsbildung werden; emotionale Lernwiderstände und Abwehrmechanismen lösen sich, die Selbstwahrnehmung wird gefördert, und in unmittelbarem Austausch mit Gleichgestellten erfährt der einzelne, wie er auf andere wirkt. Er hat Gelegenheit, sich über eigene Gefühle klar zu werden, die er gegenüber kritischen und nicht immer zartfühlenden Gruppenpartnern hegt, er lernt, seine Gefühle zu kontrollieren, und macht damit Erfahrungen im Umgang mit anderen, die es ihm später erleichtern, sich in seine soziale Rolle hineinzufinden.

Das Bewußtsein der Zugehörigkeit, des Angewiesenseins und die Ergänzung durch die Gruppenmitglieder bilden die Grundlage des Gruppenbewußtseins (Wir-Bewußtseins), für das der Lernende manche individuelle Freiheit aufgeben muß. Die Gruppe bietet ihm dafür gegenseitige Stärkung der Motivation, Unterstützung beim Überwinden von Angstgefühlen vor Prüfungen und Hemmungen, sich in einer Gruppe Gleichgestellter zu produzieren. Er lernt es, Hoffnungen und Erwartungen gemeinsam zu realisieren, und ist dabei selbst mitverantwortlich für das Gelingen der gemeinsamen Sache. Hier kann sich aus feindseligen Angriffen gegen Leute, die anderer Meinung sind, die Fähigkeit entwickeln, auch andere gelten zu lassen. Das Miteinander führt in der Regel mit dem entstehenden Wir-Bewußtsein zur Befriedigung sozio-emotionaler Bedürfnisse, die bei der bisherigen Einbahnkommunikation zu kurz kamen, gelegentlich sogar zu Leistungen, die die Summe der Einzelleistungen übertreffen.

5.1.3 Vorwiegend soziale Vorteile der Gruppenarbeit

Kontakt und Zusammenarbeit, Auseinandersetzung und Kritik, die Konfrontation der individuellen Urteilsbildung mit den Urteilen anderer, aber auch die gemeinsame aktive Auseinandersetzung mit dem Stoff werden in der Gruppenarbeit gefördert.

Die Lernenden erfahren so schlichte Tatsachen wie die Abhängigkeit von anderen, sie erleben, daß kollegiale Kooperation nur durch

Normen möglich ist, daß z.B. Pünktlichkeit die Voraussetzung dafür ist, daß man nicht die Zeit mit Warten auf einen Unpünktlichen vertut. Hier erlebt der einzelne, daß er nicht nur für sich selbst arbeitet. Wenn eine Gruppensitzung, für die er Aufgaben übernommen hat, „platzt", weil er nicht vorbereitet ist, setzt er sich der Kritik der Gruppe aus, und wer ist schon gern Anlaß zu Ärger oder gar zum Scheitern einer Gruppe? So wird der einzelne in der Gruppe gegenüber den eigenen Verhaltensweisen sensibilisiert. Durch Gruppendruck entsteht eine weit stärkere Neigung zur Sozialisation in Richtung auf die später zu übernehmende Rolle im Berufsleben, als sie irgendeine andere Unterrichtsform bieten kann.

Der Gruppenprozeß selbst wird um so fruchtbarer, je positiver die Gruppe die Möglichkeiten selbständigen und doch gemeinsamen Lernens sieht, je eher sich ein sach- und aufgabenbezogenes Gruppenklima entwickelt und je weniger sich die Lernenden an Autorität gebunden fühlen. Andererseits ist sinnvolle Gruppenarbeit auch davon abhängig, wie schnell man es lernt, seine Zeit nicht in ziellosen Endlosdiskussionen zu vergeuden.

Voraussetzung derartiger Teamarbeit ist neben der Gemeinsamkeit von Motiven, Inhalten und Normen die Schaffung harmonischer zwischenmenschlicher Beziehungen. Das Gruppenklima muß dazu beitragen, die zielbezogenen und gefühlsmäßigen Erwartungen der einzelnen Mitglieder zu befriedigen. Dann beginnt die Gruppe, die Motivation des einzelnen zu stärken, und es entsteht im Laufe gemeinsamer Arbeit ein Geflecht von Wechselbeziehungen zwischen den Gruppenmitgliedern, die nicht nur lernen, miteinander auszukommen, sondern auch ein gemeinsames Ziel zu verfolgen. Konsens entsteht, wenn die gegenseitige Anpassung so weit gediehen ist, daß man sich mindestens vorübergehend miteinander identifiziert. Das entstehende Zusammengehörigkeitsgefühl trägt dazu bei, daß Belastungen und Konflikte leichter verarbeitet werden.

Fruchtbare Gruppenarbeit setzt neben dem Abwägen der Vor- und Nachteile voraus, daß man vor Beginn der gemeinsamen Arbeit entscheidet, mit welcher Art von Gruppenarbeit man welche Ziele erreichen kann, welche psychologischen Faktoren bei der Gruppenarbeit eine grundlegende Rolle spielen und welche Vorbereitungen für die Gruppenarbeit zu treffen sind. In den folgenden drei Abschnitten finden Sie Anregungen dazu.

Aufgabe 29

Bevor Sie zu den vier Arten der Gruppenarbeit fortschreiten, sollten Sie noch einmal die Vor- und Nachteile der Gruppenarbeit überdenken. Was erscheint Ihnen für Ihr persönliches Fortkommen durch die Gruppenarbeit besonders wichtig? Gehen Sie dabei systematisch vor und unterstreichen Sie zunächst in allen drei Vorteilarten (intellektuelle, emotionale, soziale) ein Schlagwort für jeden Vorteil. Schaffen Sie dann innerhalb der einzelnen Vorteilarten eine Rangordnung, indem Sie Rangzahlen nach der Bedeutung über die unterstrichenen Schlagworte schreiben, die Sie ihnen zumessen (1 = erster Rangplatz).

5.2 Vier Arten der Gruppenarbeit

Manche Gruppenarbeit scheitert daran, daß die Teilnehmer an einer Problemlösungskonferenz ein vollständiges Informationsangebot erwarten oder daß umgekehrt Informationsgruppen versuchen, Probleme zu lösen, ohne ausreichend informiert zu sein. Erfolgreiche Gruppen setzen voraus, daß man sich vorher über die Ziele und damit über die zu wählende Art der Gruppenarbeit (Konferenzart) Gedanken gemacht hat.

1. In der **Informationsgruppe** bieten die Teilnehmer sich gegenseitig bei möglichst ähnlichem Vorkenntnisniveau Informationen an. Der besondere Zweck der Informationsgruppe ist es, über dieses Informationsangebot hinaus, das ja auch in Einzelarbeit bewältigt werden könnte, durch die Diskussion der erhaltenen Informationen den Gehalt zu überprüfen, gemeinsam Verständnisfragen zu klären und das Gelernte durch die aktive Auseinandersetzung der Teilnehmer mit dem Stoff zu vertiefen und zu festigen. Im akademischen Bereich nennt man die Informationsgruppe gewöhnlich Seminar; es wird im allgemeinen von einem Dozenten geleitet.

2. Ziel von **Trainingsgruppen**[1] sind Fertigkeiten wie freie Rede, Verbandstechniken, sportliche Leistungen usw. Sie setzen einen bestimmten Kenntnis- oder Leistungsstand voraus, der dann gemeinsam praktisch bis zu einem gewissen Vollendungsgrad geübt wird. Zwischen Trainingsgruppe und Diskussionsgruppe bestehen insofern Überschneidungen, als die Teilnehmer in der Diskussion des Stoffes das gemeinsame Erreichen gemeinsamer Ziele praktisch üben. Allerdings bezieht sich die Diskussionsgruppe mehr auf intellektuelle, emotionale und soziale Gehalte, die Trainingsgruppe mehr auf Techniken.

3. **Diskussionsgruppen** oder Koordinationsgruppen diskutieren bekannte Informationen. Einen Lehrstoff oder Meinungen kann man nur dann in der Diskussion koordinieren, wenn sich die einzelnen Teilnehmer vorbereitet haben. Informierte Teilnehmer sind also die wesentliche Voraussetzung für das Funktionieren einer Diskussionsgruppe, deren Zweck neben der aktiven (intellektuellen) Auseinandersetzung mit bekanntem Stoff die zielorientierte Zusammenarbeit unter den Teilnehmern ist. Hinzu kommen der Abbau von (Prüfungs-)Ängsten und emotionalen Hemmungen sowie gegenseitige Stützung der Motivation. Die selbständige angeleitete Gruppe entspricht diesen Anforderungen am ehesten. Koordinations- oder Diskussionsgruppen arbeiten im allgemeinen ohne Dozenten.

4. **Problemlösungsgruppen** setzen die Information und Koordination des erworbenen Wissens voraus, denn Problemlösungen im Sinne neuer gedanklicher Synthesen findet man erst gemeinsam, wenn die Teilnehmer die notwendigen Vorinformationen zielbezogen anwenden.

Wenn Sie diese vier Arten der Gruppenarbeit noch einmal überdenken, werden Sie eine gewisse Hierarchie feststellen: Problemlösungsgruppen bauen auf koordinierten Informationen auf.

---

[1] Psychotherapeutische Gruppen (T-Groups), bei denen nicht Sachfragen, sondern persönliche Probleme im Vordergrund stehen, bleiben hier unberücksichtigt.

Aufgabe 30

Schreiben Sie bitte, ohne zurückzublättern, noch einmal die vier wesentlichen Arten der Gruppenarbeit (Konferenzarten) nieder und erläutern Sie jede Form kurz mit eigenen Worten.

1. ______________ ______________________________
2. ______________ ______________________________
3. ______________ ______________________________
4. ______________ ______________________________

5.3 Psychologische Aspekte der Gruppenarbeit

Allein die Verwendung der geeigneten Art der Gruppenarbeit reicht noch nicht aus, den Erfolg zu sichern. Es gilt zusätzlich, zwischenmenschliche und organisatorische Gesichtspunkte zu berücksichtigen. Wir beschränken uns dabei allerdings im wesentlichen auf Aspekte der selbständigen angeleiteten Gruppenarbeit.

In kleinen Gruppen ist die gemeinsame Arbeit, d. h. das persönliche Zusammenwirken, unbedingte Voraussetzung für das Erreichen der angestrebten Ziele. Das Wissen um einige psychologische Aspekte der Gruppenarbeit kann das gemeinsame Lernen leichter machen.

1. Die Gruppenmitglieder müssen an der Zielsetzung für die Gruppenarbeit beteiligt werden.
2. Gewisse Spielregeln für die gedeihliche Zusammenarbeit sind zu berücksichtigen. Die gebräuchlichsten Begriffe, auf die wir hier kurz eingehen wollen, sind Interaktion, Kohäsion und Lokomotion.

   Mit *Interaktion* ist das Zusammenspiel der einzelnen Teilnehmer in der Gruppe gemeint. Wer dominiert? Wer schweigt? Wer ordnet sich unter?

   Bei ausgewogener Interaktion innerhalb der Gruppe entsteht mit zunehmender Identifikation das Gefühl der Zusammengehörigkeit, Wir-Bewußtsein und damit Kohäsion.

Der Begriff Lokomotion beschreibt das zielstrebige Vorankommen der Gruppe, mit dem gemeinsame Aufgaben erfüllt werden. Alle drei Begriffe lassen sich in einer **Regel** für die selbständige angeleitete Gruppenarbeit zusammenfassen:

Ihre persönliche Vorbereitung ist die Voraussetzung dafür, daß Sie mit einem aktiven Beitrag die Interaktionen der Gruppe fördern, daß die Gruppe dem gemeinsamen Ziel zustrebt (Lokomotion), und daß sich aufgrund gemeinsamer Erfolgserlebnisse ein Zusammengehörigkeitsgefühl (Kohäsion) einstellt, das seinerseits die Voraussetzung für dauerhafte Zusammenarbeit in der Gruppe bietet.

Sie werden bemerkt haben, daß in dieser Regel gedeihliche Gruppenarbeit nicht zuletzt von Ihrem persönlichen Einsatz abhängt.

Aufgabe 31

Sie kennen zur Genüge Diskussionen, in denen immer wieder an das Thema und an das erinnert werden muß, was man eigentlich schaffen wollte. Bei derartigen Sitzungen fehlt es an ______________________________.

Sie kennen wahrscheinlich auch Sitzungen, in denen persönliche Gegensätze ausgetragen werden, man den anderen nicht ausreden läßt oder endlos monologisiert. Bei solchen Gruppensitzungen fehlt es an ____________________.

Sie haben aber auch sicher schon Gruppenarbeit kennengelernt, bei der jeder Gelegenheit hatte, zu Wort zu kommen, sich aber dennoch nur eine zähflüssige Diskussion entwikkelte, weil drei von fünf Teilnehmern nicht vorbereitet oder zu scheu waren, ihre Meinung zu sagen. Dann fehlte es an

____________________.

5.4 Vorbereitung von Gruppenarbeit

Viel Zeit wird in Kommissionen, akademischen Gremien, Konferenzen und sogenannten „meetings“ vertan, weil einfachste Vorbereitungen unterbleiben. Nehmen Sie an, Sie wollten in einer Fünf-Mann-Gruppe ein Problem lösen, z. B. kostendeckende Preise für ein öffentliches Verkehrsmittel festsetzen oder gemeinsam aufgrund bestimmter Patientendaten eine Differentialdiagnose erarbeiten. Dann sollten Sie die Gruppenarbeit organisatorisch, thematisch und personell vorbereiten.

Zur **organisatorischen** Vorbereitung gehören Raum, Tischordnung und eventuelle technische Hilfsmittel wie Tafel, Projektoren usw. Die Sitzordnung sollte es gestatten, daß jeder Teilnehmer jeden anderen ansprechen kann. Ein Hörsaal, in dem alle nach unten vorne schauen, ist denkbar ungeeignet für eine Diskussion zwischen einem Teilnehmer in der Mitte der unteren Reihe und einem Diskussionspartner, der schräg oben hinter ihm sitzt.

Ärgerlich ist Unordnung im Demonstrationsmaterial. Durcheinandergekommene Diareihen, Filmprojektoren, die nur für Magnetton eingerichtet sind, zur Vorführung von Lichtton, durchbrennende Lampen im Overhead-Projektor ohne Ersatz usw. Organisatorische Vorbereitung bedeutet also nicht nur das Bereitstellen der Geräte und der Software, sondern auch die Überprüfung ihrer Funktionsbereitschaft.

Zur **thematischen** (inhaltlichen) Vorbereitung gehört eine möglichst genau formulierte Zielsetzung für die Sitzung, eine Aufgliederung dieses Themas in Teilprobleme, die jeder Teilnehmer rechtzeitig erhalten muß.

Das Ziel einer Gruppenarbeit ist dann eindeutig formuliert, wenn Sie ohne Umstände erkennen können, ob das Sitzungsziel erreichbar ist oder nicht. Zwei Hilfen erleichtern Ihnen die Arbeit:

1. Formulieren Sie das Ziel der Gruppenarbeit in Frageform. Fragen haben einen größeren Aufforderungscharakter, über den Inhalt der Frage nachzudenken. Sie bilden deshalb eine wirksamere Vorprogrammierung jedes Teilnehmers als eine bloße Aussage. Außerdem ermöglichen konkrete Zielvorstellungen eine Unterteilung in Teilziele und eine Zeitplanung für die Gruppenarbeit.

Beispiele:
Thema: Welche Reaktionen im Kohlehydratabbau gestatten einen Energiegewinn?
Teilthemen ... Wasserpflanzen, Landpflanzen ...
... im Fruktoseabbau ...
Thema: Welche Pflanzen bilden kein Chlorophyll?
Teilthema: ... Wasserpflanzen, Landpflanzen ...
Thema: Welche Muskeln des Oberarmes bewirken Bewegungen des Unterarmes?
Teilthemen: ... Beugung ... Streckung
... Pronation ... Supination usw.

2. Einen zweiten Kunstgriff haben Sie schon bei diesen Fragen kennengelernt. Wählen Sie für eine möglichst genaue Bezeichnung der Sitzungsziele z. B. Handlungswörter wie bewirken, gestatten, beteiligen, bilden, usw.

Aufgabe 32

Setzen Sie folgende Themen im Rahmen der inhaltlichen Vorbereitung einer Gruppensitzung in Konferenzziele um. Beachten Sie dabei als Bedingungen:
Es muß leicht erkennbar sein, ob die Formulierungen am Ende der Konferenz erfüllt sind. Wählen Sie für die Formulierung die Frageform mit operationalen Verben (Handlungswörtern) und versuchen Sie, die Ergebniskontrolle der Gruppenarbeit mit Maß und Zahl vorzubereiten.

a) Vorteile der Gruppenarbeit

b) Voraussetzungen effektiver Gruppenarbeit

Gliedern Sie künftig jedes Sitzungsthema in Teilthemen auf, für die Sie ebenfalls die Frageform, Zahlen und Handlungswörter benutzen. Sie können sich dabei an dem Stoff des Kapitels Gruppenarbeit orientieren.

Die **personelle** Vorbereitung der Gruppenarbeit überschneidet sich in mancher Hinsicht mit den organisatorischen Vorbereitungen. Vor einer Gruppensitzung ist zu klären, wer die Leitung übernimmt, wer zu bestimmten Themen referiert und wer Protokoll führt. Je nach Art der Gruppe – permanente Gruppe oder neu zusammentretende Gruppe – erfolgt diese Festsetzung am besten am Ende der vorangehenden Sitzung bzw. einige Zeit vor der Zusammenkunft. Für jede Gruppenarbeit ist es eine unumgängliche Voraussetzung, daß die Teilnehmer ein vergleichbares Niveau der Vorinformiertheit besitzen, und um das zu erreichen z. B. gemeinsam abgesprochene Aufgaben zur Vorbereitung auch wirklich ausführen. Gruppenarbeit kommt unweigerlich ins Stocken oder zu Fall, wenn sich die einzelnen Teilnehmer darauf verlassen, daß „die anderen“ ausreichend informiert sind. Im übrigen ist Vorbereitung zur gemeinsamen Arbeit auch eine Frage der Fairneß gegenüber den anderen. Wer übernimmt schon gern die Rolle eines Bremsers, der unter Wahrung seiner Egoismen gemeinsames Vorwärtskommen stört?
Mit unseren Beispielen haben wir gezeigt, wie sinnlos es ist, wenn nicht-informierte Teilnehmer an einer Gruppenarbeit versuchen, über Informationen, die sie nicht haben, abzustimmen.[1]

[1] Weitere Anregungen zum Thema Gruppenarbeit finden Sie in der „Konferenztechnik“, einer programmierten Unterweisung des Instituts für wissenschaftliche Lehrmethoden von Jens Uwe Martens. Das Buch ist in der Deutschen Verlagsanstalt erschienen.

Checkliste für die Vorbereitung von Gruppenarbeit

Raum, Tischordnung
Personelle Hilfen (Vorführer usw.)
Technische Hilfsmittel (Projektor, Dias usw.)

Themen, Tagesordnung (Mitteilung in Frageform)

Gruppenleiter, Protokollführer, Referenten
Aufgaben für alle Teilnehmer

5.5 Ablauf der Gruppenarbeit

Sechs Schlagworte kennzeichnen den geordneten Ablauf von Gruppenarbeit (Sitzungen, Konferenzen). Sie gelten mit unterschiedlichem Schwerpunkt für jede Konferenzart.

Fixieren
Beschließen
Evaluieren
Diskutieren
Informieren
Orientieren

In dieser Reihenfolge sollen die einzelnen Phasen eines Konferenzablaufs besprochen werden.
In der **Orientierungsphase** werden das Sitzungsziel und die Unterziele skizzenhaft so dargestellt, daß jeder Teilnehmer weiß, auf welche Ergebnisse in der Gruppe hingearbeitet werden soll. Die Orientierungsphase kann um so kürzer sein, je eindeutiger die Konferenz vorbereitet wurde.
In der **Informationsphase** erhalten die Teilnehmer schriftliche bzw.

audio-visuelle Informationen oder es werden Referate gehalten, die zur Lösung der gestellten Aufgabe beitragen sollen.

In der **Diskussionsphase** werden die gewonnenen Informationen unter ständiger Bezugnahme auf das Konferenzziel diskutiert und gemeinsam abgewogen. Für die Beurteilung der Informationen in der Diskussionsphase gelten im wissenschaftlichen Bereich die fünf allgemeinen wissenschaftlichen Maßstäbe (1. Objektivität, 2. Methodik, 3. Nachvollziehbarkeit, 4. Systematik, 5. Mitteilbarkeit), Alltagsprobleme werden nach Durchführbarkeit und Dringlichkeit[1] beurteilt.

Vor der Beschlußfassung ist eine **Evaluation** angebracht,
- ob die Informationen für das Erreichen des Zieles wesentlich sind, ausreichen, aktuell sind,
- ob die Diskussion zu der gewünschten Klarheit geführt hat und
- ob Entschlüsse aufgrund der vorhandenen Informationen gefaßt werden können.

In der Phase der **Beschlußfassung** werden als Fazit aus Informationen und Diskussion gemeinsame Entscheidungen getroffen, und es wird festgelegt, wie sie in die Tat umgesetzt werden sollen. Darauf folgt die Absprache von Lösungswegen und damit der erste Schritt zur Realisierung.

---

[1] Für Problemlösungskonferenzen bewertet man die Durchführbarkeit der in der Informationsphase gemachten Vorschläge nach dem HOSTES-Verfahren (**H**uman, **O**rganisational, **S**ocial, **T**echnical, **E**conomic, **S**ufficient); d. h. man fragt, ob die Vorschläge zu einer ausreichenden Lösung des Problems führen:
- in menschlich-psychologischer Hinsicht,
- unter den organisatorischen Gesichtspunkten,
- unter Berücksichtigung sozialer Aspekte des Problems,
- in bezug auf die technische Durchführbarkeit,
- unter Beachtung wirtschaftlicher Maßstäbe.

Die Beurteilung der üblichen vier Dringlichkeitsstufen, zunehmend von Darf über Kann nach Soll zu Muß, ist für Entscheidungen im Bereich des Lernens mit den beiden Kategorien Kann (elektives Lehrangebot) und Muß (unumgängliches Prüfungswissen) im allgemeinen abzudecken.

Wenn Sie die **Ergebnisse** gemeinsamer Sitzungen **fixieren** oder anderen zugänglich machen oder als Vorbereitung für die nächste Sitzung bzw. zur Wiederholung z. B. vor Prüfungen benutzen wollen, müssen Sie über die Gruppenarbeit Protokolle führen.
Durch die Sitzungsprotokolle lernt derjenige, der sie führt, den verbalen und emotionalen Gehalt der gemeinsamen Arbeit gedanklich zu organisieren und auszudrücken. Gegebenenfalls können unterschiedliche Aspekte der Gruppensitzung auf einzelne Protokollanten verteilt werden, z. B. Inhalt und sachliches Ergebnis, Verlauf (Zielbezogenheit, Zusammenarbeit), Beurteilung des Leiters, der Referenten, des Gruppenklimas usw. Wir bieten Ihnen ein Schema für die Anfertigung von Protokollen an, das Sie je nach Zweck abwandeln können.
Protokolle sind Aufzeichnungen von Ereignissen, Versuchsabläufen, Verhandlungen, Gruppenarbeit oder ähnlichem. Sie werden als

wörtliches Protokoll, Stichwortprotokoll,
Verlaufsprotokoll oder Ergebnisprotokoll

verfaßt. Für Lernzwecke stehen Ergebnisprotokolle im Vordergrund. Mit ihrer Hilfe lernen Sie den gemeinsam erarbeiteten Stoff zu ordnen und auszudrücken.

Was gehört zu einem Protokoll?

1. **Formalien**
   Anwesenheit (auch wer fehlt),
   Datum, Zeit (Anfang, Ende), Thema, Ort,
   Gesprächsleiter (hinter dem Namen),
   Protokollführer (hinter dem Namen), Vortragender,
   Termin der nächsten Gruppensitzung, Teilnehmer, Thema,
   Einzelaufgaben für die Vorbereitung.

2. **Der Inhalt im Ergebnisprotokoll**
   Aufgabenstellung, Lösungen, Lernerfolg,
   Vorschläge, Anregungen, Entscheidungen,
   Besonderheiten beim Ablauf, Gruppensituation.

3. **Äußere Form**
   Möglichst nicht mehr als zwei Seiten,

mit Zahlen und Buchstaben straff gegliedert,
Tabellen und Aufzählungen deutlich strukturiert,
mit Maschine geschrieben,
Formalien möglichst immer an derselben Stelle zusammengefaßt.

Ein Protokoll sollte möglichst bald nach der Sitzung erstellt und an alle Gruppenmitglieder verteilt werden. Es wird bei der nächsten Sitzung diskutiert, angenommen oder geändert. Bei wechselnden Diskussionsleitern bewährt es sich, wenn der Diskussionsleiter der nächsten Sitzung mit der Aufgabe der Protokollführung in der vorangehenden Sitzung betraut wird. Das programmiert ihn in organisatorischer und inhaltlicher Hinsicht auf die nächste Zusammenkunft der Gruppe vor.

Aufgabe 33

Geben Sie zu jedem der sechs Schlagwörter für den Ablauf selbständiger Gruppenarbeit, ohne zurückzublättern, in eigenen Worten eine kurze Erläuterung.

1. ____________________ ____________________

2. ____________________ ____________________

3. ____________________ ____________________

4. ____________________ ____________________

5. ____________________ ____________________

6. ____________________ ____________________

5.6 Die Rolle des Diskussionsleiters

Wie kann der Diskussionsleiter die Gruppenarbeit fördern?
Da bei der selbständigen Gruppenarbeit selten umfangreiche Erfahrungen mit der Diskussionsleitung zur Verfügung stehen, haben wir Ihnen hier einige Anregungen aufgelistet (die Klammern gehören zu Aufgabe 34):
Der Diskussionsleiter sorgt z. B. dafür, daß

1. das Konferenzziel angekündigt, im Auge behalten und im Laufe der Sitzung in Erinnerung gebracht wird ( ),
2. auch zurückhaltende Teilnehmer zu Worte kommen ( ),
3. persönliche Kritik unterbleibt ( ),
4. der Bezug des Gesagten zum Konferenzziel deutlich wird ( ),
5. Monologe begrenzt bleiben ( ),
6. Streit vermieden oder geschlichtet wird ( ),
7. durch Zwischenzusammenfassungen das Erarbeitete mit dem Konferenzziel verknüpft wird ( ),
8. er selbst keine Dozentenrolle übernimmt ( ),
9. gemeinsame Motive deutlich werden ( ),
10. Abweichungen vom Konferenzziel möglichst kurz gehalten werden ( ),
11. Diskussionspausen zum Nachdenken bleiben ( ),
12. die Diskussionsteilnehmer ausreden können ( ),
13. gemeinsame Erwartungen erfüllt werden ( ),
14. er selbst besonders gut auf das Thema vorbereitet ist ( ),
15. er die Diskussion durch Fragen oder Thesen belebt ( ),
16. er zu Beginn einzelner Phasen Teilnehmer zu kurzen Statements auffordert ( ),
17. Konsens betont und Cliquenbildung vermieden wird ( ).

Aufgabe 34

Treffen Sie Entscheidungen darüber, welche gruppenpsychologische Voraussetzung effektiver Gruppenarbeit bei den oben genannten Aufgaben im Vordergrund steht. Fügen Sie in die Klammer I für Interaktion, L für Lokomotion (Zielstrebigkeit) und K für Kohäsion (Zusammenarbeit) ein. Sie werden dabei erkennen, wie eng diese drei Begriffe zusammenhängen. Deshalb sind jeweils mehrere Lösungen möglich. Unterstreichen Sie in jeder Klammer die Vorausetzung, die Ihnen am wichtigsten erscheint.

Gruppenarbeit
Aufgabe L, M, N

L: Sammeln Sie in Ihrer Gruppe mit einem Brainstorming[1] Vorschläge, wie Sie die Vorteile der Diskussionsgruppe zu einem wissenschaftlichen Thema nutzen und die Nachteile vermeiden können (Fragestellung: Wie macht man das praktisch?).

M: Bei welchen Gelegenheiten werden Sie in Ihrem künftigen Beruf mit Gruppenarbeit in Berührung kommen? Ordnen Sie die Vorschläge der Gruppe nach der Wichtigkeit.

N: Schätzen Sie gemeinsam ab, wieviel Zeit pro Tag Sie in Ihren ersten Berufsjahren innerhalb von Gruppen im weitesten Sinne arbeiten werden.

Wenn Sie Zeit und Lust haben, sollten Sie eine Gruppensitzung mit dem Tonband oder einem Video-Recorder aufnehmen und nach folgenden Gesichtspunkten mit den Wertungen gut, mäßig, unzureichend analysieren:
Vorbereitung der einzelnen Teilnehmer, Interaktion, Lokomotion, Kohäsion, Gruppenleitung.

---

[1] Beachten Sie dazu fünf Regeln:
In willkürlicher Reihenfolge nennt jeder Stichwörter oder Fragen, die ihm zum Thema einfallen.
Quantität geht vor Qualität.
Auch Blödeln ist erlaubt.
Kritik ist verboten, besonders Killerphrasen wie „keine Zeit“, „kein Geld“ oder „geht sowieso nicht“ usw.
Es wird protokolliert, aber erst nach Abschluß gesichtet und geordnet.

Der rote Faden 5

Psychologische Voraussetzungen, auf die wir im 3. und 4. Kapitel eingegangen waren, müssen auch erfüllt sein, wenn Sie in einer kleinen Gruppe Wir-Bewußtsein entwickeln und gemeinsame Ziele erreichen wollen. Wir haben Ihnen die gemeinsame Arbeit in der Gruppe als Möglichkeit geschildert, den Lernstoff durch Diskussion aktiv und effektiver zu bearbeiten, als es bei rezeptiver Aufnahme eines Vortrages oder aus technischem Lernmaterial in der Einbahn-Kommunikation möglich ist.

Für die Gruppenarbeit als Mittel effektiven Lernens spricht ferner die mehr emotionale Persönlichkeitsbildung in der Gruppe und das Erlebnis der Zusammengehörigkeit, das sich bei der Anpassung aneinander und unter Gleichgestellten entwickelt.

Sie haben dann als Voraussetzungen gedeihlicher Zusammenarbeit in der Gruppe die sich an den Zielen orientierende Unterscheidung der Gruppenarten in Informations-, Trainings-, Diskussions- und Problemlösungsgruppe kennengelernt und können die gruppenpsychologischen Begriffe Interaktion, Lokomotion und Kohäsion auf die Leitung und den Ablauf der Gruppenarbeit anwenden. Der Wert organisatorischer, inhaltlicher und personeller Vorbereitung von Gruppensitzungen und die Protokollierung der Ergebnisse sind Ihnen nun vertraut.

Bevor wir uns der individuellen Informationsaufnahme über die einzelnen Lernkanäle zuwenden, sollten Sie folgendes Verlaufsprotokoll einer Gruppensitzung beurteilen.

Lesen Sie das Protokoll in der Reihenfolge der Pfeile und berücksichtigen Sie dabei besonders die Konferenzart, Interaktion, Lokomotion und Kohäsion.

Diskussionsgruppe

1.0 Herr Herber (Leiter)	2.0 Herr Kasten	3.0 Herr Michaelis	4.0 Herr Schön
1.1 Wie beurteilen Sie denn den vorliegenden Entwurf, meine Herren?			...
	2.1 Habe ich leider eben erst von Herrn Michaelis erhalten!		
1.2 War es gar nicht möglich, sich rechtzeitig darum zu kümmern?			...
		3.1 Aber es wäre doch einfacher gewesen Herr Herber, Sie hätten … Ich kann mir gar nicht recht vorstellen, daß wir etwas dazu zu sagen haben.	
	2.2 Schade, ich müßte sonst mit Ihnen, Herr Herber, und dem Betriebspsychologen, den ich ohnehin informieren wollte, die Sache später durchsprechen.		...
1.3 Gerne, ich habe mich schon vor 14 Tagen auf diese Sitzung vorbereitet.		3.2 Ich hätte mir viel von der Zusammenarbeit versprochen. Wollen wir nicht zur gemeinsamen Sache kommen?	
			...
	2.3 Also, wovon soll nun im einzelnen die Rede sein?		
		3.3 Wie man bei Konferenzen effektiver zusammenarbeitet! Vielleicht sollte Herr Herber zunächst vortragen …	

Aufgabe 35

Beurteilen Sie die Sitzung nach folgenden Gesichtspunkten. Tragen Sie die Dezimalzahl der entsprechenden Stellungnahme und ein charakteristisches Schlagwort ein.

a) Welche Voraussetzung einer Diskussionsgruppe ist nicht erfüllt?
____

b) Ungewöhnliche Form der Interaktion:
____

c) Positive Lokomotion:
____

d) Welche Hinweise stören die Kohäsion?
____
____

e) Welche Bemerkungen fördern die Kohäsion?
____

f) Was hätten Sie in bezug auf die Vorbereitung anders gemacht?
Organisatorisch: ______________________________
Inhaltlich: ______________________________
Personell: ______________________________

6. Kapitel: Lernkanäle und wie man sich einliest

6.1 Hören; 6.2 Sehen; 6.3 Handeln; 6.4 Einlesen.

Lernziele

Im folgenden Kapitel lernen Sie,
- die Wertigkeit der einzelnen Lernkanäle für das Lernen und Behalten abzuschätzen,
- Grundsätze und Maßstäbe für die Wahl geeigneter Lernkanäle zu berücksichtigen und
- sich den Zugang zu einem neuen Fachgebiet mit einem systematischen Zugang zu erleichtern.

Wie gelangen Informationen in Ihr Gedächtnis?

Wenn Sie etwas über Größe, Form und Struktur einer Orchidee oder eines weißen Blutkörperchens lernen wollen, setzt das voraus, daß Sie die Informationen, die Ihnen angeboten werden, aufnehmen und verarbeiten. Dieser Vorgang vom Aufnehmen der Reize mit den Sinnesorganen (Empfindungen) bis zum Einprägen verarbeiteter Wahrnehmungen im Gedächtnis erfolgt über **Lernkanäle.**
Für Ihren kognitiven Lernprozeß und das Behalten des Gelernten ist es keineswegs gleichgültig,
- ob Sie in einer Vorlesung Informationen **hören** und davon durchschnittlich und abhängig vom Bekanntheitsgrad 5 bis 20% behalten,
- ob Sie Demonstrationsmaterial **sehen** und davon 20 bis 30% behalten,
- ob Sie bei Übungen am Krankenbett die Informationen über die Krankheit des Patienten gleichzeitig **hören und sehen** und davon bis zu 60% behalten,
- ob Sie den Prüfungsstoff in der Gruppenarbeit **diskutieren,** wobei Sie bis zu 70% behalten können, oder
- ob Sie eine chemische Analyse oder die Färbung von Leukozyten im Blutausstrich **selbst durchführen**, sich also als Handelnder an

der Entstehung von Informationen, die Sie in Ihr Gedächtnis aufnehmen wollen, unmittelbar beteiligen und dabei bis zu 100% der Informationen in Ihr Langzeitgedächtnis aufnehmen.

Den Prozentzahlen über das Behalten (das mit Lernbedingungen – Schwierigkeit des Stoffs, Aufbau der Informationen usw. – schwankt) können Sie entnehmen, daß die Lernkanäle maßgeblich am Umfang Ihres Lernerfolges beteiligt sind. Die Lernkanäle, die wir im folgenden beschreiben, sollen nicht isoliert gesehen werden!

6.1 Lernkanal I – Das Hören

Das **Hören** ist eine wenig anschauliche Form des Wahrnehmens. Oder können Sie sich beim Hören des Wortes „CHI-Quadrat-Test" etwas Anschauliches vorstellen? Das wird Ihnen aber leichter fallen, wenn Sie sich dazu erläuternd vorstellen, daß es sich um eine statistische Sicherung der Ergebnisse zweier Studentengruppen handelt, deren unterschiedlicher Zigarettenkonsum untersucht wurde. Schon verbale Beispiele können also akustische Informationen anschaulicher machen, bildhafte Beispiele sind noch lernwirksamer.

Vorteile des Hörens sind Schnelligkeit und Ökonomie hörbarer, verbaler Kommunikation. Ihnen stehen die Nachteile der Abstraktheit und Flüchtigkeit nur gehörter Informationen und leider damit auch die meist nur oberflächliche Haftung des Gelernten gegenüber.

Besondere Bedeutung hat das Hören für die sozialen Berufe beim „Zuhörenkönnen", z.B. für den Arzt, wenn der Patient über seine Beschwerden berichtet, und bei Sonderformen des Hörens, wie der Auskultation des Herzens, der Lunge und des Bauches. Beides sind meist nicht nur Formen des Zuhörens. Bei der Anamneseerhebung stellt der Arzt oder der Psychologe in der Regel zusätzliche Fragen und bei der Perkussion und Auskultation wirkt er durch das Erzeugen des Klopfschalls oder die Aufforderung an den Patienten „. . . atmen Sie bitte tief ein . . ." aktiv an der Informationsentstehung mit.

6.2 Lernkanal II – Das Sehen

Gedanklich müssen Sie für den Lernkanal **Sehen** unterscheiden zwischen Lesen über etwas, das trotz der möglichen Illustration verhältnismäßig abstrakt bleibt, und Sehen von etwas Realem, also unmittelbarer Anschauung der Wirklichkeit.
Man versteht unter Lesen in erster Linie die Aufnahme schriftlich fixierter Sprache. Geschriebenes oder Gedrucktes ist illustrierbar und ohne zusätzliche technische Hilfsmittel wiederholbar. Die unmittelbare Wiederholbarkeit, die ohne nennenswerten zusätzlichen Aufwand bei jedem gewünschten Punkt einsetzen kann, die schnelle Übersicht, die man in gedruckten Texten gewinnen kann (durch die Dichte der üblichen schriftlichen Information), und das Gewöhntsein an gedruckte Texte sind unverkennbare **Vorteile** des Lernens durch Lesen, die von vielen noch so raffinierten technischen Medien weder erreicht, noch übertroffen werden.
Übergangsstufen auf dem Weg vom Lesen abstrakter Symbole, Zeichen oder Worte bis zum sehenden Lernen durch unmittelbare Anschauung bilden Gliederungen, Graphiken, Zeichnungen, Abbildungen, Modelle und aneinandergereihte Bilder von der Diaserie bis zum Fernsehfilm.
Wenn Sie die genannte Reihe noch einmal überlesen, werden Sie feststellen, daß Worte, die der Lernende beim sehenden Lernen erst in unmittelbare Anschauung umsetzen muß, von Schritt zu Schritt an Bedeutung verlieren, weil immer mehr Bildhaftes angeboten wird. Die Grenzen der Veranschaulichung verbaler Mitteilungen werden Sie leicht erkennen, wenn Sie versuchen, Begriffe, wie Gruppengefühl oder Kohärenz, bildlich darzustellen. Das Sehen im Sinne des unmittelbaren Anschauens der Wirklichkeit wird wohl in bezug auf die unmittelbare Lernwirksamkeit nur noch von der folgenden Form des Lernens übertroffen.

6.3 Lernkanal III – Aktives Lernen durch Handeln

Die effektivste Lernform ist das Handeln im Sinne von **Selbermachen.** Dabei soll der Begriff Handeln hier nicht nur als manuelle Verrichtung verstanden werden, sondern auch als denkendes Tun, aktives Lernen also auch als geistige Auseinandersetzung mit dem

Stoff. In diesem Sinne ist Handeln zum Beispiel neben der unmittelbar erkennbaren Operation auch das selbständige Durchdenken von Sachverhalten und die aktive Beteiligung an einer Diskussion, auf die man sich vorbereitet hat. Entscheidend für den Lernkanal III ist, daß sich der Lernende an dem Einprägen der Informationen im Gedächtnis selbst handelnd beteiligt und nicht nur Informationen auf sich einwirken läßt. In die Tat umgesetzt, wäre die selbständige angeleitete Gruppenarbeit in Schule und Universitäten eine um das vielfache wirksamere Lernform als der bisherige vorwiegend dozentengebundene und informationsvermittelnde, für den Studenten in erster Linie rezeptiven Unterricht. Die Anleitung zur selbständigen Gruppenarbeit erfordert einen geringen Mehraufwand von seiten der Lehrenden. Dagegen würde der Lernerfolg durch handelnde Auseinandersetzung mit dem Stoff in der Diskussion wesentlich verbessert, die Lernenden lernen voneinander, sich emotional und in ihrer Motivation gegenseitig zu stützen, und üben Verhaltensformen, mit denen sie durch Kooperation die gesteckten Ziele gemeinsam erreichen.

Versuchen wir, das erworbene Wissen über die Lernkanäle in vier **Grundsätze** für das effektive Lernen umzusetzen:

1. Bemühen Sie sich darum, gehörte oder gelesene Informationen **durch eigene Beispiele zu veranschaulichen.** Sie lernen dadurch abstrakte Informationen leichter, behalten länger und können das Gelernte leichter reproduzieren.

2. Versuchen Sie, Gelesenes **in der Wirklichkeit zu überprüfen.** Untersuchen Sie im Lehrbuch beschriebene Phasen der Zellteilung mit dem Mikroskop! Farbumschläge, die Sie mit pH-Veränderungen hervorrufen, sind so charakteristisch, daß Sie sie nicht vergessen; bestimmte Symptome eines Patienten, über die in der Vorlesung berichtet wird, findet man am besten durch eigene Patienten-Untersuchung usw.

3. Suchen Sie, über das Anschauen hinaus möglichst viele **eigene Aktionen** in den Lernprozeß **einfließen** zu **lassen.** Von Ihrem Schema einer Vorlesung, Ihrer Zusammenfassung, Gliederung, Beispielsammlung oder Fragensammlung zu einem gelesenen Text über selbst durchgeführte diagnostische Laboruntersuchungen bis hin zum eigenen Entwurf einer Systematik oder eines Behand-

lungsplanes, den Sie für Patienten erstellen, gibt es eine breite Palette durchdachten Handelns, mit dem Sie Ihr Studium interessanter und lernwirksamer machen können, mit denen Sie sich aber auch selbst motivieren können.

4. Je **mehr Lernkanäle** Sie benutzen, desto „begreifbarer" wird der Lerngegenstand und desto leichter lernen Sie. Hier können Sie ohne Bedenken die Volksweisheit „Vier Augen sehen mehr . . ." auf Ihren Lernprozeß übertragen und sich darum bemühen, Gehörtes auch in der Wirklichkeit anzuschauen und sich Gehörtes und Gesehenes durch aktive Bearbeitung einzuprägen.

Aufgabe 36

Stellen Sie in einer Tabelle Vorteile und Nachteile der drei Lernkanäle einander gegenüber.

Vorteile der Lernkanäle	**Nachteile der Lernkanäle**

I Hören

II Sehen

Lesen — Modell — Wirklichkeit

III Aktives Lernen durch Handeln

Aufgabe 37

Entscheiden Sie, ob für die Ausbildung eines Medizinstudenten im selbständigen Schienen eines Unterschenkelbruchs die Schallplatte besonders geeignet ist, und begründen Sie kurz Ihre Auffassung. Beachten Sie genau die Aufgabenstellung. Was soll der Student tun können?

Es bedarf kaum der Erwähnung, daß es für unterschiedliche Berufsfelder unterschiedlich bevorzugte Lernkanäle gibt: Der Akademiker gewöhnt sich an das Konsumieren von Zeitschriften und Büchern, der Landwirt lernt die Beurteilung seines Getreides eher aus dem Anschauen und Befühlen, der Virtuose lernt in erster Linie durch Kontrolle des eigenen Musizierens mit dem Gehör. Kaum ein Mensch lernt aber nur mit einem Lernkanal. Für die bevorzugte Verwendung der Lernkanäle gelten folgende Maßstäbe:

1. Der Lernkanal soll dem Lernziel möglichst angemessen sein.
2. Der Lernkanal, an den man am meisten gewöhnt ist, erspart manche zusätzliche Anstrengung. Er sollte aber dem Ziel entsprechen.
3. Der Aufwand, der für einen bestimmten Lernkanal getrieben wird, soll dem langfristigen Nutzen entsprechen (Was ist sinnvoll: Eigenstudium oder Gruppenarbeit für das Vokabelnlernen? Lepra aus dem Lehrbuch oder in Indien selbst behandeln?). Nutzen kann andererseits hier nicht nur als geringstmöglicher Einsatz (Ökonomie) verstanden werden.

Aufgabe 38

Welche Lernkanäle erscheinen für das Erreichen folgender Lernziele besonders geeignet? Begründen Sie Ihre Wahl mit einem Stichwort.

a) Der Medizinstudent soll Patienten systematisch untersuchen können. (I, II, III) Begründung: ______________

____

b) Der Biochemiestudent soll im Laufe seines Studiums Grundlagenwissen über die anorganische Chemie erwerben. (I, II, III) Begründung: ______________

____

c) Wie verschafft sich der Medizinstudent zu Beginn seiner klinischen Ausbildung bei dem üblichen Lehrangebot mit möglichst wenig Aufwand am besten einen schnellen Überblick über die neuesten Forschungsergebnisse in der Virologie (I, II, III)? Begründung: ______________

____

d) Nach welchen drei Maßstäben können Sie die Wahl bestimmter Lernkanäle für einen Lernprozeß beurteilen?

____________ ____________ ____________

Aus dem bisher über Lernkanäle Gesagten lassen sich für den Lernprozeß zusammenfassend fünf Schlußfolgerungen ziehen:

1. Versuchen Sie, sich selbst den **Lernstoff anschaulich** zu machen. Das geschieht durch Suchen nach Beispielen, Abbildungen, Modellen und durch die unmittelbare Anschauung der Wirklichkeit. Lesen wird angereichert durch Anschauung und durch aktives Handeln.
2. Benutzen Sie **möglichst viele Lernkanäle.** Sprechen Sie gegebenenfalls Gelesenes auf Tonband, um es abzuhören. Schreiben Sie die Leitsätze von Gehörtem auf oder machen Sie sich grafische Übersichten und Tabellen. Je mehr Lernkanäle Sie benutzen, desto tiefer wird sich der Lernstoff einprägen.
3. Entscheiden Sie vor dem Lernprozeß, welcher **Lernkanal besonders geeignet** für den speziellen Lernstoff ist.
4. Um Monotonie zu vermeiden, sollten Sie die **Lernkanäle wechseln.** Lesen Sie zum Beispiel zunächst das zu behandelnde Kapitel in Ihrem Lehrbuch. Besuchen Sie dann ein Seminar oder eine Vorlesung zu demselben Thema und sprechen Sie eine Zusammenfassung für die spätere Wiederholung auf Tonband. Vergleichen Sie dann das Gelesene mit dem Gehörten. Damit hätten Sie die Lernkanäle II, I und III in sinnvoller Weise gewechselt.
5. Berücksichtigen Sie bei der Wahl der Lernkanäle ein angemessenes Verhältnis zwischen **Aufwand und Nutzen,** indem Sie sich zunächst den Stellenwert der zu lernenden Information zu verdeutlichen suchen.

6.4 Wie liest man sich ein? – Vier Regeln zur Beherzigung

Das Lesen wollen wir wegen der besonderen Bedeutung für das Hochschulstudium ausführlicher behandeln. Das Gesagte gilt im übertragenen Sinne für alle Lernkanäle.

Die Inhalte eines wissenschaftlichen Studiums liegen zum allergrößten Teil als geordnete Informationen vor. Wir erläutern Ihnen den Zugang zu wissenschaftlichen Informationen am Beispiel eines neuen Faches, dem Sie sich zuwenden wollen, und wählen dafür die Biochemie. Ihr erster Weg sollte Sie in die Universitätsbibliothek führen, damit Sie sich einen Überblick verschaffen können (erst später zum Buchhändler!).

Eine ausführliche Schilderung des Aufbaues einer Universitätsbibliothek würde hier zu weit führen. Sicher ist auch ein Bibliothekar gern bereit, Ihrem Wunsch zu entsprechen und Ihnen das Regal zu zeigen, in dem Sie auch die dicken Lehrbücher der Biochemie finden . . . und schon sind Sie auf der falschen Fährte, denn 1600 Seiten Detailwissen sind sicher kein geeigneter Zugang, zu einem Überblick darüber, was der Begriff „Biochemie" eigentlich bedeutet.

Wir beginnen mit einer möglichst einfachen Definition. Die sollten Sie selbst – in unserem Falle aus dem zusammengesetzten Wort Biochemie – ableiten können, denn:

Je mehr Sie selbst denken, desto weniger brauchen Sie zu lernen!

1. Übertragen auf unser Problem heißt diese Forderung ganz allgemein: Vor dem Nachlesen selber nachdenken. Dieses Selberdenken ist als **Vorprogrammierung** zu verstehen, wie Sie es schon in früheren Kapiteln erprobt haben. Es geschieht am besten mit einer **Eigendefinition.**
2. Sollten Sie als nächstes schon das Lehrbuch aufschlagen? Nein, noch immer nicht. Zunächst ein **allgemeines Lexikon,** Brockhaus, Meyer, Herder oder was Sie in Ihrer Bibliothek finden, um Ihre eigene Definition damit zu vergleichen. Meist finden Sie dort in recht allgemeinverständlicher Form eine Erläuterung – im Volksbrockhaus als Definition für Biochemie „Lehre von der chemischen Zusammensetzung der Lebewesen und den chemischen Vorgängen im gesunden und kranken Körper".
   In Lexika finden Sie das Wichtigste und Gesicherte (manchmal auch schon etwas Veraltete) auf kleinstem Raum zusammengedrängt. Die Literaturhinweise in großen Lexika führen Sie meist zu Übersichtsarbeiten oder allgemeinen Quellen des Themas.[1]

[1] Nach dem allgemeinverständlichen Zugang mit Hilfe eines Konversationslexikons sollten z.B. Medizinstudenten zu einem Fachlexikon, wie beispielsweise dem Pschyrembel greifen, um hier eine Grundinformation zu finden, die auf das spezielle Studienfach zugeschnitten ist.

3. Als dritte Regel können wir immer noch nicht die gewichtigen Lehrbücher empfehlen, denn zur Kunst, sich in ein wissenschaftliches Thema hineinzufinden, gehört es, sich nicht selbst zu überfordern, sondern zunächst ein sicheres Fundament zu legen. Beginnen Sie deshalb zunächst mit einer **Einführung** oder einem Grundriß nach dem Motto: Es ist sinnvoller, Neuland schrittweise und sicher zu betreten, als in großen Sprüngen zu stolpern und beim vergeblichen Versuch, sofort das Ganze in den Griff zu bekommen, die eigene Motivation einzubüßen. Die Empfehlung der Einführung ist nicht als Forderung nach Oberflächlichkeit zu verstehen. Im Gegenteil: Lieber Weniges wirklich bearbeiten und verstehen, als Vieles in dickleibigen Folianten „angelesen" haben.
   Unsere ersten drei Schritte heißen also „selbst definieren", „Lexikon benutzen", „Einführung lesen".
4. Aber bevor Sie mit dem eigentlichen Text eines Buches beginnen, ist noch die etwas ungewöhnliche Frage zu klären „Wie liest man ein wissenschaftliches Buch?". Nicht, indem man mit dem Text, sondern mit den sogenannten **„Formalien"** beginnt. Sie sollen Ihnen als **Entscheidungshilfen** dienen, mit denen Sie beurteilen können, ob Sie überhaupt das richtige Buch zur Hand genommen haben und wie Sie den Text bearbeiten wollen.
   Beachten Sie: Die meisten Bücher werden nur deshalb nicht zu Ende gelesen, weil diese Entscheidungshilfen nicht vor Beginn der Arbeit genutzt worden sind!
   a) Wer hat das Buch geschrieben? Versuchen Sie, etwas über die **„wissenschaftliche Persönlichkeit"** des Autors zu erfahren. Ist er ein Fachmann auf diesem Gebiet oder nur ein Lehrbuchautor? Leicht zu unterscheiden an Zahl und Themen der eigenen Arbeiten auf diesem Gebiet; leicht zu finden in „Who is Who" oder dem entsprechenden deutschen Werk „Wer ist Wer", Gelehrtenkalender, Science-Citation-Index o. ä. In solchen Autoren-Bibliographien können Sie Hinweise über die fachlichen Qualifikationen nachlesen. Personalisieren Sie also Ihre Themen. An Personen gebundenes Wissen haftet besser. Außerdem schaffen Sie sich damit den Fundus einer Autorensammlung zu bestimmten Themen, die Sie für spätere eigene wissenschaftliche Arbeiten (Diplom, Promotion usw.) ohnehin brauchen.

b) Auf der Titelseite des Buches finden Sie einen Hinweis auf das **Erscheinungsjahr,** das bei den schnellebigen modernen Wissenschaften für Sie deshalb von Bedeutung ist, weil schon ein zwei Jahre altes Buch veraltet sein kann.

c) Schließlich ist die Zahl der **Auflagen** nicht nur ein gewisses Zeichen für den Absatz und damit auch für den Wert, den andere diesem Buch beimessen, sondern unter Umständen ebenfalls für das Alter des Textes, der bei „unveränderten Auflagen" oder „Nachdrucken" überholt sein kann.

d) Neuerdings finden Sie besonders auf der Rückseite von Taschenbüchern außer bibliographischen Angaben **Kurzfassungen des Inhalts,** die sogenannte Fabel. Sie bietet Ihnen ähnlich wie die Angaben auf den Innenklappen des Schutzumschlages eine schnelle Übersicht, ohne daß Sie erst mehrere Textseiten zur Probe lesen müssen.

Bevor wir auf das Inhaltsverzeichnis als letzten formalen Gesichtspunkt zum Einlesen in ein Thema eingehen können, müssen wir etwas ausführlicher ausholen, um zunächst zu erläutern, worin der Unterschied zwischen passivem und aktivem Lesen liegt.

Der passiv Lernende liest nach der Eigendefinition den Lexikonbeitrag und gibt sich damit zufrieden. Der aktiv Lernende macht sich an Hand der Darstellung des Gesamtgebietes ein **eigenes Grundschema,** das für sein aktives Lernen von unschätzbarem Wert ist. Er gewinnt mit diesem Schema eine graphische Übersicht über das Gesamtgebiet der Biochemie, er zimmert sich damit den Schrank, in dem er all die Schubfächer unterbringen kann, die er im Laufe seines Lebens mit Biochemie-Kenntnissen füllen wird.

Biochemie
- Chemische Zusammensetzung der Lebewesen
- Chemische Vorgänge
  - im Gesunden, z. B. in der Energiegewinnung durch Kohlenhydratabbau
  - im Kranken, z. B. Störung des Kohlenhydratabbaus beim Diabetiker

Mit diesem Grundschema ist er nicht nur in der Lage, alle kommenden biochemischen Informationen, die er noch aufnimmt, bestimmten Kategorien (Schubladen) zuzuordnen, um sie dort aufzubewahren, sie leichter zu behalten und zu reproduzieren. Er kann auch alle Versuche anderer, das Gesamtgebiet der Biochemie zu ordnen, kritisch mit der selbst gewonnenen Einteilung des Gesamtgebietes vergleichen, beurteilen und entscheiden, ob und was er gegebenenfalls aus fremden Gliederungsvorschlägen oder Texten übernimmt. Er kann auch entscheiden, welche Informationen und welche fremden Übersichten für ihn überflüssig sind, weil sie entweder in seiner Gliederung enthalten oder weniger geeignet sind.
Noch einmal: Mit dem kritisch-selbständigen Zugang, den Sie sich mit einer Übersicht über ein Thema verschaffen, sind Sie in einer völlig anderen Lernsituation als jeder, der Informationen nur aufnimmt und dann bestenfalls in einem Examen wiedergeben kann. Geistiges Arbeiten unterscheidet sich vom Vokabellernen im wesentlichen dadurch, daß man wissenschaftlichen Stoff nicht nur in sich „hineinschaufelt“, sondern sich aktiv damit auseinandersetzt.

e) Der letzte formale Schritt vor der Bearbeitung des eigentlichen Textes ist das **Inhaltsverzeichnis,** mit dem Sie sich selbst **für den Text vorprogrammieren.** Denken Sie daran: Je umfangreicher Ihre Vorinformationen, desto leichter wird Ihnen das Verständnis des Textes fallen.
Wie liest man ein Inhaltsverzeichnis aktiv?
Nehmen Sie **Ihr** selbst erarbeitetes Übersichtsschema zur Hand und versuchen Sie, zunächst den Zusammenhang zwischen Ihrer Übersicht und den Kapiteln des Buches selbst herzustellen. Markieren Sie die Inhaltsangaben, die Sie Ihrem Schema **nicht** zuordnen können. Schlagen Sie die letzte Seite solcher Kapitel auf, und machen Sie sich dort vorsorglich die Notiz „meinem Schema zuordnen“. So erinnern Sie sich nach der Lektüre dieses Kapitels an die Eingliederung des Gelesenen in Ihr Denkschema.
Für ein fortgeschrittenes Stadium der Informationssammlung zu einem Fach hat das Inhaltsverzeichnis für Sie noch eine weitere Bedeutung. Erst nach dem Lesen des Inhaltsverzeichnisses können Sie entscheiden, ob Sie das Buch von der ersten bis zur letzten Seite lesen oder ob Sie selektiv nur das lesen, was für Sie von unmittelbarem Interesse ist.

Hierher gehört ein ökonomischer Grundsatz für das Lesen wissenschaftlicher Literatur:

AUSWAHL IST DAS HALBE LESEN

Und nun zum Lesen selbst. In der gleichen Form, wie Sie zunächst selbst einen allgemeinen Begriff von der Biochemie entwickelt haben, setzen Sie jetzt die Arbeit fort nach dem Prinzip vom Über- zum Untergeordneten, d.h. von allgemeinen Angaben zu speziellen. Wiederum geht es im Sinne des aktiven Lernens zunächst um das, was Sie zur Kapitelüberschrift und ggf. zur Abschnittsüberschrift selbst produzieren oder erwarten. Das ist
die Methode der ständigen Vorschau, mit der Sie vor dem jeweiligen Text eigene Fragestellungen zur Überschrift formulieren, und damit Ihr schon vorhandenes Wissen aktivieren und Ihre Leseerwartungen aktualisieren. Auf diese Weise programmieren Sie sich selbst für die kommenden Informationen vor und geben die frühere Technik der visuellen Berieselung mit Lehrbuchtexten zugunsten einer aktiven Auseinandersetzung mit dem Stoff auf. Zweckmäßig kann es auch sein, vor der Lektüre jedes Kapitels Ihre Erwartungen an dieses Kapitel in einem großen Übersichtsschema darzustellen und dieses Schema während oder nach der Lektüre mit dem gelesenen Text abzustimmen.

Aufgabe 39

Versuchen Sie, aus dem Gedächtnis vier Regeln für den Zugang zu einem neuen Wissenschaftsgebiet in Stichworten aufzuführen und kurz zu erklären.

1. ______________ ______________
2. ______________ ______________
3. ______________ ______________
4. ______________ ______________

Aufgabe 40

Nennen Sie mindestens drei der genannten Formalien, mit denen Sie sich vor der Lektüre eines wissenschaftlichen Buches vertraut machen sollten.

___

Aufgabe 41

a) Welcher Zusammenhang besteht zwischen dem „Vorprogrammieren" und den Lernkanälen?

___

___

Was erwarten Sie

b) von der Kurzfassung? ___

c) von der Inhaltsübersicht? ___

Aufgabe 42

Eine wesentliche Form Ihrer Informationsaufnahme ist das Lesen. Welche Möglichkeiten aktiven Lesens fallen Ihnen (ohne zurückzuschlagen) ein?

___

___

___

Welche zusätzlich zu den unter 6.3 genannten Möglichkeiten aktiver Auseinandersetzung mit dem Stoff wenden Sie selbst an?

___

___

___

Gruppenarbeit
Aufgabe 0

Benutzen Sie ein Standardlehrbuch eines gemeinsamen, aber für Sie neuen Studienfaches (z. B. Psychologie, Biologie, Handelsrecht oder Mathematik) und wenden Sie die vier Regeln zum Einarbeiten auf das Buch an.
Arbeiten Sie zunächst unabhängig voneinander und vergleichen Sie dann Ihre Ergebnisse in der kleinen Gruppe.

Der rote Faden 6

Bei der Diskussion des Lernens und der psychologischen Voraussetzungen eigener oder gemeinsamer Arbeit haben Sie sich mit den psychischen und sozialen Voraussetzungen beschäftigt, die erfüllt sein müssen, wenn Informationen gelernt und damit in Ihrem Gedächtnis verankert werden sollen.
In diesem Kapitel ging es um die Frage, auf welchem Weg Sie Informationen über die drei Lernkanäle Hören, Sehen und Handeln aufnehmen. Dabei sollen Sie versuchen, sich selbst den Lernstoff so anschaulich wie möglich zu machen, viele Lernkanäle für die Verankerung der Informationen im Gedächtnis zu benutzen und, um Monotonie zu vermeiden, beim Lernen die Lernkanäle zu wechseln. Der Zwang begrenzter Studienzeiten wird dazu führen, daß Sie „von selbst“ den Lernaufwand in ein gesundes Verhältnis zum Nutzen des Stoffes für die anstehenden Prüfungstermine bringen lernen.
Damit haben wir die allgemeinen Ausführungen zum effektiven Lernen beendet und als Übergang zu komplizierteren Lernformen noch die Frage beantwortet, wie man sich in ein Fachgebiet mit den Schritten Eigendefinition, Lexikon, Einführung, Entscheidungshilfen einliest.
Mit den im nächsten Kapitel zu besprechenden Lernformen werden wir die Voraussetzungen schaffen, mit denen Sie sich gezielt auf Ihre Prüfungen vorbereiten können.

7. Kapitel: Lernformen

7.1 Orientierendes Lesen als Beispiel für orientierendes Lernen; 7.2 Strukturierendes Lernen als höhere Lernform; 7.3 Wie entsteht durchschauendes Lernen?

7.1 Orientierendes Lesen als Beispiel für orientierendes Lernen

Der Begriff orientierendes Lernen bezieht sich sowohl auf den Inhalt als auch auf die Technik. Bezogen auf die Lerntechnik, also auf Ihr praktisches Vorgehen beim Einarbeiten in ein Thema, dient das orientierende Lesen der Entwicklung, Festigung und Erweiterung Ihres Grundschemas, das Sie mit Stichworten aufbauen und zu einem „persönlichen Raster" erweitern. Sie gewinnen darüber hinaus beim orientierenden Lesen einen Eindruck davon, welche Passagen Sie intensiver bearbeiten müssen, und können diese Zeilen der Einfachheit halber am Rande dicht neben dem Text mit einem senkrechten Strich kennzeichnen bzw. mit Klammern [ ] markieren.
Inhaltlich sollten Sie sich beim Einlesen in ein Wissenschaftsgebiet an einer Einführung orientieren. Einlesen mit umfangreicheren Lehrbüchern widerspräche dem Prinzip des schrittweisen Vorgehens; Informationsmassen könnten jetzt noch Ihr Grundschema überfluten, und unstrukturierte Informationen belasten zwar Ihr Gedächtnis, tragen aber wenig zum Verständnis bei.
Besonders in späteren Studienabschnitten oder beim Lesen wissenschaftlicher Literatur, mit der Sie sich nach Abschluß Ihres Studiums auseinandersetzen, hat orientierendes Lesen noch eine andere Bedeutung. Sie tragen dann schon ein größeres Wissen in Form Ihres persönlichen Rasters an ein Buch oder einen Zeitschriftenartikel heran und suchen nur noch selektiv nach Informationen, die für Sie interessant und neu sind. Für den größten Teil der wissenschaftlichen

Literatur, die Sie dann zu bearbeiten haben, spart das „orientierende" Lesen zur Selektion von Informationen Zeit und Arbeit.
Orientierendes Lernen reicht aber für das Einarbeiten in neue Themen und damit für die Bildung eines Kenntnisrasters nicht aus. Sie werden mit intensiveren, d.h. mit aufwendigeren Lernformen arbeiten lernen und während Ihres ganzen Studiums immer wieder Entscheidungen treffen, in welchem Umfang und mit welcher Intensität Sie an einen Text herangehen. Wollen Sie nicht viele tausend Seiten vergeblich lesen, so müssen Sie sich jeweils vor dem Lesen klar darüber werden, was Sie im einzelnen aus dem Text lernen wollen. Für diese Entscheidung sind operational definierte Lernziele von grundsätzlicher Bedeutung.

Fassen wir noch einmal zusammen:
Das orientierende Lesen gibt Ihnen lediglich einen Überblick und dient der Entscheidung, welche Teile des Stoffes Sie intensiver weiter bearbeiten wollen. Je bewußter Sie diese Entscheidung treffen und je eindeutiger Sie sie am Textrand mit bestimmten Zeichen dokumentieren, desto weniger werden Sie beim strukturierenden und repetierenden Lesen von Textanteilen irritiert, die Sie schon in der Orientierungsphase ausgesondert haben. Verglichen mit dem orientierenden Lesen nehmen beim strukturierenden Lernen Aufwand und Effekt zu. Sie erweitern dabei dauernd und in größerem Umfang als beim orientierenden Lesen Ihr vorhandenes Denkschema durch Aufnahme von Informationen.

Aufgabe 43
Wie unterscheiden sich die beiden geschilderten Formen orientierenden Lesens in bezug auf ein bestimmtes Studienfach?

Aufgabe 44

Welche Bedeutung hat das Grundschema für das Einarbeiten in ein Wissenschaftsgebiet?

Aufgabe 45

Wie nennt man die Methode, mit der Sie sich mit selbst gestellten Fragen auf einen Text vorprogrammieren?

Mit der geschilderten Form des orientierenden Lesens haben Sie erfahren, wie Sie den Lernkanal II für das orientierende Lernen benutzen. Im übertragenen Sinne gilt das dort Gesagte für orientierendes Lernen bei allen anderen Lernkanälen, mit denen Sie versuchen, sich lediglich einen Überblick zu verschaffen. Die intensivere Beschäftigung mit einem Thema erfordert größere Anstrengungen, nämlich die strukturierende Bearbeitung des Stoffes.

7.2 Strukturierendes Lernen als höhere Lernform

Das folgende Kapitel ist von ausschlaggebender Bedeutung für das effektive Lernen. Hier wird ausführlich auf höhere Lernformen eingegangen, die Sie im akademischen Bereich täglich anwenden.

Lernziele

Nach erfolgreicher Bearbeitung dieses Kapitels werden Sie
– das Strukturieren bewußt für Ihre Studienzwecke nutzen können.

- Dafür sollen Sie zunächst die Vorteile des Strukturierens für das effektive Lernen und die Zusammenhänge zwischen strukturierendem Lernen, Zeitaufwand und Behalten selbst ableiten.
- Sie werden dann horizontale und vertikale Strukturierungsmöglichkeiten unterscheiden,
- die Bildung von Superzeichen selbst durchführen,
- vier Analyse- und drei Syntheseschritte zum Strukturieren des Lernstoffs verwenden und
- Ihre Gliederungen markieren lernen.

Mit den praktischen Aufgaben zur extrinsischen, substantiellen und funktionalen Strukturierung werden Sie feststellen, ob Sie diese Ziele erreicht haben.

7.2.1 Was heißt strukturieren?

Das Gemeinsame der höheren Lernformen ist das Erfassen von Zusammenhängen (Strukturen), die zwischen den zu lernenden Einzelinformationen bestehen und die es zu finden gilt, wenn Sie sich das Lernen erleichtern wollen.

Wir werden uns zunächst mit der Frage beschäftigen, was das Besondere am strukturierenden Lernen ist. Sie können die Frage aufgrund des folgenden Experimentes selbst beantworten.

Versuchsanleitung

Benutzen Sie eine Uhr mit Sekundenzeiger, ein Schreibgerät, einen DIN-A4-Bogen zum Schreiben und einen Streifen möglichst dichtes Papier oder Pappe, mit dem Sie ein Feld von der Größe dieses Kastens abdecken können.

Halten Sie sich strikt an die folgende Anleitung.

Aufgabe 46

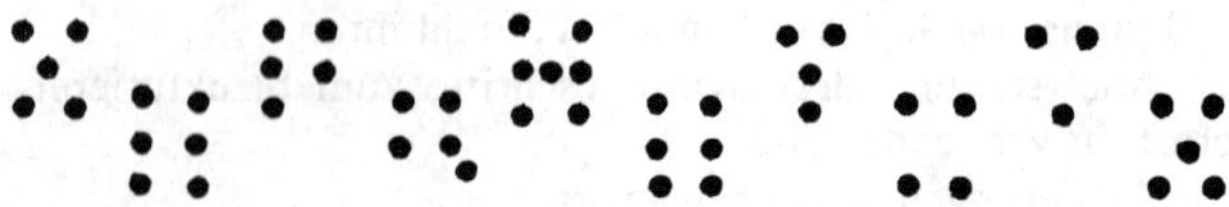

Versuchen Sie, in einer Minute die **Punktzahl** der einzelnen Figuren in der vorgegebenen Reihenfolge zu lernen. Dekken Sie nach 1 Minute konsequent die Figuren mit dem Papierstreifen ab.

Schreiben Sie die Anzahl der Punkte in der richtigen Reihenfolge nieder.

Ergebnis 1: ______________________________

Decken Sie die Figuren auf und vergleichen Sie Ihr Ergebnis.
Richtig? …

Prägen Sie sich in der folgenden Minute möglichst viele **Punktfiguren** in der vorgegebenen Reihenfolge ein. Decken Sie nach 1 Minute konsequent die Figuren wieder ab und zeichnen Sie die Punktfiguren aus dem Gedächtnis auf, so gut Sie können.

Ergebnis 2: ______________________________

Decken Sie die Figuren wieder auf und verwenden Sie noch 1 Minute auf den Vergleich der vorgegebenen Figuren mit Ihrem Ergebnis und auf das erneute Lernen mit dem Ziel, alle Figuren mit der richtigen Punktzahl und in der angegebenen Reihenfolge wiedergeben zu können. Decken Sie die Figuren nach 1 Minute ab.

Ergebnis 3: ______________________________

Benutzen Sie für die folgenden Versuche Ihren DIN-A4-Bogen.

Decken Sie erneut die Figuren auf und verwenden Sie wiederum 1 Minute auf den Vergleich der vorgegebenen Figuren mit Ihrem Ergebnis und auf das erneute Lernen. Sie werden mehrere Versuche brauchen und können beim ersten richtigen Ergebnis aufhören.

Wie viele Versuche haben Sie gebraucht, bis Sie die Figuren mit der richtigen Punktzahl in der richtigen Reihenfolge wiedergeben konnten?

______________ Versuche

Verbinden Sie jetzt in Ihren Figuren die Punkte mit geraden Strichen zu den Buchstaben N O P Q R S T U V W

Schätzen Sie bitte ab, wieviel Prozent des Lernaufwandes Sie für diesen Lernprozeß gebraucht hätten, wenn Sie das **strukturierende** Prinzip der alphabetischen Reihenfolge **vor** der Versuchsdurchführung gekannt hätten.

[%]

Aufgabe 47

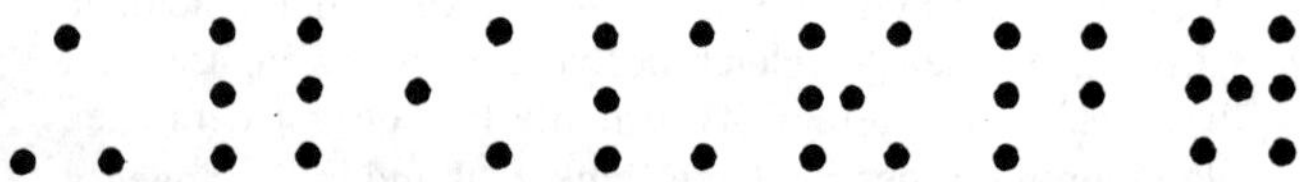

Erkennen Sie das strukturierende Prinzip, nach dem die Punkte bei diesen Figuren angeordnet sind? Sie haben maximal 1 Minute Zeit für das Einprägen.

Ergebnis 1: ______________________________

Benutzen Sie die folgende Minute, um möglichst viele Punktfiguren in der richtigen Reihenfolge zu lernen. Dekken Sie dann die Punktfiguren ab und schreiben Sie das Ergebnis in der richtigen Reihenfolge nieder.

Ergebnis 2: ______________________________

Wieder aufdecken. Stimmen Punktzahlen und Reihenfolge? Wenn nicht, bitte noch 1 Minute lernen, abdecken und niederschreiben.

Ergebnis 3: ______________________________

Arbeiten Sie nach demselben Prinzip weiter und benutzen Sie für das Ergebnis Ihren DIN-A4-Bogen.

Wie viele Versuche haben Sie gebraucht, um Aufgabe 47 nach dem strukturierenden Prinzip A B C D E F G zu lösen, d. h. die richtige Punktzahl in der richtigen Reihenfolge niederzuschreiben?

__________ Versuche

Aufgabe 48

Formulieren Sie frei

a) eine verallgemeinernde Aussage über den zeitlichen Aufwand im Vergleich mit dem Nutzen beim strukturierenden Lernen;

b) eine verallgemeinernde Aussage über die Leichtigkeit bzw. Schwierigkeit, strukturierte Informationen zu reproduzieren.

Aufgabe 49

Versuchen Sie jetzt selbst, Regeln über das strukturierende Lernen abzuleiten.

a) Wären Sie **ohne** Zusammenhangsverständnis (alphabetische Reihenfolge) noch in der Lage, die einzelnen Punktfiguren des ersten Versuches in der richtigen Reihenfolge wiederzugeben? Wohl kaum. Wie wirkt sich Zusammenhangsverständnis beim strukturierenden Lernen auf das Behalten aus?

____

b) Die Lernform, bei der bewußt das Zusammenhangsverständnis als Lernmethode eingesetzt wird, heißt also __________ __________. Bei diesem höheren Lernen spielen nicht nur die Teile, sondern ihr Zueinander eine Rolle.

Fassen wir die gewonnenen Einsichten zusammen: Beim strukturierenden Lernen lernt man schneller, reproduziert leichter und behält länger. Kurz, man lernt durch strukturierendes Lernen effektiver, weil strukturierendes Lernen die Möglichkeit bietet, die Zahl der zu lernenden Einzelinformationen in bestimmter Form zu ordnen und dadurch im Sinne der progressiven Abstraktion zu reduzieren. Man lernt nur noch die übergeordneten Strukturierungsmerkmale und benutzt sie als Reproduktionshilfe, mit der man das gespeicherte Wissen abrufen kann.

7.2.2 Horizontale und vertikale Strukturierung

Aus dem Experiment mit den Punktfiguren konnten Sie ableiten, daß man leichter lernt, wenn Informationen überschaubar und damit verständlicher angeordnet sind. Fehlt bei einem Lehrbuch, im Hörsaal, im Seminar oder in irgendeinem beliebigen Lehrangebot die Überschaubarkeit, dann müssen Sie selbst strukturieren und damit den Stoff überschaubar machen.

Welche einfachen Verfahren stehen Ihnen dafür zur Verfügung?

Je nach der Verlaufsrichtung des Strukturierungsschemas spricht man von horizontaler oder vertikaler Strukturierung. **Vertikale Strukturierung** setzt ein **unterschiedliches Abstraktionsniveau** der Einzelbegriffe voraus, z. B.

Abstraktionsniveau 1	Küchengeräte ↓	Meßgeräte	↓
2	Kochgeräte	Streckenmaße	
3	Kochtöpfe ↓	Bandmaß	↓

Horizontal verläuft die Ordnung etwa gleichwertiger Informationen, die auf **gleichem Begriffs- (Abstraktions-) Niveau** liegen, z. B. zum Thema „Haushaltsinventar“ (1.0):

1.1 Werkzeug, 1.2 Musikgeräte, 1.3 Geschirr usw. oder auf einer niedrigeren Abstraktionsstufe und damit detaillierter und konkreter:

1.1.1 Hammer, 1.2.1 Plattenspieler, 1.3.1 Gläser usw.

Auf gleichem Abstraktionsniveau und damit geeignet für eine horizontale Anordnung liegen auch organbezogene Krankheitsbilder, wie:

Erkrankungen der Lunge: Bronchitis, Lungenentzündung, Asthma, Bronchialkarzinom usw.

Gegeneinander abgrenzen kann man die Begriffsgruppen durch ihr unterschiedliches Abstraktionsniveau; anders ausgedrückt, durch die Ebene, auf der jeweils abstraktere Oberbegriffe in der oberen Reihe des „Haushaltsinventars" und konkretere Unterbegriffe in der unteren Reihe liegen.

Der Denkprozeß, der Sie bei der **vertikalen** Strukturierung vom ganz konkreten Stuhl aufwärts zum Oberbegriff Werkzeug und wiederum aufwärts zum abstrakteren Oberbegriff Haushaltsinventar oder umgekehrt vom abstrakten Begriff Inventar abwärts zum konkreten Hammer kommen läßt, bewegt sich zwischen den beiden Polen abstrakt und konkret.

Graphisch dargestellt sieht das so aus:

↓ Immer abstraktere Oberbegriffe ↑
Haushaltsinventar
Werkzeug
Hammer
Immer konkretere Unterbegriffe

Voraussetzung für das Verstehen vertikaler Strukturierung ist das vergleichende Erkennen von Zusammenhängen zwischen untergeordneten und übergeordneten Begriffen. Die Ordnung kann sowohl nach einem Dezimalsystem als auch nach Zahlen bzw. Buchstaben und Zahlen erfolgen.

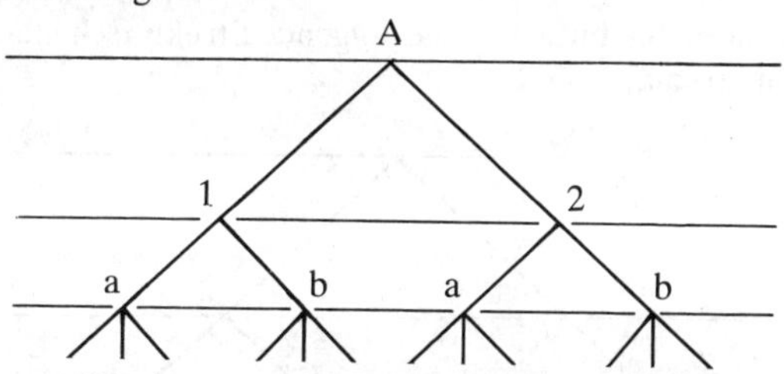

Im Unterschied zur vertikalen Strukturierung ist die Voraussetzung für lineares oder horizontales Strukturieren (Reihung) das Erkennen von Gemeinsamkeiten auf gleichem Abstraktionsniveau.[1]

Zum Beispiel Möbel: Stuhl, Tisch, Schrank, Regal usw.

---

[1] Aristotelische Grundkategorie von Identität und Nicht-Identität für den Erkenntnisprozeß.

Aufgabe 50

Vertikale und horizontale Strukturierungssysteme lassen sich leicht miteinander verbinden. Tragen Sie zum Beispiel zum Thema „Hausinventar" (1.0) die Dezimalzahlen für die einzelnen aufgezählten Gegenstände in das folgende Schema ein:

<table>
<tr><td colspan="6"></td></tr>
<tr><td colspan="2"></td><td colspan="2"></td><td colspan="2"></td></tr>
<tr><td></td><td></td><td></td><td></td><td></td><td></td></tr>
</table>

Fügen Sie bitte in die freibleibenden Felder ein weiteres Beispiel ein, das auf dieser Abstraktionsstufe zum Thema „Hausinventar" paßt.

Aufgabe 51

a) Erklären Sie bitte, was das folgende Strukturschema bedeuten soll.

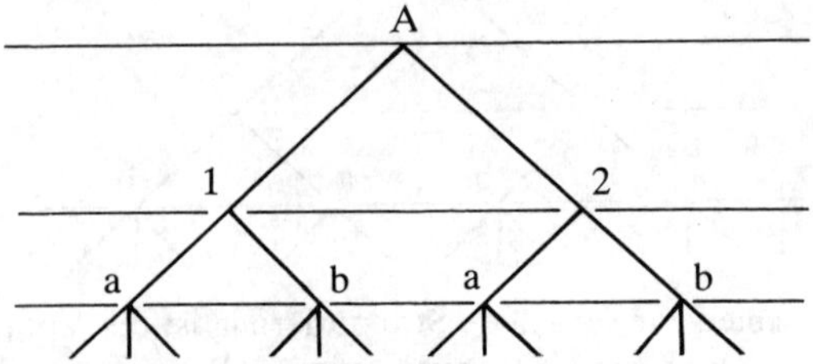

Verwenden Sie dabei die Stichworte horizontale und vertikale Ordnung, Abstraktionsniveau, Gemeinsamkeiten, Oberbegriff.

b) Suchen Sie selbst ein Beispiel für konkrete Gegenstände mit Gemeinsamkeiten, die eine horizontale Ordnung auf demselben Abstraktionsniveau gestatten, und nennen Sie die Gemeinsamkeit, nach der Sie die Ordnung durchgeführt haben.

c) Suchen Sie zwei weitere Beispiele für eine vertikale Strukturierung mit unterschiedlichem Abstraktionsniveau der Begriffe.

d) Suchen Sie ein Beispiel für eine kombinierte vertikale und horizontale Strukturierung. Nehmen Sie sich die Zeit dafür. Sie sparen sie später vielfach ein.

Wenn Sie die beiden Ordnungsgesichtspunkte – horizontale und vertikale Strukturierung – wirklich verstanden haben, haben Sie ein Instrument für die Ordnung von Informationen in der Hand, mit dem Sie leichter lernen können. Deshalb noch einmal den Grundgedanken des effektiven Lernens:
Ihre A u f g a b e beim strukturierenden Lernen ist das vergleichende Suchen nach Zusammenhängen in Form von Gemeinsamkeiten oder Unterscheidungsmerkmalen für thematisch zusammengehörige Informationen.
Ihr M i t t e l der Strukturierung ist die Anordnung des Lernstoffes in übergeordneten, gleichgeordneten und untergeordneten Begriffen.
Nachdem Sie sich in der beschriebenen Form einen Überblick über ein Fachgebiet verschafft haben, sollten Sie den Weg vom Allgemeinen (Oberbegriffe) zum Speziellen (Detailinformationen) auch in umgekehrter Richtung wählen. Suchen Sie während Ihres Studiums ständig und bewußt nach Zusammenhängen zwischen speziellen Detailinformationen und übergeordneten Begriffen. Dabei schaf-

fen Sie sich nach dem Verfahren der progressiven Abstraktion ein Codesystem, in dem die Zahl der Detailinformationen, die Sie sich mühsam merken müßten, viel geringer ist, in dem aber gleichzeitig der Informationsgehalt eben durch das gewonnene Zusammenhangsverständnis wesentlich größer bleibt als bei der Sammlung unzusammenhängender Einzelinformationen. Denken Sie dabei an die Punktfiguren.
Ähnlich verhält es sich beim Lernen von Vokabeln und Grammatik. Details und grammatische Zusammenhänge sind für das Sprechen einer Sprache unumgänglich. Beide können nicht ohne ihren Partner bestehen; aber es wird Ihnen sehr viel leichter fallen, Vokabeln als Detailinformationen zu lernen, wenn Sie sie in das Gefüge eines Satzes, zum Beispiel aus der Alltagssprache, sofort richtig einordnen können.

7.2.3 Wie bildet man Superzeichen?

Im Sinne der progressiven Abstraktion verstehen wir unter Codierung die Bildung von Superzeichen und deren Ordnung in einem hierarchischen Begriffssystem.[1] Das bedeutet nicht viel mehr als die Entwicklung von Begriffsrastern, mit denen Sie ungeheure Mengen von Einzelinformationen ordnen und überschauen können. Erklärtes Ziel des strukturierenden Lernens ist die Reduktion der Informationen auf diejenigen, die in Zusammenhängen gemerkt werden müssen. Das heißt aber nicht Vernachlässigung, sondern Organisation von Einzelheiten, die man unter Umständen dann „vergessen" kann, wenn sie einem das Gewinnen von Zusammenhangsverständnis erleichtert haben, und in diesem Augenblick „überflüssig" werden wie die Verbindungsstriche zwischen den einzelnen Punkten des Buchstabens, die ebenfalls fortfallen können, wenn man das Prinzip erkannt hat. Beispiel:

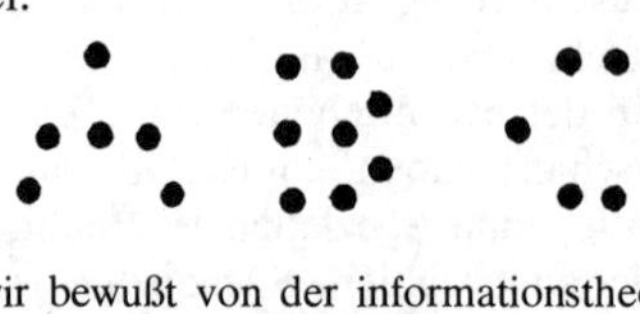

[1] Damit weichen wir bewußt von der informationstheoretischen Definition des Begriffs Superzeichen ab, die sich ohne Berücksichtigung semantischer Zusammenhänge auf die Reduktion von Informationsmengen beschränkt.

Um noch einmal die progressive Abstraktion mit Hilfe von Superzeichen zu demonstrieren, ein Beispiel:
Die Buchstaben O, K und A sind Detailinformationen. Sie bilden in der Reihenfolge AOK das Superzeichen „Allgemeine Ortskrankenkasse“. Es gibt eine Vielzahl von Kassen. Will man sie im Sinne der progressiven Abstraktion ordnen, so sucht man nach den übergeordneten Zusammenhängen und bildet mit deren Hilfe Superzeichen. So wäre das erste übergeordnete Superzeichen der Begriff „Krankenkassen“, das nächsthöhere Superzeichen hieße „Sozialversicherung“ usw. Sie bauen also aus der Vielzahl der Detailinformationen ein Gerüst immer abstrakter werdender Superzeichen auf, mit dessen Hilfe Sie denken. Superzeichen, die Sie entwickelt haben, sind Ihr ganz persönlicher Schlüssel zum Einprägen in Ihrem Gedächtnis. Mit Hilfe der Superzeichen können Sie aber auch von den Kapitelüberschriften bis zu den Detailinformationen das Speichergut leichter abrufen.
Wenn Sie ein solches System verstanden haben, dann reichen letzten Endes ein Superzeichen und das Systemverständnis aus, um Ihr Gedächtnis sprudeln zu lassen oder um Ihnen in der wissenschaftlichen Landkarte Ihres Studienfaches weiße Felder bewußt werden zu lassen, in denen Forschungsarbeiten ihren Platz finden.
Zeichen und Superzeichen erleichtern das Verständnis, wenn man den Zusammenhang zwischen Superzeichen und dazugehörenden Detailinformationen (die Struktur) erkennt. Superzeichen erleichtern das Lernen, weil sie es gestatten, eben durch das Verstehen des Zusammenhanges die vielfache Erläuterung des Zusammenhanges zwischen jeder Teilinformation (jedem Zeichen) und dem Superzeichen zu vernachlässigen. Superzeichen sind also Verstehenshilfen, die es gestatten, die Informationsmengen zu reduzieren, strukturiert zu lernen, länger zu behalten und das Gelernte leichter zu reproduzieren.

7.2.4 Wie benutzt man eine Textgliederung?

Für den Lernstoff, den Sie während Ihres Studiums bewältigen müssen, sind Superzeichen meist vorgegeben. Es gilt, sie zu finden und zu nutzen. Eine der einfachsten Quellen für Superzeichen ist die Textgliederung. Mit ihr bieten Ihnen Lehrbuchautoren meist in groben

Zügen das Denkgerüst, mit dem Sie sich das Schaffen von Ordnung und damit auch die Bewältigung von Informationsmassen erleichtern können.
Aber Lehrbücher sind oft nur bis zu Kapitel- oder Abschnittsüberschriften eindeutig gegliedert. Spätestens bei den Hervorhebungen im laufenden Text, z. B. durch Fettdruck oder Unterstreichungen, müssen Sie selbst entscheiden, ob es sich um Betonungen oder Gliederungsgesichtspunkte handelt. In jedem Fall müssen Sie den laufenden Text gedanklich selbst strukturieren (gliedern), um Zusammenhänge zu begreifen und damit den Stoff zu beherrschen.
Die Bedeutung der Gliederung als Denkgerüst erkennen Sie bei jedem Versuch, sich selbst oder anderen etwas zu verdeutlichen. Um Ihnen das Verständnis für diesen oft unbewußt ablaufenden Vorgang zu erleichtern, benutzen wir ein Beispiel, bei dem wir voraussetzen können, daß Sie es inhaltlich beherrschen, an dem Ihnen aber die Bedeutung gedanklicher Gliederung für das Lernen klar wird.

Aufgabe 52

Dinge, die selbstverständlich erscheinen, zu erklären, ist oft genauso schwer wie die Aufgabe eines Hochschullehrers, komplizierte wissenschaftliche Zusammenhänge verständlich zu machen. Beides setzt sorgfältige Gliederung voraus. Versuchen Sie eine Gliederung im Sinne des strukturierenden Lernens mit folgender Aufgabe zu bewältigen:

Stellen Sie sich vor, Sie sollen 1000 Wüstenbewohnern, die noch niemals ein Fahrrad gesehen haben, erklären, was ein Fahrrad ist und wie sie es benutzen können. Gehen Sie davon aus, daß keine Sprachschwierigkeiten bestehen.

Nehmen Sie sich 5 Minuten Zeit für die Suche nach Gliederungsgesichtspunkten, mit denen Sie Ihr eigenes Zusammenhangsverständnis vermitteln wollen.

Bei diesem Versuch haben Sie erkannt, daß die Gliederung eine Voraussetzung für die Vermittlung von Verständnis ist. Die Gliederung gibt den gedanklichen Aufbau, die Struktur eines Lernstoffes, wieder und bereitet damit den Lernprozeß vor, der zum Beherrschen des Stoffes führt. Jetzt soll das Prinzip der Gliederung (Blockbildung) praktisch auf das strukturierende Lernen angewandt werden, mit dem Sie die Effektivität Ihres Lernprozesses erhöhen können. Der Einfachheit halber bleiben wir bei unserem Beispiel mit dem Fahrrad.

7.2.5 Analytische und synthetische Strukturierung

Wenn Sie anderen einen komplexen Sachverhalt erklären wollen, legen Sie fest, welche Teilziele Sie erreichen wollen und welcher Lernstoff für das Erreichen dieser Teilziele nötig ist.
Dazu führen Sie zunächst eine Analyse des Lernstoffs durch. Das geschieht in mehreren Schritten durch Aufteilung eines Kapitels in kleiner werdende Informationseinheiten:

1. Gliedern Sie komplexe Sachverhalte zunächst mit einer groben Gliederung in große **Informationsblöcke**. Übernehmen Sie dazu eine vorhandene Gliederung oder gliedern Sie selbst den Lernstoff, z. B. ein Kapitel, in Abschnitte. Sie schaffen sich mit diesem ersten Analyseschritt Teilaufgaben, die leichter zu bewältigen sind.

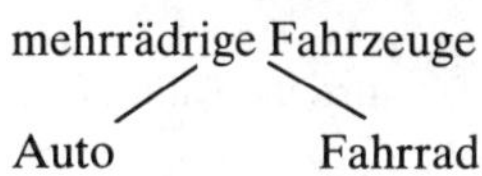

2. Teilen Sie dann weiter auf. Welche **Informationsgruppen** sind unter der Abschnittsüberschrift zusammengefaßt, welche Teilthemen lassen sich in einem Abschnitt unterscheiden?

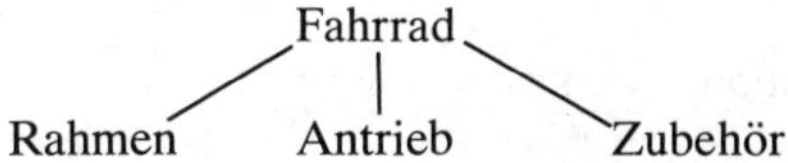

3. Gehen Sie dann beim Lernen dieser Informationsgruppen wiederum schrittweise vor. Als **Lernschritte** bezeichnen wir die nächst kleineren Lerneinheiten, z. B. die Schilderung von Rahmen und Sattel oder Kette, Rädern und Freilauf usw.
   Sie gliedern bei diesem 3. Analyseschritt die Teilaufgaben in kleine lernbare Lernschritte, die Sie in wenigen Minuten bewältigen können (etwa 1 bis 2 Absätze, deren Größe aber von der Schwierigkeit des Lernstoffs bzw. von den Voraussetzungen des Lernenden abhängt).
4. Unterstreichen Sie dann in einem 4. Analyseschritt die **Einzelinformationen**, die zu einem Lernschritt gehören.

Für das System mehrfarbiger Markierung, das wir Ihnen jetzt empfehlen wollen, können Sie vier Farben nach Ihrer Wahl benutzen. Wir schlagen Ihnen für die Unterstreichung der Einzelinformationen im 4. Analyseschritt schwarz (Bleistift oder Kugelschreiber) vor.
Als Beispiel gliedern wir drei Lernschritte zum Thema „Fahrrad" in Einzelinformationen auf.

Lernschritt 1 — Schlagwort: Rahmen (blau)

Einzelinformation über: Material — Stabilität — Klappmechanismus (schwarz)

Lernschritt 2 — Schlagwort: die Räder (blau)

Einzelinformation über: Reifen — Speichen — Felgen (schwarz)

Lernschritt 3 — Schlagwort: Gepäckträger (blau)

Einzelinformation über: Funktion — Preis — Zuverlässigkeit — Haltbarkeit (schwarz)

Alle Einzelinformationen liegen etwa auf derselben Abstraktionsstufe. Dasselbe gilt für die Oberbegriffe, die hier als Lernschritt 1, 2 und 3 aufgeführt wurden.
Selbstverständlich können Sie die jeweiligen Lernschritte kleiner oder größer wählen und auch die Einzelinformationen auf einer tieferen oder höheren Ebene ansetzen. Sie müssen nur die Gemeinsamkeiten auf einem gleichen Abstraktionsniveau berücksichtigen, z. B. liegen die Speichen nicht auf demselben Abstraktionsniveau wie das Laufwerk.
Und jetzt die Synthese mit Hilfe der Bildung von Oberbegriffen:
Beim **ersten Syntheseschritt** strukturieren Sie unterstrichene Einzelinformationen, d. h. Sie fassen zunächst die in einem Lernschritt enthaltenen Einzelinformationen in einem Oberbegriff zu einem **Lernschritt** zusammen. Falls Sie dafür im Lernstoff keine Hervorhebung als Sperrung oder Kursivsatz finden, sollten Sie den Oberbegriff selbst bilden und als Schlagwort für die untergeordneten Einzelinformationen dort am Rand vermerken, wo die Einzelinformationen beginnen. Mit der Benennung der Lernschritte bilden Sie ein Superzeichen erster Ordnung, Sie codieren die Einzelinformationen mit dem Superzeichen. Für die farbige Markierung der einzelnen Lernschritte empfehlen wir **blau**.
Im **zweiten Syntheseschritt** fassen Sie die blau markierten Lernschritte wiederum in übergeordnete **Informationsgruppen** oder Teilthemen zusammen, indem Sie für eine Gruppe von Lernschritten den entsprechenden Oberbegriff (z. B. als Zwischenüberschrift in den Abschnitten) suchen oder selbst bilden und im Text dort **grün** markieren oder an den Rand schreiben, wo ein Teilthema, eine Informationsgruppe beginnt.
Für den **dritten Syntheseschritt** finden Sie in Ihren Lehrbüchern wahrscheinlich **Abschnitts**überschriften, die Sie **rot** markieren, z. B. die Abschnittsüberschrift „Das Fahrrad“, das unter der übergeordneten Kapitelüberschrift „Ein- und zweirädrige Fahrzeuge“ seinen Platz findet. Farbige Markierungen der Kapitelüberschriften erscheinen uns überflüssig. Kapitelüberschriften spielen aber beim Aufbau eines Dezimalsystems, von dem noch die Rede sein wird, eine Rolle.
Die Syntheseschritte von Einzelinformationen bis zur Abschnittsüberschrift zeigt das Schema auf S. 124.

Codierung mit Hilfe der progressiven Abstraktion

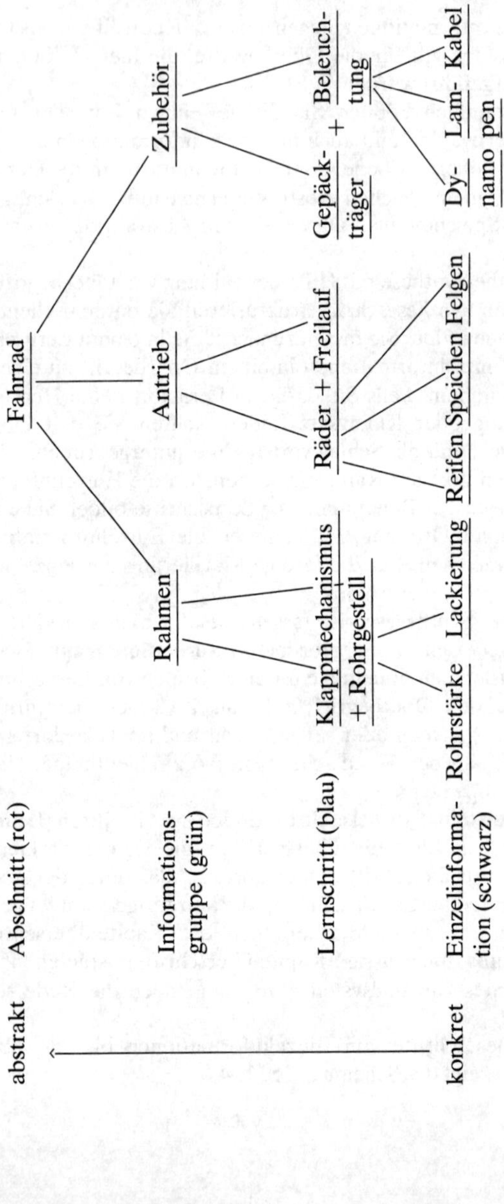

Wenn Sie noch einmal die Syntheseschritte zum strukturierenden Lernen überdenken, werden Sie feststellen, daß es sich dabei um nichts anderes handelt als um den Prozeß der progressiven Abstraktion.

System und Methode sind der Anfang aller Wissenschaft!

Fassen wir zusammen: Für die strukturierende Bearbeitung eines Themas benutzen wir

4 Analyseschritte:

1. Z. B. die Einteilung eines Kapitels in Abschnitte.
2. Die Unterteilung der Abschnitte in Informationsgruppen, z. B. die Zusammenfassung mehrerer Absätze.
3. Die Unterteilung der Informationsgruppen in Lernschritte, die als gedankliche Einheiten in wenigen Minuten zu bewältigen sind.
4. Das Aufsuchen und die Markierung der Einzelinformationen (schwarz).

Beispiel:

1.0 Analyseschritte beim strukturierenden Lernen

1.1 Schritte	1.2 Inhalt	1.3 Ziel
bedeuten	haben zum Ziel	
1.1.**1** Abschnitte	1.2.1 Grobgliederung	1.3.1 Schaffung von größeren Teilaufgaben
1.1.**2** Informationsgruppen	1.2.2 Teilthemen	1.3.2 Zusammenfassung von Lernschritten
1.1.**3** Lernschritte	1.2.3 Zusammenhängende Lerneinheiten	1.3.3 Als Einheiten lernbare Informationsmengen
1.1.**4** Einzelinformationen	1.2.4 Nicht weiter unterteilte Informationen	1.3.4 Detaildarstellung

3 Syntheseschritte:

1. Zusammenfassung der Einzelinformationen zu Lernschritten. Kennzeichnung durch schlagwortartige Oberbegriffe (Superzeichen). Markierung blau.
2. Zusammenfassung der Lernschritte in Informationsgruppen (Teilthemen). Ebenfalls Benennung mit Schlagworten, Markierung grün.
3. Unterteilung eines Kapitels durch Markierung der Abschnitte z.B. rot.

Mit der Strukturierung durch progressive Abstraktion schaffen Sie sich, ähnlich wie mit dem Grundschema, das Sie sich beim ersten Zugang zu einem neuen Thema schaffen, „Gedächtnisschubladen“, in denen Sie mit Hilfe übergeordneter Begriffe die jeweils untergeordnete Detaillierung dieser Oberbegriffe sinnvoll aufbewahren können, d. h. die Möglichkeit, komplette Sachverhalte in Denkkategorien zu speichern. Diese Strukturierung des Lernstoffs und damit auch unseres Gedächtnisses in überschaubare Blöcke hilft Ihnen, mit sparsamsten Mitteln Denk- und Gedächtnismodelle aufzubauen, die – und das ist für kommende Examina von entscheidender Bedeutung – mit Hilfe der jeweils übergeordneten Schlagworte abrufbar werden.

Beispiel:

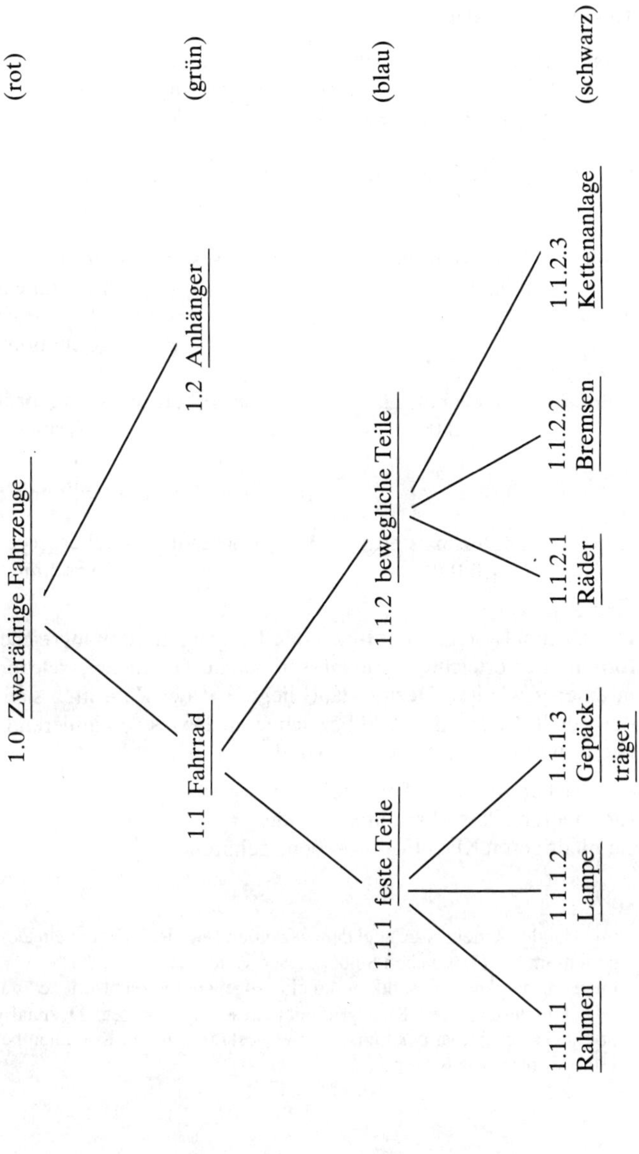
1.0 Zweirädrige Fahrzeuge
(rot)
1.1 Fahrrad
1.2 Anhänger
(grün)
1.1.1 feste Teile
1.1.2 bewegliche Teile
(blau)
1.1.1.1 Rahmen
1.1.1.2 Lampe
1.1.1.3 Gepäck-träger
1.1.2.1 Räder
1.1.2.2 Bremsen
1.1.2.3 Kettenanlage
(schwarz)

Das Dezimalsystem

Wie Sie aus dem vorangehenden Text entnommen haben, können Sie anstelle der farbigen Markierung die Analyse- bzw. Synthesestufen auch mit einem Dezimalsystem kennzeichnen.

schwarz	4. Dezimalstelle 0.0.0.1		= Einzelinformation
blau	3. Dezimalstelle 0.0.1.0	= 1. Synthesestufe	= in Lernschritten zusammengestellte Einzelinformation
grün	2. Dezimalstelle 0.1.0.0	= 2. Synthesestufe	= übergeordnete Informationsgruppen, Teilthemen
rot	1. Dezimalstelle 1.0.0.0	= 3. Synthesestufe	= übergeordnete Abschnitte usw.

Das Dezimalsystem kann Ihnen den Umgang mit umfangreichen Informationen erleichtern. Sie müssen sich nur überlegen, welcher Sinn in einer gewählten Dezimalzahl[1] liegt. Mit der Zahl muß sich auch der Inhalt des mit der Zahl bezeichneten Textes von anderen klassifizierten Inhalten unterscheiden und

zur gleichen Klassifikationsebene bzw.
zur höheren Klassifikationsebene oder
zur niedrigeren Klassifikationsebene gehören.

---

[1] Im Grunde handelt es sich bei dem gezeigten Beispiel nicht um ein Dezimalsystem im herkömmlichen Sinne, dessen Kolonnen immer nur von 0–9 benutzt werden können, sondern um eine sogenannte „rechtsoffene“ numerische Gliederung. Der Kunstgriff, der dieses System dem Dezimalsystem überlegen macht, ist der Punkt, der es gestattet, in den Kolonnen beliebig große Zahlen einzusetzen.

Im Strukturschema kann der Zusammenhang wie folgt dargestellt werden:

- 1.0 Festland
  - 1.1 Fauna
  - 1.2 Flora
    - 1.2.1 Sträucher
    - 1.2.2 Bäume
      - 1.2.2.1 Nadelb.
      - 1.2.2.2 Laubb.
        - 1.2.2.2.1 Buche
        - 1.2.2.2.2 Eiche

Am Beispiel der Bäume stehen also 1.2.2.1 Nadelbäume und 1.2.2.2 Laubbäume auf gleicher Abstraktionsebene, 1.2.2.2.1 Buche und 1.2.2.2.2 Eiche auf niedrigerer Abstraktionsebene als Laubbäume.

Verwechseln Sie nicht die Bedeutung zwischen numerischer Klassifikation und bloßer sequentieller Aneinanderreihung (1, 2, 3, 4......).
In den seltensten Fällen finden Sie in Ihren Lehrbüchern eine Dezimalklassifikation des Lernstoffes; ihr Anlegen ist eine einfache Form aktiver Auseinandersetzung mit dem Stoff, selbständiges Handeln! Sie strukturieren Ihren Stoff, Sie werden sich klar darüber, in welcher Beziehung die angebotenen Informationen nicht nur „wie gedruckt" nebeneinander, sondern wie sie zueinander stehen, was zu den einzelnen Informationsebenen gehört. Sie sammeln nicht wahllos Daten, sondern klassifizieren sie, Sie schaffen sich Kategorien, Schubfächer, Ordnung.
Wenn Sie ein Lehrbuch lesen, fällt es Ihnen schwer, Wesentliches von Unwesentlichem zu unterscheiden, weil Sie keinen Maßstab besitzen. Mit dem Dezimalsystem schaffen Sie sich mindestens einen formalen Maßstab und eine durchgehende Kennzeichnung für Informationen, die „wichtig" oder von „niedrigerer bzw. nachgeordneter Bedeutung" sind.
Man könnte zu dem Schluß kommen, daß es müßig sei, zunächst eine Sache auseinanderzunehmen, um sie dann wieder in sinnvollen Blök-

ken zusammenzusetzen. Aber die Funktionszusammenhänge in einem Wecker oder Motor verstehen Sie auch erst dann durch und durch, wenn Sie ihn auseinandergenommen und wieder zusammengesetzt haben. Beide Vorgänge zusammen – Analyse und Synthese – schaffen erst wirkliche Einsicht.

Strukturierendes Lernen heißt sinnvolle Gefüge durchschauen, die den Einzelinformationen ihren Stellenwert, ihren Sinn im größeren Zusammenhang geben.

Als Methode des strukturierenden Lernens haben wir die progressive Abstraktion kennengelernt. Ihr Hilfsmittel ist die Codierung mit Superzeichen.

7.2.6 Lernplateaus als Zeichen der Strukturierung

Lassen Sie uns abschließend noch auf eine Besonderheit des strukturierenden Lernens hinweisen, deren Kenntnis Ihnen hilft, sogenannte „Durststrecken des Lernens" zu überwinden.

Klassische Beispiele für die Erläuterung von **Lernplateaus** sind Funker oder Schüler, die eine Fremdsprache lernen. Nach einer gewissen Lernzeit haben beide das Gefühl, daß sie nicht mehr vorwärtskommen. Ihre Lernkurve steigt nicht mehr an. In der Fachsprache sagt man, sie haben ein Lernplateau. Das ist eine Lernphase, in der es Ihnen schwerfallen wird, sich an Erfolgserlebnissen selbst zu motivieren, aber auch eine Phase, die den sprunghaften Lernfortschritt ankündigt.

Wenn dieses erste Lernplateau überwunden ist, berichtet der Funker, daß er plötzlich nicht mehr einzelne Punkte und Striche hört bzw. gibt, sondern zusammenhängende Morsezeichen. Aus den einzelnen Bestandteilen des Morsezeichens (Strichen und Punkten), zum Beispiel für L Punkt, Strich, Punkt, Punkt, wird eine geschlossene Zeicheneinheit: . - . . ——> .-..

Nach einem zweiten Plateau geht der Funker dann von Zeicheneinheiten zu ganzen Wörtern über, die er in Morsezeichen als Wortgestalten „gibt" bzw. „hört" und die sich als geschlossene Gestalten durch Pausen deutlich im gesamten Text herausheben, zum Beispiel:

```
-..   .   .-.          --   .-   -.   -.
 D    e    r            M    a    n    n

 ..  ...   -            -   ---   -
 i    s    t            t    o    t
```

Ein weiteres Beispiel:

Der Schüler lernt zunächst, den Gehalt einzelner Begriffe zu erfassen und mit wenig Grammatik diese Begriffe zu verwenden.	z. B. blackboard = black + Zeichen board, to clean = reinigen; please = bitte
Nach dem 1. Lernplateau werden es kurze Redewendungen	z. B. to clean the blackboard
Nach dem 2. Lernplateau werden die Redewendungen in ganze Sätze umgebaut	z. B. George, please clean the blackboard

Lernplateaus sind ein Zeichen dafür, daß sich der Lernvorgang auf eine höhere Ebene verlagert, von Details zu Blöcken, zu Superzeichen, daß der Lernende immer größer werdende Blöcke memorieren bzw. wiedergeben kann, indem er den aufzunehmenden Lernstoff in immer größer werdenden Zusammenhängen strukturiert.
Lassen Sie sich also durch Plateaus nicht entmutigen. Unterscheiden Sie aber die Plateaubildung **trotz** weiteren Lernens von der Plateaubildung **ohne** weiteres Lernen. Die zweite Form wird schnell zur schiefen Ebene.

7.2.7 Drei Strukturierungsmethoden

Bei allen drei Formen des strukturierenden Lernens, die wir jetzt beschreiben wollen, gewinnen Sie Zusammenhangsverständnis,

1. indem Sie Blöcke bilden,
2. indem Sie Gemeinsamkeiten der Einzelinformationen für die Bildung von Superzeichen benutzen und

3. indem Sie logische Beziehungen, die zwischen den einzelnen Informationen bestehen, für die Strukturierung Ihres Lernprozesses verwenden.

Versuchen wir, am Beispiel des Fahrrades den Unterschied zwischen den drei Formen der Strukturierung herauszuarbeiten.

Mit der einfachsten Stufe strukturierenden Lernens, der **formalen Strukturierung,** können Sie mit extrinsischen Kategorien, z. B. nach alphabetischen oder graphischen Gesichtspunkten, Einzelteile in Blöcken anordnen.

Rahmen	Sattel	Lager
Räder	Speichen	Lenkstange
Rücktritt	Stütze	Lampe

Bereits mit dieser formalen Blockbildung lernen Sie effektiver.

Auf der zweiten Ebene der Strukturierung benutzen Sie für die Gliederung Superzeichen, die aus dem Stoff abzuleiten sind. Deshalb spricht man von **inhaltlicher Strukturierung,** z. B.

Metallteile	**Gummiteile**
Rahmen	Decken
Lenkstange	Schläuche
Felge	Handgriffe

Logische Zusammenhänge durchschauen Sie dagegen erst bei der **funktionalen Strukturierung,** wenn Sie z. B. die Frage stellen, welchem Zweck die Teile des Fahrrades dienen, was Ursache oder Wirkung ist, was man mit welchen Mitteln erreichen kann usw. Am Beispiel des Fahrrades ist das Durchschauen von Funktionszusammenhängen aus den für die Blöcke gewählten Superzeichen abzuleiten.

Tretwerk	oder	**Beleuchtung**
Pedale		Dynamo
Kettenrad		Lampe
Kette		Rücklicht
Hinterrad		usw.

Noch ein Beispiel aus der Medizin, mit dem assoziatives, aneinanderreihendes Lernen dem strukturierenden Lernen in seinen drei Formen – formale Strukturierung, inhaltliche Strukturierung und funktionale Strukturierung – gegenübergestellt wird.

Assoziative Reihung

Durch häufige Wiederholung „lernt" ein Medizinstudent z. B. die Namen der Thesaurismosen: Die hepato-lentikuläre Degeneration (Morbus Wilson), die Hämochromatose (von Recklinghausen), die Zerebrosidose (Morbus Gaucher), die Glykogenspeicherkrankheit (Morbus Gierke), die Sphingomyelinose (Niemann-Pick) und die Cholesterinspeicherkrankheit (Schüller-Christian-Hand).
Die erste Erleichterung beim Lernen dieser Begriffe schafft er sich durch formale Strukturierung und gruppiert die Thesaurismosen in einer graphischen Blockbildung etwa folgendermaßen:

Formale Strukturierung

Hepato-lentikuläre Degeneration	Morbus Wilson
Hämochromatose	von Recklinghausen
Zerebrosidose	Morbus Gaucher
Glykogenspeicherkrankheit	Morbus Gierke
Sphingomyelinose	Niemann-Pick
Cholesterinspeicherkrankheit	Schüller-Christian-Hand

Die Bildung von Oberbegriffen erleichtert dem Studenten dann das Verständnis mehr substantieller (inhaltlicher) Zusammenhänge. Hier bietet sich als Superzeichen für die Einteilung der Speicherkrankheiten die Hervorhebung der gestörten Stoffwechselbereiche an, z. B.

Inhaltliche Strukturierung

1. Störungen des **Kohlenhydratstoffwechsels** (Glykogenosen)
   Glykogenspeicherkrankheit (Morbus Gierke)
2. Störungen des **Fettstoffwechsels** (Lipoidosen)
   Cholesterinspeicherkrankheit (Schüller-Christian-Hand)

Zerebrosidose (Morbus Gaucher)
Sphingomyelinose (Niemann-Pick)

3. Störungen des **Metallstoffwechsels**
   Hämochromatose (von Recklinghausen) als Störung des Eisenstoffwechsels
   hepato-lentikuläre Degeneration (Morbus Wilson) als Störung des Kupferstoffwechsels.

Funktionale Strukturierung

Durchschauendes Lernen bedeutet schließlich für unser Beispiel, mit Hilfe des Wissens um Krankheitsursachen (Ätiologie) die funktionalen Folgen (Pathophysiologie) erklären können. So führt bei der hepatischen Form der Glykogenose der gestörte Glykogenabbau durch angeborenen Mangel an Glukose-6-Phosphatase zu Glykogenablagerungen in der Leber und zum Symptom der Lebervergrößerung.
Erst wenn der Student die Ursache und den Entstehungsmechanismus der hepatischen Form der Glykogenose durchschaut, kann er formulieren „... führen zu Glykogenablagerungen in der Leber und deshalb zu Funktionsausfällen und zur Lebervergrößerung."

Die Darstellung der Lernformen in der Reihenfolge vom schlichtesten bis zum kompliziertesten Lernen soll nicht bedeuten, daß jeder Lernprozeß alle genannten Stufen durchlaufen muß. Manches Kind schaut dem Kind des Nachbarn eine Weile beim Radfahren zu und „macht es dann einfach nach". Wir wollen nicht analysieren, welche Lernvorgänge im einzelnen beim Zuschauen mitgespielt haben, wollen aber doch für Ihr tieferes Verständnis die Fragen aufwerfen, ob das Kind allein aufgrund zuschauenden Lernens auch die entzweigegangene Gangschaltung reparieren kann, ob Medizinstudenten allein durch Zuschauen das selbständige Untersuchen oder Behandeln eines Patienten lernen.

7.3 Durchschauendes und entdeckendes Lernen

Sicher gehört zum durchschauenden Verstehen das Wissen um bestimmte Fakten. Durchschauen ist aber nicht ausschließlich das Ergebnis zunehmender und kontinuierlicher Anreicherung von Informationen. Vielmehr tritt Durchschauen und damit begreifendes Verstehen plötzlich auf. Sie haben sicher schon von den Versuchen gehört, die Köhler mit Affen angestellt hat.[1]
Das durchschauende Verstehen des Affen, das er zeigt, wenn er Kisten aufeinanderstellt oder zwei Stangen zusammensetzt, um an die Banane heranzukommen, die außerhalb des Käfigs aufgehängt war, trat plötzlich ein. Sie erinnern sich auch an das Kinderspiel, dem anderen wiederholt ein Bild nur ganz kurz zu zeigen und zu fragen, was er gesehen hat. Jede Einzeldarbietung ist dann nur so kurz, daß der Betrachter zunächst glaubt, er sähe überhaupt nichts Sinnvolles, aber dann plötzlich beim fünften oder sechsten Hinschauen kommt das „Aha-Erlebnis“. Seit Sander sprechen Psychologen von der „Aktualgenese“ für die Entstehung strukturierter Wahrnehmungen aus zunächst ungeordneten Empfindungen. Ähnlich entsteht durchschauendes Lernen in „Lernsprüngen“.
Der Lernende lernt zunächst einzelne Fakten eines Problems kennen: Er sammelt Informationen. Dann versucht er, diese Einzelerfahrungen zusammenzubauen, sie in einer sinnvollen Struktur anzuordnen. Dazu fügt er den einzelnen Fakten etwas hinzu: Eine Hypothese über mögliche Zusammenhänge dieser Fakten. Je nachdem, ob diese Hypothese stimmt, wird die Struktur verworfen oder als brauchbar erkannt. Es entsteht der Lernsprung, die Einsicht in einen Zusammenhang.
Im Vergleich mit dem passiven Lernen durch Wiederholen ist das Besondere am strukturierenden Lernen die aktive eigene Entwicklung von Hypothesen (Vermutungen), mit denen Zusammengehöriges bzw. Zusammenhängendes überprüft und durchschaut wird. Der Begriff „Durchschauen“ zeigt eindrucksvoll den Sachverhalt, um den es bei der Tätigkeit geht, mit der wir Einsicht gewinnen.
Fassen wir noch einmal zusammen: Schon durch das Bilden von

[1] Köhler, W.: Intelligenzprüfungen an Menschenaffen. 2. Aufl., Berlin 1921.

Blöcken entstehen Lernplateaus. Wir finden sie beim Bilden von Superzeichen und beim durchschauenden Lernen wieder. Treten beim assoziierenden Auswendiglernen durch Wiederholung Lernplateaus auf, so ist das ein Zeichen für etwas zu diesem Lernniveau neu Hinzugekommenes. Das Lernplateau ist dann auch beim bloßen assoziativen Lernen durch Repetition Ausdruck zunehmender Strukturierung, die auf dieser Stufe auftreten **kann**.
Dagegen ist bei der extrinsischen Strukturierung durch Blockbildung, bei der substantiellen Strukturierung durch Bildung von Superzeichen und bei der funktionalen Strukturierung, dem durchschauenden Verstehen von Zusammenhängen, der Lernsprung **die** Form des Lernfortschrittes, die uns den Fortschritt überhaupt erst erkennen läßt: „Plötzlich ist uns etwas klargeworden, plötzlich gewinnen wir eine Einsicht."

Aufgabe 53

Überdenken Sie noch einmal, was Sie der Sammlung von Einzelinformationen für das durchschauende Strukturieren hinzufügen müssen.

____

Aufgabe 54

Schlagen Sie zurück zu Aufg. 52 auf S. 120 und formulieren Sie ein ähnliches Beispiel. Ordnen Sie dann schriftlich die Einzelinformationen, die Sie vermitteln wollen, im Sinne der progressiven Abstraktion (s. S. 124).

Aufgabe 55

Nennen Sie die drei Formen der Strukturierung, für die das Lernplateau **die** Form des Lernfortschritts ist, und geben Sie eine stichwortartige Erklärung.

__________ ____________________

__________ ____________________

__________ ____________________

Da es für viele komplexe Informationen auch viele Zusammenhänge und ebensoviele mögliche Einsichten in diese Zusammenhänge gibt, arbeitet das menschliche Gehirn nach einem Ökonomieprinzip. Wir suchen mit einem „Filter" die jeweils einfachsten Erklärungen für Zusammenhänge. Suchen Sie deshalb beim Lernen von Zusammenhängen bewußt nach der einfachsten Klärungsmöglichkeit. Wie kann man dabei praktisch vorgehen?

1. Versuchen Sie, zunächst die ganz konkrete Situation oder Handlung, z. B. das Versagen eines Motors, so vollständig wie möglich zu erfassen.
2. Versuchen Sie dann, vom konkreten Fall zu abstrahieren und Teilzusammenhänge zwischen einzelnen Symptomen, die auf das Versagen hinweisen, und Funktionsveränderungen festzustellen, d. h. Sie bilden Teilhypothesen.
3. Suchen Sie auf der dritten Stufe den Zusammenhang zwischen allen Teilbefunden. Versuchen Sie, die erfahrenen Daten mit einer Hypothese zu ordnen, zum Beispiel, indem Sie das immer länger werdende Aussetzen des Motors mit der Störung „defekte Benzinpumpe" vergleichen.

Wenn Sie dann etwas über „Pkw-Störungen" lernen, werden Sie nicht jede Störung an Ihrem Wagen erleben, aber es wird Ihnen sehr viel leichter fallen, einzelne Störungen zu verstehen, wenn Sie sie aus der eigenen Erfahrung mit dem konkreten Fall ableiten können. Daraus ergibt sich für Sie eine lernpsychologische Folgerung:

Der Versuch, Ihr Verständnis für Zusammenhänge vom konkreten, anschaulichen Fall her aufzubauen, erleichtert das Durchschauen von Zusammenhängen, das Verständnis für Ihren Lernstoff.

Suchen Sie also beim Lernen von Zusammenhängen nach praktischen und anschaulichen Situationen, mit denen Sie übergeordnete Regeln vergleichen können. Oft wird es Ihnen gelingen, aus konkreten Studiengegenständen Einsichten oder Regeln selbst abzuleiten. Sie vollziehen damit den Forschungs- oder Entdeckungsvorgang nach, der zu dieser Regel geführt hat. Man nennt diese Lernform **Entdeckendes Lernen**.

Der Begriff ist in unterschiedlicher Form definiert worden. Ausubel legt fest, daß der „prinzipielle Inhalt dessen, was gelernt werden soll, nicht angeboten wird", Bruner definiert dagegen entdeckendes Lernen als „ein Neuanordnen oder Umordnen von Informationen,

das den Lernenden befähigt, über die erhaltenen Informationen hinaus zu neuen Einsichten zu kommen."
In Anlehnung an Ballew und Zubulake definieren wir entdeckendes Lernen als eine Lernform, bei der der Lernende Informationen in einer bestimmten Form ordnet (= strukturiert), mit Hilfe dieser Strukturierung über die angebotenen Informationen hinaus neue Einsichten gewinnt und damit ohne unmittelbare Hilfe eines Lehrenden Probleme löst. Die Aufgabe des Lehrenden besteht in der Schaffung einer Atmosphäre intellektueller Neugier, die dazu führt, daß der Student sinnvolle Zusammenhänge (Strukturen) entdeckt.

Beispiel: Ein Student wird aufgefordert, die Definition für zwei Begriffe in einem Lexikon nachzuschlagen, in dem sie ohne Bezugnahme aufeinander definiert sind. Die lexikalische Information ist noch kein entdeckendes Lernen. Erst die Aufforderung, den Zusammenhang zwischen den beiden Begriffen selbständig zu finden, führt dazu, daß der Lernende die beiden Begriffe unter verschiedenen Aspekten betrachtet und schließlich durch den Vergleich (Identität und Nicht-Identität der Aspekte) übergeordnete Zusammenhänge erkennt, die in den lexikalischen Informationen selbst nicht enthalten waren.
Regeln, die Sie selbst aus anschaulichen Erfahrungen ableiten können, bieten Ihnen nicht nur mehr Einsicht in Zusammenhänge, sondern bleiben auch besser im Gedächtnis haften. Entdeckendes Lernen heißt letztlich nichts anderes, als immer wieder Hypothesen zu entwickeln, mit denen wir uns in unserer Welt und unserer Wissenschaft zurechtfinden können. Erleichtert wird diese Suche nach Einsicht und Verständnis durch die Übertragung aus ähnlichen Bereichen auf neue Probleme. Die Übertragung von Erfahrungen und Regeln kann man dadurch üben, daß man sich bei jedem neuen Problem nicht sofort fremde Erfahrungen anbieten läßt, sondern selbst überlegt, welche Lösungsmöglichkeiten aus anderen Bereichen man auf das Problem übertragen kann. Je mehr Einfälle (Hypothesen) Sie selbst zur Lösung eines Problems entwickeln, desto kreativer arbeiten Sie.
Lassen Sie sich aber bei diesem Vorgehen nicht zu dem Fehlschluß verleiten, daß Regeln oder gar „Gesetze" letzte Weisheiten unserer Wissenschaft sind, sondern berücksichtigen Sie das Sprichwort „Die

Weisheit von heute ist der Irrtum von morgen". Kritisch studieren heißt auch, sogenanntes sicheres Wissen und eigene Regeln, die man aufgestellt hat, immer wieder in Frage zu stellen. Der wissenschaftstheoretische Ansatz von Popper sollte Ihnen dabei als Wegweiser dienen:

Es gibt keine absolut gültigen empirischen Erkenntnisse, weil mit den Mitteln der Erfahrung nichts „bewiesen" werden kann. Ihr Anliegen sollte es aber sein, fremde und eigene Hypothesen immer wieder auf ihre Gültigkeit zu **prüfen**.

Verfolgen wir unsere Gedanken zum strukturierenden Lernen rückwärts, so ist im Gegensatz zum Lernen von Einzelelementen durch Wiederholung jede der drei Formen des strukturierenden Lernens – formale, inhaltliche und funktionale Strukturierung – eine aktive Auseinandersetzung mit dem Lernstoff. Aber übersehen Sie bei Ihren Bemühungen um höhere Lernformen nicht, daß man beim selbständigen Strukturieren nicht ganz ohne Fakten auskommt, die man auf der primitivsten Stufe wie Vokabeln durch Wiederholung lernt.

Hier scheint uns eine **Zusammenfassung der drei Formen strukturierenden Lernens** angebracht:

- die formale Strukturierung mit Hilfe extrinsischer Kategorien,
- die inhaltliche Strukturierung, die aus dem Stoff abzuleiten ist und mit Hilfe von Superzeichen erfolgt,
- die funktionale Strukturierung, mit der Sie z. B. kausale Zusammenhänge für Ihren Lernprozeß nutzen.

Vom assoziativen Lernen durch Repetieren unterscheidet sich strukturierendes Lernen dadurch, daß der Lernende plötzliche Einsicht in strukturelle Zusammenhänge gewinnt, was mit einem „Aha-Erlebnis" einhergehen kann.

Lernsprünge nach sogenannten Lernplateaus können beim repetierenden (assoziierenden) Lernen vorkommen, sind dann aber Zeichen von Strukturierungsvorgängen, die bereits innerhalb der vorangehenden Lernphase stattgefunden haben. Beim strukturierenden Lernen erfolgt der Lernsprung als **der** Lernfortschritt nach dem Alles-oder-Nichts-Prinzip. Grundlage der Lernsprünge als Zeichen des Lernfortschritts ist die aktive Bildung von Hypothesen durch den Lernenden, deren Richtigkeit sich dann „plötzlich" erweist, Sie haben den Zusammenhang erkannt, eine Regel verstanden.

Versuchen Sie, Regeln, Einsichten und durchschauendes Verständnis aus konkreten Erfahrungen abzuleiten oder mit konkreten Inhalten zu veranschaulichen.
Untersuchen Sie Regeln und Einsichten sowohl auf ihre Gültigkeit als auch auf ihre Einfachheit. Die **einfachste** Regel ist immer die beste Regel.

Gruppenarbeit

Aufgabe P, Q, R, S, T

P: Gehen Sie bitte gemeinsam kritisch die Aufgaben 46 und 47 durch. Wie bewerten Sie in der Gruppe die Durchführung dieses Versuches für Ihr Verständnis des strukturierenden Lernens?

Q: Versuchen Sie, zu einem gemeinsamen Studienfach ein Grundschema nach den Informationen des Großen Brockhaus oder eines ähnlichen Lexikons zu erarbeiten. Stimmen Sie Ihre Lösungen untereinander ab und erweitern Sie dann dieses Grundschema mit Hilfe des Inhaltsverzeichnisses eines gängigen Lehrbuches zu einem Raster.

R: Vergleichen Sie die Ergebnisse zu den Aufgaben 48 bis 51 untereinander und formulieren Sie für die Gruppe verbindliche Lösungen.

S: Stimmen Sie zu Aufgabe 52 die Gliederungsgesichtspunkte ab, die Sie benutzen wollen, um die Funktionen eines Fahrrades zu erklären. Formulieren Sie dann gemeinsam die gedankliche Verbindung zwischen Gliederung, Zusammenhangsverständnis und strukturierendem Lernen.

T: Jeder Teilnehmer trägt die Strukturierung seines Beispieles aus Aufg. 54 mit Stichworten und Dezimalzahlen den Gruppenmitgliedern vor. Eine Kopie der Codierung für jeden Teilnehmer dient als Hilfe.

Tragen Sie sich gegenseitig Ihre Strukturierung vor und stellen Sie den anderen Teilnehmern Fragen, mit denen Sie feststellen können, ob sie Ihre Strukturierung verstanden haben. Damit üben Sie das Feststellen des Lernerfolgs für die Prüfungsvorbereitung.

Der rote Faden 7

Mit einer Definition für das Lernen ausgerüstet, haben Sie psychologische Voraussetzungen effektiven Lernens kennengelernt und sich über Vorteile und Organisationsformen der Gruppenarbeit informiert.
Das Einarbeiten in ein neues Thema stand bereits in unmittelbarem Zusammenhang mit Ihrem Studium. In diesem Kapitel haben Sie sich mit Lernformen auseinandergesetzt, die gewiß nicht völlig Neues boten, die Sie aber bisher nicht bewußt und zielgerichtet für Ihre Studienzwecke einsetzen konnten. Es handelt sich um

- Orientierendes Lernen zum Schaffen einer Übersicht für den Anfänger und die selektive Information, mit deren Hilfe aus einem Grundschema ein persönlicher Raster wird, und um
- strukturierendes Lernen, das Sie seit der Schulzeit für Aufsatzgliederungen kennen, aber dessen weiterreichende Bedeutung Sie hier aus dem praktischen Versuch selbst ableiten konnten.

Mit den gewonnenen Einsichten können Sie sich unter Zuhilfenahme von vertikaler, horizontaler Gliederung und Superzeichen das Lernen leichter machen. Die systematische Strukturierung mit vier

Analyse- und drei Syntheseschritten wird Ihnen helfen, auch „dicke Lehrbücher“ Ihrem Gedächtnis einzuverleiben.
Schließlich haben Sie den Lernsprung (das Lernplateau) als die Form des Fortschrittes beim strukturierenden Lernen erkannt und sehen seine drei Formen – formale, inhaltliche und funktionale Strukturierung – als Vorstufen des durchschauenden Lernens mit Hilfe eigener Hypothesenbildung. In der höchsten Stufe führt dann das entdeckende Lernen zum selbständigen Ableiten verallgemeinernder Regeln.

8. Kapitel: Lernplanung als gezielte Prüfungsvorbereitung

8.1 Regeln für die allgemeine Lernplanung; 8.2 Was, wie, wann wird geprüft?; 8.3 Grundsätze für die praktische Prüfungsvorbereitung; 8.4 Durchführung der Prüfungsvorbereitung.

Lernziele

In diesem Kapitel werden Sie
- allgemeine Regeln für die Lernplanung über Ziele, Zielweg und Selbstkontrollen auf die Prüfungsvorbereitung übertragen und
- Antworten auf die Fragen

  Was wird geprüft?
  Wie wird geprüft?
  Wann wird geprüft?

  als Entscheidungshilfen für die Prüfungsvorbereitung benutzen.
- Außerdem werden Sie lernen, wie man die unmittelbare Prüfungsvorbereitung sinnvoll in sieben Phasen durchführt und
- wie man viele Detailinformationen mit Hilfe des Dezimalsystems ordnen kann.

Nur sehr wenige Menschen lernen planlos am besten. Meist ist geplantes Vorgehen die Voraussetzung für langfristiges, effektives Lernen. Unumgänglich wird die Planung für eine gezielte Examensvorbereitung.

8.1 Für jede allgemeine Lernplanung gelten drei Regeln:

Das Ziel muß ganz deutlich werden (**Zielplanung**).
Der Weg zum Ziel muß aufgeteilt werden (**Stoffverteilungsplan**).
Teilerfolge auf dem Weg zum Ziel müssen sichtbar werden (**Selbstkontrolle**).

8.1.1 Deutliche Ziele

Die Ziele, die Sie sich stecken, müssen **Sie** möglichst konkret, erreichbar und verbindlich machen.
„Konkret" heißt: Ihre Ziele müssen als operational definierte Lernziele mit Verben formuliert sein, die Handlungen ausdrücken, z. B. lesen, durcharbeiten, einprägen, vertiefen, wiederholen, kontrollieren usw.
„Erreichbar" ist hier gemeint in Relation zum vorgesehenen Lernen und zu der Zeit, die noch zur Verfügung steht, sowie zu dem Stoff, den Sie bewältigen müssen.
„Verbindlich" sollen die gesteckten Ziele in erster Linie für Sie selbst sein, d. h. Sie müssen entschlossen sein, die gesteckten Ziele zu erreichen.
Fernziele und Nahziele während Ihres Studiums helfen Ihnen nur dann, wenn Sie sie deutlich vor Augen haben. Legen Sie deshalb Ihre Ziele schriftlich fest. Für diesen Zielplan sollten Sie sich einen geeigneten Platz auf dem Schreibtisch oder auch an der Tapete suchen. Markieren Sie Teilziele, die Sie erreicht haben. Kaum etwas anderes macht während Ihres Studiums so viel Spaß wie das Abhaken erreichter Ziele.

8.1.2 Einteilung des Weges

Es liegt in der Natur der Sache, daß nicht jeder Lernstoff für den Lernenden überschaubar ist, sondern daß ihn die Fülle der Informationen verwirrt. Es gilt also, von Ihrem Grundschema zu einem persönlichen Raster zu kommen, Wesentliches und Unwesentliches zu trennen, Übergeordnetes und Untergeordnetes in die richtige Ordnung zu bringen und dabei die Lernschritte so zu wählen, daß Sie sich weder über- noch unterfordern. Zu diesem Zweck machen Sie sich einen **Stoffverteilungsplan**. Die Aufteilung des Lernstoffs in lernbare Abschnitte hat für das Arbeiten nach dem Plan nur dann einen Sinn, wenn sie mit vorgegebenen Terminen erfolgt.
Berücksichtigen Sie bei der Terminplanung, daß Ihre Motivation nur gestärkt wird, wenn Sie erreichen, was Sie sich vorgenommen haben. Dagegen wird es Sie eher deprimieren, wenn Sie etwas, was

Sie erreichen wollten, nicht schaffen, wenn Sie sich also überfordern. Über zuviel oder zuwenig können Sie aber erst entscheiden, wenn Sie sich durch Gliederung einen Überblick über den Lernstoff verschafft haben, den Sie zum Beispiel bis zum Physikum zu bewältigen haben. Grundsätzlich kommt es darauf an, daß Sie sich nicht von einer Überfülle an Lernstoff durch das Studium jagen lassen, sondern daß Sie den Lehrstoff in den Griff bekommen. Ohne Planung ist das ein aussichtsloses Vorhaben, und Sie werden zum Sklaven dicker, aber ungelesener Bücher.

8.1.3 Teilerfolge sichtbar machen

Auf die dritte Regel zur Lernplanung, die **Selbstkontrolle**, sind wir schon mit den Hinweisen auf die Bedeutung der Erfolgserlebnisse für die Selbstmotivation eingegangen; wir werden Techniken der Selbstkontrolle ausführlicher unter „Prüfungsvorbereitungen – Phase der Selbstkontrolle“ darstellen.
Meist fallen die Phasen intensiven Lernens während Ihres Studiums mit der unmittelbaren Prüfungsvorbereitung zusammen. Deshalb schildern wir das detaillierte Vorgehen beim geplanten Lernen im größeren Zusammenhang mit der Prüfungsvorbereitung.
Diese drei allgemeinen Regeln für die Lernplanung sind gleichzeitig die allgemeinen Regeln für die Prüfungsvorbereitung.

Aufgabe 56

Nennen Sie mit drei Schlagwörtern die Regeln, die für die Lernplanung gelten, und geben Sie eine kurze eigene Erläuterung. Die Reihenfolge spielt dabei keine Rolle.

____________	____________
____________	____________
____________	____________

8.2 Klarheit über die Prüfung

Zwischenprüfungen zur Selbstkontrolle Ihres Lernerfolges sind für Sie längst nichts Neues mehr und auch keineswegs etwas, wovor man sich fürchten muß. Im Gegenteil: Sie haben es schon erfahren, Erfolg ist die Voraussetzung dafür, daß Lernen Spaß macht, daß Lernerfolg motiviert, man braucht ihn nur zu suchen. Prüfungen durch andere (Fremdprüfungen) kann man mit Selbstkontrollen üben und damit die Angst vor Fremdprüfungen überwinden.

Wirkungsvolle Prüfungsvorbereitungen bestehen allerdings nicht etwa in sturem Pauken. Das Feld jedes heutigen Studienfaches ist viel zu weit, als daß Sie es mit kurzfristigem Auswendiglernen bewältigen könnten. Sie müssen sich also langfristig auf Ihr Examen vorbereiten, d. h. Sie müssen Ihre Prüfungen planen.

Als Voraussetzung für jede gezielte Prüfungsplanung müssen Sie sich über drei Fragen Klarheit verschaffen:

Was wird geprüft? Lernziele, Lernstoff nach Inhalt und Umfang werden mindestens zum Teil während des Studiums bekanntgegeben. (8.2.1)

Wie wird geprüft? Mündlich, schriftliche Multiple-Choice-Fragen, am Krankenbett usw. Das erfahren Sie aus der Prüfungsordnung. (8.2.2)

Wann wird geprüft? Den Prüfungstermin können Sie aus dem Vorlesungsverzeichnis entnehmen oder beim Vorsitzenden der Prüfungskommission erfragen. (8.2.3)

Der folgende Text soll zur Beantwortung dieser drei Fragen beitragen.

8.2.1 Was wird geprüft?

8.2.1.1 Schriftliches Material

8.2.1.1.1 Wenn auch in den **gängigen Lehrbüchern**[1] die Lernziele nicht definiert sind, so finden Sie doch dort mindestens den Stoff, der für das jeweilige Fach von Bedeutung ist. Bei der Wahl der Bücher sollten Sie an die Empfehlung denken: vom Leichten zum Schweren! D. h. zunächst eine Einführung für den Überblick und dann die „dicken Bücher".

8.2.1.1.2 (Vorlesungs-)**Skripten** werden in zunehmendem Umfang herausgegeben. Sie sind nicht immer eine Garantie für die Qualität des Stoffes und seine Anordnung, auch nicht für die verbindliche Auswahl des Wesentlichen.

8.2.1.1.3 **Basistexte** enthalten Lernzieldefinitionen, den komprimierten und deutlich gegliederten Stoff und Erfolgskontrollen in der Form der staatlichen Prüfungen. Basistexte sind besonders lernfreundlich und für Prüfungsvorbereitungen denkbar geeignet.

8.2.1.1.4 **Sammlungen von Prüfungsfragen** können unter folgenden Voraussetzungen bei der Examensvorbereitung eine Hilfe sein:

a) Die Fragen müssen auf die Lernziele bzw. auf den Prüfungsstoff zugeschnitten sein (Validität).
b) Die Fragen und Antworten sollten am Ende eines Lernprozesses stehen und zur Selbstkontrolle benutzt,

---

[1] Oft werden diese Lehrbücher in den Einführungsvorlesungen empfohlen. Da Sie nicht für jedes Fach mehrere Bücher durcharbeiten können, sollten Sie grundsätzlich zunächst den Empfehlenden fragen, 1. welches Buch er für das beste zum Einarbeiten in das Thema hält, 2. welche Abschnitte aus welchen Büchern für die unmittelbare Examensvorbereitung besonders zweckmäßig sind.

nicht aber anstelle des Begreifens von Zusammenhängen auswendig gelernt werden.

Keine noch so gute und gültige Fragensammlung, die andere erstellt haben, ersetzt Ihre strukturierende Auseinandersetzung mit dem Lehrstoff und damit den Lerngewinn, den Sie aus der selbständigen (handelnden) Fragenformulierung gewinnen. Wir werden später auf die Entwicklung einer eigenen Fragensammlung zurückkommen.

8.2.1.1.5 In **Prüfungsordnungen**, zum Beispiel der neuen Approbationsordnung für Ärzte, finden Sie schriftliche Hinweise zum Prüfungsstoff, die zwar allgemeiner Natur sind, Ihnen aber doch einen groben Anhalt für die Auswahl des Lehrstoffes bieten.

8.2.1.1.6 Die **Gegenstandskataloge** (z. B. des IMPF für Mediziner und Pharmazeuten) enthalten Lehrstoffvorschläge, die von den Vertretern der Fachgesellschaften zusammengestellt worden sind. Die Auswahl erfolgte bisher ohne Bezugnahme auf ein allgemeines Ausbildungsziel für das Medizinstudium und orientierte sich in vielen Fällen ausschließlich an den Anforderungen, die Fachleute für Ihr Spezialfach stellen. Da Studenten zunächst keine Facharztweiterbildung, sondern eine allgemeine ärztliche Ausbildung anstreben, wird es für sie nicht immer einfach sein, das für sie Wesentliche herauszufinden. Suchen Sie hierzu den Rat Ihrer Hochschullehrer.

8.2.1.2 Audiovisuelle Hilfen

Bei Berücksichtigung des theoretischen Hintergrundes, den Sie mit der Bearbeitung des Themas „Lernkanäle“ gewonnen haben, fällt es Ihnen leicht, die Frage zu entscheiden, ob Sie vorhandenes audiovisuelles Material, z. B. Modelle, mikroskopische Präparate, Dia-Serien, Tonbildschauen, Filme usw., als Stoffquellen benutzen sollen. Erinnern Sie sich an die Regel: Je mehr Lernkanäle beim Lernprozeß eingesetzt werden, desto effektiver lernen Sie.

8.2.1.3 Persönliche Helfer

8.2.1.3.1 Vor Ihnen haben **Kommilitonen** ähnliche Prüfungen bestanden. Man kann sie nach dem Prüfungsstoff fragen, sollte aber sowohl in bezug auf die Schilderung des Schwierigkeitsgrades als auch in bezug auf die zu bevorzugenden Lerntechniken berücksichtigen, daß es sich meist nur um sehr subjektive Beurteilungen handelt.

8.2.1.3.2 Die Meinung Ihrer **Dozenten** kann eine wertvolle Ergänzung von Gegenstands- und Prüfungskatalogen sein, indem sie beurteilen, ob bestimmte Themen für jeden Absolventen des Faches von Bedeutung sind oder ob es sich um Themen für die Weiterbildung handelt. Diese Unterscheidung kann Ihnen viel Arbeit ersparen, die nicht zur unmittelbaren Vorbereitung Ihrer Prüfung gehört.

Aufgabe 57

Zeichnen Sie ein Strukturschema zum Thema Prüfungsstoff unter Verwendung der Dezimalzahlen und der Hervorhebungen im Text. Versuchen Sie, dabei zu einer möglichst übersichtlichen Anordnung zu kommen und schon jetzt den angemessenen Platz für 8.2.2 und 8.2.3 einzuplanen. Schlußfolgerung?

8.2.2 Wie wird geprüft?

Sinnvoll sind Prüfungsformen, mit denen der Stoff so geprüft wird, wie er in der Praxis gebraucht wird; die Aussprache einer Fremdsprache durch Sprechen, die Zeichnung eines Konstruktionsplanes durch Zeichnen, der Vorrat an ärztlichem Wissen und Verstehen durch Kenntnisfragen und der Umgang mit Patienten durch die Arbeit mit Patienten.

Regel: Achten Sie streng darauf, daß die Form Ihrer Prüfungsvorbereitung der Form der Prüfung entspricht (auch dann, wenn sie praxisfremd ist).

Hierzu einige Beispiele:

Mündliche Prüfungen sollten nicht nur Anlaß sein, den Prüfungsstoff vorher zu lesen, sondern Fragen und Ant-
8.2.2.1 worten vorher selbst (!) zu formulieren. **Multiple-Choice-Prüfungen** bieten keine Gelegenheit, Pro und Contra wissenschaftlicher Standpunkte zu diskutieren; und wenn vom
8.2.2.2 Medizinstudenten in der **mündlichen Prüfung** verlangt wird nachzuweisen, daß er eine Anamnese systematisch erheben kann, braucht er sich nicht auf das Thema „Die Anamnese in der Geschichte der Heilkunst" vorzubereiten.

8.2.2.3 Denkaufgaben aus der Praxis, wie das **Lösen von Problemen** (z. B. von statischen Problemen für den Architekten oder von ärztlichen Problemen wie Diagnosestellung, Behandlungspläne), verlangen systematische Sammlung und Ordnung von Informationen und Techniken des Problemlösens mit Hilfe von Hypothesen. Das sind dieselben Anforderungen, die wir beim strukturierenden Lernen (durchschauendes Lernen) genannt haben.

Dagegen stehen bei Multiple-Choice-Fragen meist Einzelheiten im Vordergrund, die man sich zwar für die Prüfung aneignen, aber in der Praxis schwer anwenden kann, wenn das Zusammenhangsverständnis fehlt. Aus diesem Grunde sollten Sie auf keinen Fall Ihr Studium auf eine Prüfungsvorbereitung beschränken, die auf Faktenwissen eingeengt ist, sondern selbst Einzelheiten, die Sie für Multiple-Choice-Prüfungen lernen, in größere Zusammenhänge bringen. Zusammenhangsverständnis ist nicht nur (Prüfungs) erfolgversprechender, Sie lernen auch leichter (Strukturierung) und können das Gelernte bei Ihrer späteren beruflichen Tätigkeit wirklich anwenden.

8.2.3 Wann wird geprüft – Lieben Sie Zwang?

8.2.3.1 Vermeiden Sie eine Situation, in der Sie sich gezwungen sehen, mit einer wilden Paukerei gerade noch das Rennen

zu schaffen. Rechtzeitiges Lernen heißt, stures Pauken vermeiden.
Neben dem äußeren Zwang der Prüfungstermine entsteht der Widerwillen gegen die Arbeit auch durch Unentschlossenheit, ungelöste persönliche Probleme, vor allem aber aus Mangel an Liebe zu einer Sache, zu der Sie sich nun einmal entschlossen haben. Für die Lösung dieses Problems gibt es kein Patentrezept, es sei denn, es gelingt Ihnen schon früh, sich mit Ihrer Arbeit zu identifizieren. Nur dann werden Sie es hinnehmen, daß „der Weg zu den Sternen“ auf weiten Strecken über Kopfsteinpflaster führt. Erst wenn Sie sich endgültig von der trügerischen Hoffnung gelöst haben, daß Ihnen während Ihres Studiums und damit für Ihre Berufsausbildung irgend etwas geschenkt wird, können Sie mit vollem Einsatz auf Ihr Ziel losarbeiten und es erreichen. Wenn Sie Ihr Studienziel nicht von Grund auf bejahen, werden Sie weder Freude an der Arbeit haben, noch Wesentliches erreichen.
Liebe zur Sache entwickelt sich aber nicht von selbst, man muß sie erarbeiten, mit Beer gesprochen: „Eine Sache lieben, heißt, sie wichtig nehmen, sie akzeptieren, für sie leben.“ Sie können es lernen, Ihr Fach und sogar das Lernen zu lieben!
Um zum Ausgangspunkt zurückzukehren: Rechtzeitige Ausrichtung auf Prüfungstermine heißt, Streß durch (selbstverschuldeten) Termindruck vermeiden. Profaner ausgedrückt: Der kluge Mann fängt zeitig an.

8.2.3.2 Pufferzeiten und der „Gordische Knoten“

Unter „Prüfungsstreß“ versteht man im allgemeinen das Gegenteil selbständiger Lernplanung, bei der sich der Lernende die Ziele selber setzt bzw. sich mit allgemeinverbindlichen Zielen identifiziert und sie in vorüberlegter Weise erreicht.
Prüfungsstreß ist dem Studenten fremd, der seine Ziele eindeutig kennt, seine Zeit selbständig einteilt, seinen Lernerfolg selbst kontrolliert und sich über das Erreichte freut. Sie sollten sich deshalb mindestens in der unmittel-

baren Prüfungsvorbereitung **jeden Abend** klar darüber werden, ob Sie das geschafft haben, was Sie sich vorgenommen hatten. Einmal wegen des Erfolgsgefühls, gegebenenfalls aber auch, um das Nicht-Erreichte auf den nächsten Tag vorzutragen.

Dagegen könnte man einwenden, daß mit dem Vortragen schon der Grundstein für den Streß gelegt werde, denn der nächste Tag war ja auch verplant, und mit einem ersten Verschieben reißt das Verschieben nicht mehr ab. Um das zu vermeiden, sollten Sie schon in Ihre Tagesplanung, mindestens aber in Ihre weitreichenden Planungen Pufferzeiten einbeziehen. Sie können dann diese Puffer für „Überhänge" benutzen. Ohne die Puffertechnik laufen Sie Gefahr, sich die gesamte Prüfungsvorbereitung durch ständig mitgeschleppte, mit schlechtem Gewissen und Unlustgefühlen beladene Arbeitsreste zu vermiesen.

Pufferzeiten einplanen heißt Streß vermeiden.

Erst wenn Sie keine Möglichkeit mehr haben, Arbeitsüberhänge in Pufferzeiten unterzubringen, sollten Sie den entstehenden seelischen Knoten so lösen, wie es Alexander der Große mit dem gordischen Knoten machte, und rücksichtslos d e n Stoff aus Ihrem Arbeitsprogramm streichen, den Sie am wenigsten brauchen. Wenn Sie mit einem Dezimalsystem arbeiten, sind das oft die letzten Dezimalstellen.

Aufgabe 58

Erweitern Sie Ihr Schema aus Aufgabe 57 um 8.2.2 und 8.2.3 und machen Sie einen Vorschlag, wie 8.1 dem Schema 8.2 grafisch zugeordnet werden könnte.

8.3 Grundsätze für die praktische Examensvorbereitung

Gut geplant ist halb geschafft. Das gilt nicht nur für größere Aufgaben der Industrie, sondern für jede Prüfungsvorbereitung. Zunächst einige Grundsätze:

1. **Unterscheiden Sie** während des Studiums gedanklich zwischen **Informationsphasen** und unmittelbaren **Prüfungsvorbereitungen.** Erst im Laufe Ihres Studiums werden Sie die Technik entwickeln, die Strukturierung des Lernstoffes schon in die Informationsphase zu verlegen. Die unmittelbare Vorbereitung auf jede Ihrer Prüfungen sollte drei Monate nicht überschreiten, vorausgesetzt, daß Sie die Informationsphase sinnvoll genutzt haben.
2. Organisieren Sie Ihr Studium möglichst früh, so daß die Informationssammlung tatsächlich **in die Informationsphase,** also **in das Semester** fällt. Die dabei gewonnene Materialsammlung bildet die Grundlage für das Einprägen und die Wiederholung während der eigentlichen Prüfungsvorbereitung.
3. Stellen Sie Ihre **zeitliche Planung** grundsätzlich **für die gesamte Prüfungsvorbereitung** auf. Arbeiten Sie nach Ihrem Terminkalender mit festgelegten Zeiteinheiten, z. B. von zwei Stunden, nicht mehr als zehn Stunden am Tag und grundsätzlich nicht mehr als sechs Tage in der Woche.
4. Schaffen Sie sich darüber hinaus **Prioritäten,** indem Sie die einzelnen Prüfungsfächer **und damit den Lernstoff bewerten.** Als Maßstab der Wertigkeit eines Faches für die Prüfungsvorbereitung können Sie den Prüfungsumfang, eventuelle Bewertungspunkte für die einzelnen Fächer im Rahmen einer Gesamtprüfung oder auch die Zahl der Prüfungsfragen für die einzelnen Teilgebiete, z. B. in der Medizin aus der Approbationsordnung, entnehmen.
5. Arbeiten Sie in der Prüfungsvorbereitung streng nach dem **hierarchischen System,** das wir gleich erläutern werden, das Ihnen nach dem Prinzip der progressiven Abstraktion in gewisser Hinsicht den Erfolg garantiert.

Aufgabe 59

Mit der Beantwortung folgender Fragen zur Prüfungsvorbereitung können Sie Ihr Wissen zu diesem Thema vertiefen.

a) Warum brauchen Sie Pufferzeiten in der Prüfungsvorbereitung? ______________________

b) In welchen Zeitraum sollten Sie die Sammlung schriftlicher Informationen legen? ______________________

c) Welche Zeitspanne sollten Sie für die unmittelbare Prüfungsvorbereitung vorsehen?

____

d) Wonach können Sie Prüfungsprioritäten festlegen?

____

______________________ ______________________

8.4 Durchführung gezielter Prüfungsvorbereitung

Im folgenden stellen wir einen Plan auf, den Sie für Ihre unmittelbaren Prüfungsvorbereitungen benutzen können. Verschaffen Sie sich zunächst ausschließlich anhand der Dezimalgliederung und der Hervorhebungen im Text einen schnellen Überblick über die sieben Phasen der Planung.

Aufgabe 60

a) Erstellen Sie dazu selbständig ein Strukturschema mit einem vierstelligen Dezimalsystem (8.0–8.4.7.2) aus den entsprechenden Überschriften und Hervorhebungen.
Auf einem DIN-A4-Bogen quer können Sie für jede der sieben senkrechten Spalten etwa 4 cm verwenden.

b) Lesen Sie dann den folgenden Text vergleichend mit Ihrem Schema. An welchen Stellen halten Sie Erweiterungen und Verbesserungen für zweckmäßig?

8.4.1.0 Allgemeine Vorbereitungsphase

Hierzu gehören

.1.1* die Entwicklung eines **Zeit-Stoffplanes (Stoffverteilungsplan)** für das Lernen des Gesamtstoffes, aufgeteilt nach den einzelnen Fächern und den einzelnen Kapiteln,

.1.2 und die **Materialbeschaffung** in Form der zu bearbeitenden Bücher, Vorlesungsnachschriften, Skripten, Tonbänder usw.

* Hier benutzen wir eine verkürzte Schreibform für das Dezimalsystem, mit der Sie Platz und Zeit sparen können. Der Punkt vor der ersten Zahl weist auf vorangehende Zahlen (hier Kapitel 8, Abschnitt 4), die man nicht immer wieder aufführen muß. Der Punkt erinnert an den größeren Zusammenhang innerhalb des Systems.

.2.0 Übersichtsphase[1] – 1. Durchsicht

.2.1 Sie sehen Ihr **gesamtes Material** zu dem Thema durch, das Ihnen in Form von Büchern, Aufzeichnungen, Sitzungsprotokollen, Sonderdrucken, Tonbändern usw. vorliegt, und

.2.2 fertigen für jedes Prüfungsfach eine **Übersichts-Liste** des Stoffes an, den Sie lernen wollen. Bleiben Sie dabei auf dem Niveau von Kapitelüberschriften. Nennen Sie mit einem Schlagwort den Ort, wo Sie die Information finden, und geben Sie die Seitenzahl an.

Beispiel Biochemie:

Eiweißstoffwechsel, Buch ....., Seite ..... bis Seite ....., oder Kohlenhydratstoffwechsel, Buch ..., Seite .... bis Seite .....

Es ist nicht zu empfehlen, das gesamte Material für eine Prüfung selbst schriftlich niederzulegen. Schon jedes einzelne Fach Ihres Studiums ist zu umfangreich, und Sie werden in mehreren Fächern geprüft. Zum anderen steht das, was Sie an Wissen für die Prüfung brauchen, ohnehin gedruckt auf Papier. Beschränken Sie sich deshalb mit dem Schreiben auf schriftliche **Gliederungen, Schemata, Tabellen, Fragen oder Anmerkungen.** Geeignet scheint für die unmittelbare Prüfungsvorbereitung eine gliedernde Markierung des gedruckten Textes, die durch eigene Schemata u. ä. ergänzt wird. Die hier vorgeschlagenen Farben können Sie nach Belieben variieren.

.2.3 **Kennzeichnen Sie die Einzelinformationen,** die Ihnen als Prüfungsstoff wichtig erscheinen, durch **schwarzes** Unterstreichen oder durch seitliches Anstreichen. Der Rest des Stoffes ist nicht etwa überflüssige Eigenwilligkeit des Autors, sondern er ist Ihnen entweder geläufig oder dient der Verständniserleichterung in der vorangehenden Informationsphase.

---

[1] Wir gehen davon aus, daß Sie im Laufe des Semesters (der Semester) die Materialsammlung abgeschlossen haben.

Der bisher geschilderte erste Arbeitsgang der (schwarzen) Kennzeichnung entfällt in der unmittelbaren Prüfungsvorbereitung, wenn Sie ihn schon bei der Informationssammlung berücksichtigt haben.

.3.0 Strukturierungsphase – 2. Durchsicht

Bei der zweiten Durchsicht des schwarz gekennzeichneten eigentlichen Prüfungsstoffs fallen Ihnen Gliederungsmög-
.3.1 lichkeiten auf, die Sie durch **blaue Unterstreichungen der übergreifenden Schlagwörter** für mehrere schwarz markierte und zusammenhängende Informationseinheiten als **Lernschritte** hervorheben.
Diese blau markierten Schlagwörter sollten je nach Informationsdichte des Buches im allgemeinen einen Block von nicht mehr als 5 bis 10 schwarz markierten Lerninformationen oder 10 bis 20 Druckzeilen (1–2 Absätze) abdecken. Oft können Sie dazu Hervorhebungen im Text, wie Sperrungen oder Kursivdruck, benutzen. Soweit diese **Gliederungsschlagwörter** nicht ohnehin am Anfang der schwarz markierten Textpassagen stehen oder ganz fehlen, schreiben Sie sie an entsprechender Stelle an den Rand und markieren sie zusätzlich blau bzw. mit Dezimalzahlen. Das erleichtert später das Zuordnen der schwarzunterstrichenen Einzelinformationen zu übergeordneten Gliederungsgesichtspunkten. Soweit Sichtung und Strukturierung der ersten Stufe der Stoffreduktion erst in der unmittelbaren Prüfungsvorbereitung erfolgen, sind sie zeitaufwendig. Im Laufe Ihres Studiums werden Sie mehr und mehr dazu übergehen, Sichtung und Strukturierungsstufe schon in der Informationsphase, d. h. **vor** der unmittelbaren Prüfungsvorbereitung, durchzuführen.

.3.2 **Grün markieren** Sie bei der zweiten Durchsicht auf der nächsten Abstraktionsstufe[1] Schlagworte im Sinne von **Informationsgruppen** für Teilthemen. Sie schreiben auch die-

[1] Denken Sie an die progressive Abstraktion, S. 34–118.

ses Schlagwort gegebenenfalls selbst an den Rand. Mit diesen Zwischenüberschriften decken Sie etwa den Stoff von ein bis zwei Seiten eines üblichen Lehrbuches ab.

.3.3 Bei der zweiten Durchsicht benutzen Sie ferner die **rote Markierung** bzw. die entsprechende Dezimalstelle für die Unterteilung eines Themas in **Abschnitte,** die mehrere Seiten umfassen können.

Es braucht kaum betont zu werden, daß Sie diesen Strukturierungsvorschlag dem jeweiligen Lehrstoff anpassen müssen.

Warten Sie mit der grünen oder roten Markierung immer, bis Sie einen durch gesonderte Überschriften gekennzeichneten Abschnitt ganz gelesen haben. Sie kommen sonst zu leicht mit den beiden Farben in Schwierigkeiten, weil der Stoff vielseitiger gegliedert sein kann, als es die Zahl Ihrer vier Farben zuläßt.

.3.4 Schon diese strukturierende Durchsicht des Stoffes benutzen Sie dazu, die gedruckten Überschriften und Ihre roten, grünen, blauen Markierungen bzw. Ihr Dezimalsystem in **Schemata** zusammenzustellen. Sie gewinnen dadurch die Gesamtübersicht im Sinne eines erweiterten Inhaltsverzeichnisses.

Hier sollte bei der gemeinsamen Prüfungsvorbereitung einer Gruppe die erste Zusammenkunft zur Abstimmung der Ergebnisse stattfinden.

.3.5 Aktive Auseinandersetzung mit dem strukturierten Stoff:

Setzen Sie bei dieser zweiten Durchsicht die gesamte **Gliederung zu jedem Kapitel in Fragen** um. Numerieren Sie dazu fortlaufend die Textstellen von 1 bis x, zu denen Sie Fragen entwickeln, und schreiben Sie mit der gleichen

Nummer Kurzformulierungen von Fragen auf einen gesonderten Bogen. Sie können dann ohne Schwierigkeit Fragen und richtige Antworten im Text einander zuordnen. Auf die Fragenformulierung gehen wir bei der Besprechung der Selbstkontrolle näher ein.

Es erleichtert die Reproduktion von Informationen, wenn man schon bei der Frage weiß, wie viele Antworten erwartet werden. Fügen Sie deshalb die Anzahl der zu reproduzierenden Untergliederungsgesichtspunkte in Klammern hinter den farbig bzw. dezimal markierten Oberbegriffen ein.

Zum Beispiel gehören zum Thema Lernkanäle (3) die Teilthemen Hören, Sehen und aktives Lernen durch Handeln. Aktives Lernen heißt (3) durch eigene Beispiele veranschaulichen, in der Wirklichkeit überprüfen und eigene Aktionen einfließen lassen.

Mit ausformulierten Fragen bzw. Frageschlagwörtern und mit dem Hinzufügen von Zahlen als Erinnerungshilfe überwinden Sie die Lernstufe der passiven Wiederholung. Fragen und Zahlen bilden schon beim Einprägen einen Reiz, der Sie zur aktiven Reaktion veranlassen soll. Sie werden dadurch aufgefordert, zunächst Ihr vorhandenes Wissen a k t i v zu reproduzieren und können dann Nicht-Gewußtes durch Nachlesen ergänzen.

Diese aktive Form des Einprägens ist dem ausschließlich passiven Versuch, sich durch bloßes Wiederholen des Lesevorganges etwas zu merken, in bezug auf die Lernwirksamkeit und die Dauer des Behaltens weit überlegen.

Aufgabe 61

Zusammenfassende Fragen zur allgemeinen Vorbereitung, Sichtung und Strukturierung. In der hier gezeigten Form können Sie sich bei der Prüfungsvorbereitung auch selbst Rechenschaft darüber ablegen, wie weit Sie den gelernten Stoff beherrschen.

a) Welche zwei Arbeiten gehören zur Vorbereitungsphase?
(1.1; 1.2)

____

______________________________ ... Punkte (2)

b) Nach welchen beiden Gliederungsgesichtspunkten wird ein Zeit-Stoffplan für die Prüfungsvorbereitung aufgestellt? (1.1)

______________ ______________ ... Punkte (2)

c) Welche Dreiereinteilung können Sie für die Strukturierung der schwarz gekennzeichneten Informationen benutzen?

______________ ______________ (3.1)

______________ ______________ (3.2)

______________ ______________ (3.3) ... Punkte (3)

d) Womit gelingt Ihnen anstelle des Lernens durch reine Wiederholung eine aktive Auseinandersetzung mit dem strukturierten Stoff? (3.5)

______________________________ ... Punkt (1)

e) Womit erleichtern Sie sich vollzählige Antworten auf die Fragen? (3.5)

... Punkt (1)

Summe der Punkte (9)

.4.0 Die Phase des Einprägens – memorierendes Lernen

Wir setzen voraus, daß Sie konsequent nach Ihrem Arbeitsplan vorgehen, und schildern als vierte Phase der Prüfungsvorbereitung das Einprägen für eine Stoffsammlung, die etwa in zwei Stunden zu bewältigen ist.

.4.1 Sie wiederholen jetzt nur noch den **schwarz markierten** eigentlichen Prüfungsstoff. Achten Sie dabei auf die farbigen Markierungen und **versuchen Sie, gedanklich die farbig vorgegebene Gliederung nachzuvollziehen.** Sie können sich diese Arbeit dadurch erleichtern, daß Sie sich am Ende jedes Informationsblockes nach dem Zusammenhang fragen, der zwischen den Detailinformationen und den farbigen Markierungen rückwärts bis zur Abschnitt- bzw. Kapitelüberschrift besteht. Wenn Sie sichergehen wollen, schreiben Sie nach jedem Abschnitt Ihre eigene Zwischenzusammenfassung oder zeichnen Sie ein zweidimensionales Strukturschema mit Stichworten.

.4.2 Beim Einprägen kommen Ihnen die Markierungen und die Fragen zugute, mit denen Sie das weitgehend passive Lernen durch reine Wiederholung überwinden und aktiv lernen. Sie brauchen dazu Papier und Bleistift. Benutzen Sie als Reizwörter zunächst die Kapitelüberschriften. **Antworten** Sie dann aus dem Gedächtnis mit den roten Abschnittsüberschriften und vergleichen Sie Ihr Ergebnis sofort mit dem Prüfungsstoff (Buch, Skriptum, Basistext, Schema, Graphik, usw.). Damit folgen Sie dem Prinzip des aktiven Einprägens:

Sie sollen nicht lesend wiederkäuen, sondern soviel wie möglich selbst reproduzieren und Ihr Wissen mit Hilfe des Textes kontrollieren, korrigieren und ergänzen.

Dabei werden Sie schnell erkennen, wie hilfreich eine Angabe über die Zahl der rot markierten Abschnitte hinter der Kapitelüberschrift ist, z. B.: Erkrankungen der Darmgefäße (3).

Das eben geschilderte Verfahren für die Kapitelüberschriften wenden Sie dann für die roten Abschnittüberschriften an, die Sie wiederum als Reizworte benutzen und in Fragen umsetzen. Sie beantworten die Fragen und vergleichen Ihr Ergebnis mit den grünen Markierungen. Schließlich reproduzieren Sie anhand der blau markierten Schlagwörter aus dem Gedächtnis die schwarz unterstrichenen Detailinformationen und vergleichen sie mit dem Text. Lücken,
.4.3 also das, was Sie noch nicht oder nur teilweise gewußt haben, **markieren** Sie am Rand.

Das Verfahren klingt aufwendig, ist aber sehr viel weniger anstrengend, weniger ermüdend und weit lernwirksamer als die Beschränkung auf stures Pauken durch wiederholtes Lesen. Anstelle der passiven Stoffaufnahme tritt in Form von Frage und Antwort die aktive Auseinandersetzung mit dem Stoff. Das Verfahren ist praktisch für jeden Lernkanal anwendbar und entspricht den meisten üblichen Examensformen.

Hier sollte die Gruppe zum zweiten Mal zusammenkommen, um die Fragen zu vergleichen und auszutauschen.

.4.4 Die Behaltenskurve und was man daraus lernen kann:

Grundsätzlich gilt für Lernkurven beim Lernen durch Wiederholung, daß die ersten Lerndurchgänge zu einem schnelleren Lernfortschritt führen. Das liegt nicht an der schnell einsetzenden Ermüdung, sondern daran, daß anfangs vor allem das leicht zu Lernende aufgenommen und damit schnell gelernt wird. Daraus folgt

Regel 1

Je näher Sie bei einem Lernprozeß dem Ziele kommen,
desto schwieriger wird das Lernen,
desto größer wird Ihre Anstrengung,
desto mehr Zeit brauchen Sie.

Wenn Sie sich das ganz klarmachen, werden Sie nicht mehr darüber enttäuscht sein, daß die sogenannten kleinen Reste eines Lernpensums viel mehr Zeit und Einsatz erfordern als die großen Lernfortschritte am Anfang eines Lernprozesses. Diese Tatsache hat wichtige Folgen für Ihre Lernplanung: Sie können Ihren Arbeitsaufwand keineswegs immer proportional dem Lernumfang (z. B. Seitenzahl) planen.

Wie beeinflußt der Umfang des Lernstoffs die Lernzeit?

Wenn Sie für das Lernen von acht Begriffspaaren (z. B. Vokabeln) zehn Minuten brauchen, ist n i c h t damit zu rechnen, daß Sie bei 16 Begriffspaaren mit der doppelten Lernzeit auskommen. Sie brauchen mehr als das Doppelte!

Regel 2

Die Vergrößerung des Lernmaterials über ein bestimmtes Grundmaß hinaus verursacht eine unverhältnismäßig hohe Zunahme der Lernzeit.
Auch diese Regel über das Verhältnis von Stoffumfang und Lernzeit zeigt, daß Sie vor jedem Lernprozeß Ihren Lernstoff in kleine Lernschritte aufteilen müssen. Das schrittweise Vorgehen wurde schon für die Selbstmotivation durch den eigenen Lernerfolg empfohlen (kleine Lernschritte – häufige Erfolgserlebnisse – Aufrechterhaltung und Stärkung der Motivation). Dasselbe Prinzip werden Sie für das strukturierende Lernen und für die Pausenregelung bei der Lernplanung kennenlernen.

.5.0 Die Phase des Rückgriffs und des selektiven Lückenfüllens

Greifen Sie am folgenden Tage **selektiv auf die markierten Wissenslücken** des Vortages zurück. Textstellen, die Sie jedoch noch nicht reproduzieren können, sollten Sie erneut kennzeichnen und beim nächsten Rückgriff, also am dritten Tag, erneut bearbeiten.
Achten Sie darauf, daß im Laufe eines Tages in der unmittelbaren Prüfungsvorbereitung das Thema und die Phasen des aktiven Einprägens, des Rückgriffs und der Wiederholung, über die wir jetzt sprechen werden, mindestens im 2-Stunden-Rhythmus wechseln!

.6.0 Kontrollphase

Auf den Motivationswert, den der eigene Lernerfolg für Ihre Arbeit hat, sind wir schon ausführlich eingegangen. Darüber hinaus geben Ihnen Kontrollfragen in der unmittelbaren Prüfungsvorbereitung nicht nur Sicherheit, sie zeigen Ihnen auch besser als „das Gefühl“, das man über seinen eigenen Leistungsstand hat, wo noch Lücken zu schließen sind. Außerdem sind Selbstkontrollen von entscheidender Bedeutung für die selektive Wiederholung und für die Festlegung des Zeitpunktes, zu dem Ihr Wissen so weit abgesackt ist, daß Sie einen Gesamtkomplex wiederholen müssen. Das ist im allgemeinen der Fall, wenn Sie mehr als 50% Ihres Wissens nicht mehr parat haben.

Benutzen Sie für die Kontrolle Ihres Lernerfolges nicht nur verbale Fragen, sondern beschriften Sie Graphiken und Abbildungen selbst, indem Sie vorhandene Beschriftungen abdecken; interpretieren Sie auch Dias und mikroskopische Präparate.

.6.1 Wie stellt man Fragen zur Selbstkontrolle?

Die Beachtung von „10 Geboten“ für die Fragenformulierung kann Ihnen die Arbeit erleichtern.

.1 Meist genügen **offene Fragen**. Das Erstellen von Multiple-Choice-Fragen ist ein mühsames Geschäft. Wenn Sie es doch versuchen wollen, finden Sie dazu eine Anleitung in dem Artikel „Multiple-Choice-Fragen, Sinn und Konstruktion“, Medizinische Welt *24*: 1117–1119 (1973).

.2 Sie sollten Ihre Fragen **nicht mit Informationen** überladen. Schlechtes Beispiel: Unter der Voraussetzung, daß Schulze der Schwager von Müllers Schwester ist und Karl bei der Geburt des 6. Kindes von Gustav Onkel dessen Tochter … Formulieren Sie so kurz und eindeutig beantwortbar wie möglich, z. B.: Welche Wertigkeit hat Eisen im Hämoglobin?

.3 Beginnen Sie jede Frage mit einem **Fragewort,** z.B.: Wie heißt die Formel für die Schwerkraft? oder: Wer entdeckte den Erreger der Tuberkulose? Ausnahmen sollten Sie nur mit unmittelbaren Aufforderungen machen, z. B.: Beschreiben Sie den Kurvenverlauf! oder: Schildern Sie, beschreiben Sie, nennen Sie usw.!

.4 Benutzen Sie als **Suchhilfe** für geeignete Fragewörter die alphabetische Ordnung der Vokale a, e, i, o, u:
Wann, warum, was
wer, welche
wie, wie anders, wie lange, wie oft, wieviel
wo, wodurch, wofür, woher, wogegen, wohin, womit, wozu
Da kein Fragewort mit „u" beginnt, können Sie diesen Vokal für die Umschreibungen verwenden: Unter welchen Voraussetzungen, um wieviel größer usw.

.5 **Numerieren Sie Ihre Fragen.** Es erleichtert die selektive Wiederholung, wenn Sie die Nummern der nicht richtig beantworteten Fragen notieren.

.6 Fertigen Sie entweder eine gesonderte **Liste** mit den Antworten an **oder** schreiben Sie **Fragen und Antworten getrennt** auf je 1/2 Seite. Sie können dann beim Durcharbeiten die Antwort abdecken. Das Schreiben von Antworten können Sie sich ersparen, wenn Sie die entsprechenden Textstellen mit der Nummer der Frage versehen.

.7 Geben Sie zu jeder Frage, die Sie unabhängig von Ihrer eigenen Stoffsammlung formulieren, kurz an, **wo die Antwort** zu finden ist, z. B.: Welche vier Mechanismen der Blutstillung laufen zusätzlich zur Gerinnung ab? (Sturm, Grundbegriffe, Seite 109). Bei Fragen zur eigenen Lernstoffsammlung genügen die laufenden Nummern (bzw. Seitenzahlen und Absatzhinweise wie 138/2).

.8 Formulieren Sie zunächst Ihre Fragen **schriftlich**. Erst mit einer gewissen Routine können Sie Ihre Fragen auf Tonband sprechen oder sich mit einem Schlagwort begnügen.

.9 Formulieren Sie Ihre Fragen so, daß Sie **maximal mit einem Satz oder einer Aufzählung beantwortet** werden können, z. B.: Wie heißt die Arbeitsleistung der Herzkammern? (Sturm, Grundbegriffe, Seite 149) – Schlagvolumen. Nur eindeutig beantwortbare Fragen sind kontrollierbar!

.10 Lassen Sie hinter jeder Frage **Platz** für eine **Plus- oder Minusbewertung** Ihrer Antwort.

Legen Sie sich selbst mit folgender Grundbeurteilung Rechenschaft über Ihren Lernerfolg ab.
90–100% richtige Antworten = gute Leistung.
70– 90% richtige Antworten sind noch vertretbar, aber selektive Wiederholung des Stoffs zu den nicht richtig beantworteten Fragen ist nötig;
weniger als 70% richtige Antworten erfordern eine ernsthafte Überarbeitung der Teilthemen, in denen Fehlerhäufungen festzustellen sind.

Aufgabe 62

Der Philosoph Karl Popper schreibt in „Logik der Forschung" (Mohr, Tübingen 1994): „Die empirischen Wissenschaften sind theoretische Systeme. Die Theorien als allgemeine Sätze sind Netze, die wir auswerfen, um die Welt einzufangen, sie zu rationalisieren, zu erklären und zu beherrschen. Wir arbeiten daran, die Maschen immer enger zu machen. Theorien lassen sich überprüfen. Dazu dienen Hypothesen von niedrigerer Allgemeinheit. Empirische Forschung kann Hypothesen nur mit dem Ziel prüfen, sie zu falsifizieren. Hypothesenverifizierende empirische Beweise gibt es nicht."

Beispiel: 78 Fälle akuter Schmerzen im Unterbauch erweisen sich als Appendizitis. Hypothese: Alle akuten Schmerzen im rechten Unterbauch beruhen auf Appendizitis. Verifizierender Ansatz: Untersuchung mit dem Ziel, mindestens 100 derartige Fälle zu finden. Falsifizierende Hypothesenprüfung: Welche anderen Ursachen führen zu den gleichen Schmerzen und widerlegen die Hypothese?

Formulieren Sie zu diesen Aussagen schriftlich eine oder zwei Fragen. Überprüfen Sie, ob Ihre Fragen den 10 Geboten für die Fragenformulierung entsprechen.

.6.2 Entwicklung einer systematischen Fragensammlung:

Jedes Mitglied einer Gruppe, die gemeinsam einen Fragenpool zur Prüfungsvorbereitung in einem bestimmten Fach entwickelt, formuliert **zunächst zu jedem blau markierten Informationsblock** (in einem begrenzten Thema) ein bis zwei schriftliche Fragen, die unmittelbar aus dem schwarz markierten Prüfungsstoff zu beantworten sind. Hier ein Beispiel:

117 Wo werden Gammaglobuline gestapelt (Sturm, Grundbegriffe, 105)? – In intrazellulären Vakuolen.

118 Wozu differenziert sich die Stammzelle nach der Clasmotose zurück? (105) – Zur mesenchymalen Stammzelle.

Suchen Sie **dann zur übergeordneten grünen Markierung** eine Formulierung, die möglichst den ganzen dazugehörigen Bereich erfaßt, z. B.:

119 Welche Blutzellen synthetisieren Gammaglobulin? (Sturm, Grundlagen 105/I) – Plasmazellen.

120 Welche Blutzellen werden auch Immunolozyten genannt? (105/II) – Plasmazellen.

Formulieren Sie **dann, ausgehend von der roten Markierung**, eine Frage, die wiederum übergeordnet, möglichst das ganze Gebiet, den ganzen Abschnitt, den Sie mit der roten Markierung überschrieben haben, abdeckt, z. B.:

121 Welche vier reifen Zellformen gehören zu den Leukozyten? (96ff) – Granulozyten, Lymphozyten, Monozyten, Plasmazellen.

122 In welchem Normbereich schwankt die Zahl der Leukozyten im strömenden Blut (96)? – 5–10.000.

Sie arbeiten also auch bei der Entwicklung der strukturierten Fragensammlung nach dem **Prinzip der progressiven Abstraktion.** Markieren Sie auch Ihre Fragen entsprechend der Abstraktionsstufe, die Sie schon im Text farblich festgelegt haben, blau, grün oder rot bzw. mit der entsprechenden Dezimalzahl. Das erleichtert das Auffinden der dazugehörenden Textstellen.

Achten Sie **vor der Fragenentwicklung** auf thematische **Suchhilfen**, die Sie auf die Gruppenmitglieder verteilen, z. B. in der Anatomie nach der Topographie, nach der Funktion, nach Arterien, Sehnen, Nerven, Muskeln, Knochen, Gelenken usw. Damit gewinnen Sie leicht einen Raster, mit dem Sie ein bestimmtes Thema möglichst vollständig abdecken können. Suchhilfen sind entscheidende Erleichterungen der arbeitsteiligen Gruppenarbeit.

.6.3 Die Arbeit mit der Fragensammlung:

Benutzen Sie für die Prüfungsvorbereitung möglichst nicht nur Ihre eigenen Fragen (Betriebsblindheit!). Gehen Sie bei der Beantwortung der Fragen des Fragenpools systematisch vor, d. h. arbeiten Sie entweder **induktiv von blau über grün nach rot oder deduktiv**,

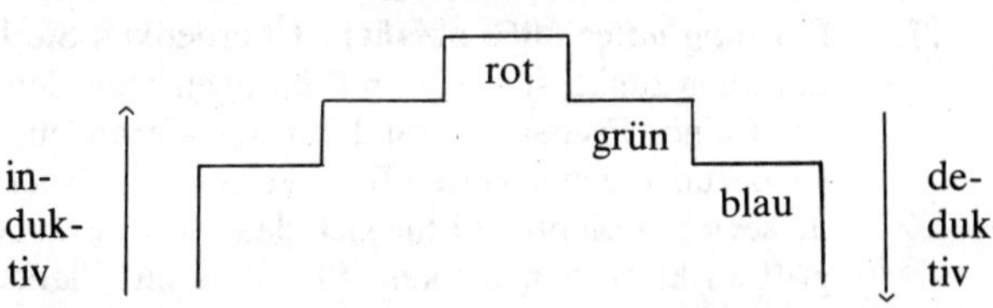

indem Sie jeweils mit den roten Fragen beginnen.
Dabei ist es wertlos, richtig beantwortete Fragen ständig zu wiederholen. Konzentrieren Sie sich lieber auf die Wiederholung des Lernstoffs zu den Fragen, die Sie falsch beantwortet haben.

.6.4 **Selbstkontrollen und Gruppenarbeit** in der Prüfungsvorbereitung:

Sowohl die Entwicklung von Fragen zur Selbstkontrolle als auch das gemeinsame Durcharbeiten dieser Fragensammlung bzw. der noch nicht richtig beantworteten Fragen kann mit Vorteil für alle Beteiligten in der Gruppe geschehen.

In diesen ausgesprochenen Arbeitssitzungen sollten Sie **Diskussionen vermeiden,** die über den angegebenen Lehrbuchtext hinausgehen. Die Diskussion gehört in die Informationsphase, aber nicht in die unmittelbare Prüfungsvorbereitung.
Enttäuschungen mit der Gruppenarbeit können vermieden werden, wenn Sie sich ganz klar darüber sind, daß die Gruppe keine Samariter- oder Schlepperfunktion für einzelne weniger Arbeitswillige hat, sondern durch die unmittelbare Prüfungsvorbereitung dem Erreichen gemeinsamer Ziele dient.

.7.0 Phase der Wiederholung

Mit Ihrer Fragensammlung können Sie leicht feststellen, ob und wann eine Wiederholung des Stoffs nötig ist. Mit Sicherheit dann, **wenn** Sie in Ihrer selbst kontrollierten
.7.1 **Leistung unter 60% abfallen.** Überdenken Sie beim Wiederholen zunächst wie beim Einprägen zügig den gesamten Stoff eines Faches an Hand der Markierungen, wobei Sie wiederum die markierten Begriffe als Reizwörter in Fragen umsetzen. Orientieren Sie sich dann beim erneuten Rückgriff strikt an den Lücken. Bei späteren Wiederholungen genügt meist ein Überfliegen, um Wissenslücken unter Berücksichtigung des Gesamtzusammenhanges auszufüllen.
In der Wiederholungsphase vor einer Prüfung macht nur die konsequente Beschränkung auf Fragen und Antworten zu einem gemeinsam abgestimmten und von allen vorbereiteten Thema die Gruppenarbeit für **jedes** Mitglied effektiv.

.7.2 In dieser Lernphase trägt Gruppenarbeit dazu bei, Mängel in der eigenen Vorbereitung zu erkennen, sich aber auch gegenseitig beim Vergleich zwischen Anforderungen und Leistungen das Gefühl der Sicherheit zu geben.

Vergleichen Sie jetzt Ihr Schema der Dezimalgliederung für die Prüfungsvorbereitung (Aufg. 60) mit unserem Lösungsvorschlag zu Aufgabe 63. Begründen Sie eventuelle Abweichungen Ihrer Lösung.

Aufgabe 63

Zusammenfassende Fragen zur unmittelbaren Prüfungsvorbereitung – Aktives Einprägen – Rückgriff – Selbstkontrolle:

a) Auf welchen Stoff beschränken Sie das Lesen in der Phase der aktiven Einprägung? (.4.1)

____

b) Wie bearbeiten Sie den markierten Stoff aktiv weiter? (.4.2)
Mit ______________ und ______________

c) Worauf konzentrieren Sie sich beim Rückgriff? (.5.0)

____

d) Nennen Sie drei Gründe für die Selbstkontrolle: (.6.0)

____

____

____

e) Nennen Sie möglichst viele Schlagworte für die zweckmäßige Fragenformulierung: (.6.1)

______________ ______________

______________ ______________

______________ ______________

______________ ______________

______________ ______________

f) Nach welchem Codierungsprinzip können Sie eine systematische Fragensammlung entwickeln? (.6.2)

____

g) Bei welchem Leistungsstand sollten Sie ganze Stoffgebiete wiederholen? (.6.1)

____

h) Welche sieben Phasen werden für die unmittelbare Prüfungsvorbereitung unterschieden?

______________ ______________

______________ ______________

______________ ______________

____

i) Was sollten Sie in Gruppensitzungen zur unmittelbaren Prüfungsvorbereitung vermeiden? (.6.4)

____

Frage zur Wiederholung:

k) Nur unter welcher Voraussetzung hat Gruppenarbeit einen Sinn?

____

Gruppenarbeit – Hinweise für Prüfungsvorbereitungen in einer Gruppe:

Aufgabe U, V, W

U: Vergleichen Sie zunächst in der selbständigen Gruppe Ihre Ergebnisse aus Aufgabe 58 und versuchen Sie, anhand der abgestimmten Gliederung noch einmal „die Voraussetzungen für die gezielte Prüfungsvorbereitung“ im Rundgesprächsverfahren zu formulieren. (Man geht z. B. im Uhrzeigersinn vor und jeder formuliert frei zu einem Stichwort.) Wenn es Ihnen gelingt, haben Sie vom strukturierenden Lernen profitiert.

V1: Erproben Sie die praktische Durchführung der gezielten Prüfungsvorbereitung nach diesem Schema in der Gruppe anhand eines kurzen Lehrbuchkapitels, das Sie ohnehin bearbeiten müssen, und vergleichen Sie Ihre Ergebnisse zunächst nach der „1. Durchsicht".

V2: Formulieren Sie in der Gruppe zu diesem Kapitel zehn Fragen und benutzen Sie die Regeln aus .6.1, um Ihre gemeinsame Fragensammlung zu beurteilen und zu verbessern.

V3: Tragen Sie Ihre Fragen aus Aufgabe 62 in der Gruppe vor und diskutieren Sie die Formulierungen mit dem Ziel, insgesamt mindestens fünf Fragen zu entwickeln, die mit Hilfe der Aussagen über die Philosophie Poppers eindeutig zu beantworten sind. Beachten Sie besonders die formalen Gesichtspunkte für die Fragenformulierung, die Sie hier lernen sollen.

W1: Stimmen Sie mit Kommilitonen des gleichen Studienfachs, mit denen Sie sich gemeinsam auf eine größere Prüfung vorbereiten, die Stoffverteilungspläne (8.1.2) spätestens vier Monate vor dem Prüfungstermin ab.
Denken Sie daran, daß eine Angleichung nur erfolgen kann, wenn Sie vorher jedem Teilnehmer konkrete Aufgaben für den Stoffverteilungsplan stellen, die für die gemeinsame Arbeit jeder durchgeführt haben muß.
Man kann die formale Vorbereitung für die einzelnen Fächer auch arbeitsteilig durchführen.

W2: Besprechen Sie anhand des Abschnitts .6.4, welche Konsequenzen Ihnen für Ihre gemeinsame Prüfungsvorbereitung in der Gruppe am wichtigsten erscheinen.

W3: Planen Sie bei gemeinsamen Prüfungsvorbereitungen im Abstand von 8 Tagen eine Leistungskontrolle ein, mit der Sie feststellen, ob Ihre Leistungen in einem bestimmten Fach unter 60% abgesunken sind.

Der rote Faden 8

In diesem Kapitel haben wir Ihnen gezeigt, daß die Regeln der Lernplanung (Zielplanung, Zielwegplanung und das Sichtbarmachen des Erfolges) auch für die unmittelbare Prüfungsvorbereitung gelten.
Sie müssen sich möglichst eindeutige Informationen darüber beschaffen, was, wie und wann geprüft wird, rechtzeitig, d.h. möglichst schon in der Informationsphase der Semester das für die Prüfung notwendige Material sammeln und nach seiner „Prüfungswertigkeit“ in einer ganz bestimmten Form aufarbeiten, die im wesentlichen den Anforderungen des strukturierenden Lernens entspricht.
Sie sollten die Gesamtprüfungsvorbereitung als allgemeine Vorbereitungs-, Sichtungs-, Strukturierungs-, Einprägungs-, Rückgriff-, Kontroll- und Wiederholungsphase nicht für alle Prüfungsfächer parallel durchführen, sondern eine „Phasenverschiebung“ verwenden, um, ähnlich wie bei den Lernkanälen, auch die Lernphasen ständig zu wechseln und damit Monotonie zu vermeiden, z.B.

Fach							
A	Vorber.	Sichtung	Struktur.	Einpräg.	usw.		
B		Vorber.	Sichtung	Struktur.	Einpräg.	usw.	
C			Vorber.	Sichtung	Struktur.	Einpräg.	usw.

Bevor wir zum Thema Prüfungen auf bestimmte Examensformen und allgemeines Prüfungsverhalten eingehen wollen, müssen Sie noch erfahren, wie man zuviel des Guten tun kann und damit den eigenen Lernvorgang hemmt und wie man – so ungewöhnlich es auch klingt – effektives Lernen durch effektive Pausenregelung fördert.

9. Kapitel: Lernhemmungen* und Pausenregelung

9.1 Zeitliche Nähe; 9.2 Inhaltliche Nähe; 9.3 Pausenregelung; 9.4 Schlaf.

Während Ihres Studiums, besonders aber während der unmittelbaren Prüfungsvorbereitung, werden Sie informative und emotionale Lernhemmungen kennenlernen, mit denen Sie sich das Leben schwermachen und die Ihren Lernerfolg in Frage stellen. Wenn man diese Lernhemmungen kennt, lassen sie sich leichter vermeiden.

Lernziele

Im folgenden Kapitel lernen Sie
- informationsbedingte Ähnlichkeits-, Intervall- und emotionale Hemmungen kennen und gewinnen damit die Möglichkeit, sie zu vermeiden,
- Pausen in einem bestimmten Rhythmus in Ihren Lernprozeß einzubeziehen und
- den Schlaf als natürliche Pause einzukalkulieren.

---

* Unterschieden von Lernstörungen durch „äußere Umstände". Bei Lernhemmungen, von denen hier die Rede ist, wird Ihr Lernprozeß durch das Lernen selbst gehemmt.

Aufgabe 64

Versuchen Sie zunächst, sich unter den folgenden Begriffen etwas vorzustellen, und formulieren Sie eine kurze Vermutung, was darunter zu verstehen sein könnte:

emotionale Lernhemmung

____

____

____

informationsbedingte Ähnlichkeitshemmung

____

____

____

informationsbedingte Intervallhemmung

____

____

____

Sie brauchen zu dem jetzt folgenden Experiment wieder ein Schreibinstrument und eine Uhr mit Sekundenzeiger. Schlagen Sie die folgende Aufgabe erst dann auf, wenn Sie alles vorbereitet haben.

Aufgabe 65

Sie sollen in 30 Sekunden die folgenden Informationen lernen. Verwenden Sie dazu auf keinen Fall mehr als 30 Sekunden und beginnen Sie jetzt sofort mit der Arbeit.

Hoplit	=	Fußkämpfer
Baumwollkrankheit	=	Dyssinosis
Schleuder (Verband)	=	Funda
Couloir	=	Rinne
den Keim betreffend	=	germinativ
Tsetsefliege	=	Glossina
Ochlokratie	=	Pöbelherrschaft
Blutschwitzen	=	Hämhidrosis
Ghasi	=	Eroberer
Malaria	=	Helodes
Mißgeburt	=	Hemimelie
Selaginella	=	Moosfarn
Achselhaare	=	Hirci
Echinokokkuszyste	=	Hydatide
pyrogen	=	fiebererzeugend
radikulär	=	die Wurzel betreffend
Myelin	=	Lipoidstoff
klonisch	=	schüttelnd
Osteodynie	=	Knochenschmerz
pruriginös	=	juckend

Decken Sie bitte nach dem Lernen diese Seite ab, und fahren Sie ohne zu zögern mit der nächsten Aufgabe fort.

Aufgabe 66

Versuchen Sie, die gelernten Begriffspaare anhand der vorgegebenen Wörter herzustellen. Sie haben dafür maximal eine Minute Zeit.

Hoplit =
Baumwollkrankheit =
Schleuder (Verband) =
Couloir =
den Keim betreffend =
Tsetsefliege =
Ochlokratie =
Blutschwitzen =
Ghasi =
Malaria =
Mißgeburt =
Selaginella =
Achselhaare =
Echinokokkuszyste =
pyrogen =
radikulär =
Myelin =
klonisch =
Osteodynie =
pruriginös =

Tragen Sie bitte **ohne Kontrolle der Richtigkeit** die Zahl der gegebenen Antworten dieses ersten Lerndurchgangs in das Lerndiagramm auf Seite 185 ein.

Schlagen Sie erst dann die nächste Seite auf.

Aufgabe 67

Sie sollen noch einmal in 30 Sekunden die folgenden Informationen lernen. Verwenden Sie dazu auf keinen Fall mehr als 30 Sekunden und beginnen Sie jetzt sofort mit der Arbeit.

Hoplit	=	Fußkämpfer
Baumwollkrankheit	=	Dyssinosis
Schleuder (Verband)	=	Funda
Couloir	=	Rinne
den Keim betreffend	=	germinativ
Tsetsefliege	=	Glossina
Ochlokratie	=	Pöbelherrschaft
Blutschwitzen	=	Hämhidrosis
Ghasi	=	Eroberer
Malaria	=	Helodes
Mißgeburt	=	Hemimelie
Selaginella	=	Moosfarn
Achselhaare	=	Hirci
Echinokokkuszyste	=	Hydatide
pyrogen	=	fiebererzeugend
radikulär	=	die Wurzel betreffend
Myelin	=	Lipoidstoff
klonisch	=	schüttelnd
Osteodynie	=	Knochenschmerz
pruriginös	=	juckend

Decken Sie bitte nach dem Lernen diese Seite ab, und fahren Sie ohne zu zögern mit der nächsten Aufgabe fort.

Aufgabe 68

Versuchen Sie, die gelernten Begriffspaare anhand der vorgegebenen Wörter herzustellen. Sie haben dafür maximal eine Minute Zeit.

Hoplit	=
Baumwollkrankheit	=
Schleuder (Verband)	=
Couloir	=
den Keim betreffend	=
Tsetsefliege	=
Ochlokratie	=
Blutschwitzen	=
Ghasi	=
Malaria	=
Mißgeburt	=
Selaginella	=
Achselhaare	=
Echinokokkuszyste	=
pyrogen	=
radikulär	=
Myelin	=
klonisch	=
Osteodynie	=
pruriginös	=

Tragen Sie bitte **ohne Kontrolle der Richtigkeit** die Zahl der gegebenen Antworten dieses zweiten Lerndurchgangs in das Lerndiagramm auf Seite 185 ein.

Schlagen Sie erst dann die nächste Seite auf.

Aufgabe 69

Sie sollen noch einmal in 30 Sekunden die folgenden Informationen lernen. Verwenden Sie dazu auf keinen Fall mehr als 30 Sekunden und beginnen Sie jetzt sofort mit der Arbeit.

Hoplit	=	Fußkämpfer
Baumwollkrankheit	=	Dyssinosis
Schleuder (Verband)	=	Funda
Couloir	=	Rinne
den Keim betreffend	=	germinativ
Tsetsefliege	=	Glossina
Ochlokratie	=	Pöbelherrschaft
Blutschwitzen	=	Hämhidrosis
Ghasi	=	Eroberer
Malaria	=	Helodes
Mißgeburt	=	Hemimelie
Selaginella	=	Moosfarn
Achselhaare	=	Hirci
Echinokokkuszyste	=	Hydatide
pyrogen	=	fiebererzeugend
radikulär	=	die Wurzel betreffend
Myelin	=	Lipoidstoff
klonisch	=	schüttelnd
Osteodynie	=	Knochenschmerz
pruriginös	=	juckend

Fahren Sie bitte nach dem Lernen ohne zu zögern mit der nächsten Aufgabe fort.

Aufgabe 70

Es ist vorgesehen, schon innerhalb des nächsten Jahres **jedem** Studenten einen rückzahlbaren monatlichen Studienkredit in Höhe von maximal 1.000 DM zu Verfügung zu stellen, der in beliebiger Höhe in Anspruch genommen werden kann. Beginnend mit dem zweiten Jahr nach Abschluß des Studiums ist er an das Bundesland zurückzuzahlen, in dem das Studium durchgeführt wurde. Von dieser Maßnahme werden die bisherigen Förderzahlungen abgelöst. Damit will man die Studienförderung vereinheitlichen und den Studenten selbst entscheiden lassen, in welcher Höhe er rückzahlbare Kredite in Anspruch nehmen will.

Beantworten Sie bitte sofort und möglichst spontan folgende Fragen.

In welcher Höhe würden Sie den monatlichen Kredit in Anspruch nehmen? ____________ DM

Halten Sie die Rückzahlungsforderung für gerechtfertigt? (....) Geben Sie eine kurze Begründung.

Halten Sie Studienkredite grundsätzlich für begrüßenswert? (....)

Für Ihre Antragstellung ist es erforderlich, daß Sie sich (ohne Bleistift und Papier) folgende Daten merken:
Antragskopf mit der Kenn-Nr. 7221214 versehen. Am Antragsende darauf hinweisen, daß Sie das Geld auf das Postscheckkonto Heidelberg 14237/Sparkonto überwiesen haben wollen.
Im Antrag muß enthalten sein, daß Ihre Wohnungskosten 116,– DM monatlich, Ihre Ausgaben für Lebensmittel usw. 384,– DM und Ihre Anschaffungen für das Studium durchschnittlich 267,– DM betragen.

Lernen Sie die Zahlen bis zum sicheren Beherrschen, maximal jedoch 1 Minute.
Schlagen Sie bitte jetzt die folgende Seite auf.

Aufgabe 71

Versuchen Sie, die gelernten Begriffspaare anhand der vorgegebenen Wörter herzustellen. Sie haben dafür maximal eine Minute Zeit.

Hoplit =
Baumwollkrankheit =
Schleuder (Verband) =
Couloir =
den Keim betreffend =
Tsetsefliege =
Ochlokratie =
Blutschwitzen =
Ghasi =
Malaria =
Mißgeburt =
Selaginella =
Achselhaare =
Echinokokkuszyste =
pyrogen =
radikulär =
Myelin =
klonisch =
Osteodynie =
pruriginös =

Tragen Sie bitte **ohne Kontrolle der Richtigkeit** die Zahl der gegebenen Antworten dieses dritten Lerndurchgangs in das Lerndiagramm auf Seite 185 ein und verbinden Sie die drei Punkte.

Kontrollieren Sie dann Ihre Ergebnisse 1–3 auf Richtigkeit und zeichnen Sie den Kurvenverlauf mit rot in das Lerndiagramm ein.

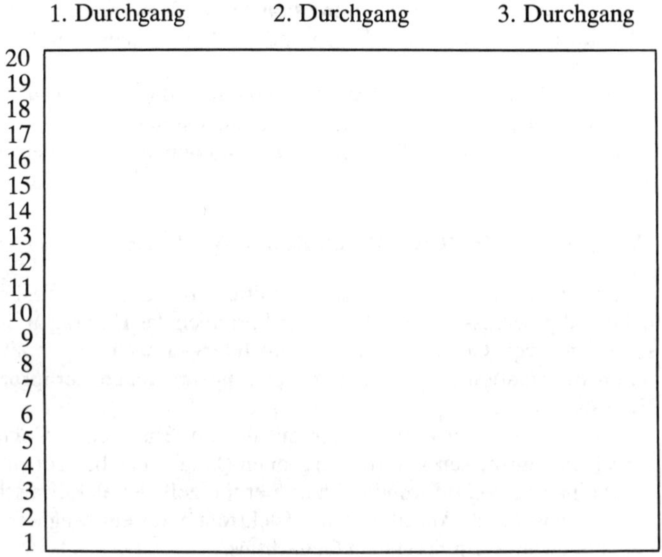

Falls der Kurvenverlauf beim dritten Lerndurchgang abgefallen ist, sind Sie das Opfer einer **informativen Lernhemmung** geworden. Ihr erster Lernprozeß – die Begriffe – wurde nach dem zweiten Lerndurchgang durch die unmittelbar folgende Information über den Studienkredit gestört. Anstelle einer erneuten Wiederholung der Begriffe oder einer Pause, in der sich die Begriffe setzen konnten, wurden Sie aufgefordert, neue Informationen aufzunehmen. Der erste Lernprozeß wurde dadurch gehemmt. Schlußfolgerung: **Je schneller neue Informationen auf einen Lernprozeß folgen, desto größer ist die Wahrscheinlichkeit, daß sie das Lernen der ersten Information hemmen.**

Stellen Sie sich vor, daß unmittelbar nach dem Lernen der Begriffe Ihre Kaffeetasse herunterfällt und zerbricht, daß vor dem Lernen ein Streit Ihrer Nachbarn, die Sie gut kennen, zu Handgreiflichkeiten führt oder daß irgendwelche anderen Störungen auftreten, die Sie gleichzeitig mit dem Lernen gefühlsmäßig in Anspruch nehmen.

Dann hätten Sie Beispiele für **emotionale Lernhemmungen**, die vor oder nach dem Lernprozeß liegen und das Lernen hemmen. Für sie gilt die Regel:
Je stärker die Inanspruchnahme des Lernenden durch gefühlsmäßige Störungen, desto ausgeprägter ist die Lernhemmung.
Welche grundsätzlichen **Schlußfolgerungen** können Sie aus dem Experiment ziehen?

9.1 Lernhemmung durch zeitliche Nähe

Lernprozesse sind nicht mit der unmittelbaren Informationsübernahme abgeschlossen. Zum Lernen gehört auch das Einprägen. Dieses Prägen von Gedächtnismustern im Intervall nach der unmittelbaren Informationsaufnahme nennt man **postmentalen Lernprozeß**. Er braucht Zeit.
Vergleichen wir den Lernvorgang mit der Fütterung eines Computers: Dem Einspeisen von Informationen (Dateneingabe) entspricht die Aufnahme von Informationen im Lernprozeß, der elektronischen Speicherung durch Anordnung der Elektronen auf ein Magnetband das (unbewußte) Einprägen im Gedächtnis.
Elektronischer Speichervorgang und postmentale Prozesse unseres Gedächtnisses sind kurz. Treten aber während der postmentalen Prozesse Störfaktoren wie neue Informationen oder emotionale Ablenkungen auf, so wird der Speichervorgang beeinträchtigt. Es kommt zur informativen oder emotionalen Lernhemmung. Sie haben erfahren, daß sich zwei Lernprozesse, die zu dicht aufeinander folgen, gegenseitig hemmen. **Das sind Lernhemmungen durch zeitliche Nähe**. Man spricht wegen des fehlenden Intervalls auch von **Intervallhemmung**. Die hemmende Wirkung, die vom vorangehenden Speichervorgang auf den nachfolgenden ausgeübt wird, nennt man vorauswirkende Hemmung. Die Hemmung vom nachfolgenden Einprägungsvorgang auf den vorangehenden ist die rückwirkende Hemmung. Denken Sie z. B. an die siebenstellige Telefonnummer, die Sie eben nachgeschlagen haben. Auf dem Weg zur Telefonzelle fragt Sie jemand nach dem kürzesten Weg zur Reinebeckstraße …
Es ist durchaus denkbar, daß Sie sich später weder an die Telefonnummer noch an die Straße erinnern, nach der Sie gefragt wurden,

weil der vorausgehende Speicherprozeß – Telefonnummer – „vorauswirkend“ das Einprägen der nachfolgenden Information – Straßenname – hemmte.

9.2 Lernhemmung durch inhaltliche Nähe

Die Begründung für Lernhemmungen durch inhaltliche Nähe haben wir mit dem Hinweis auf physiologische Prozesse beim Einprägen in identische oder unmittelbar benachbarte Hirnregionen schon angedeutet. Lassen Sie sich an einigen Beispielen klarmachen, was **Ähnlichkeitshemmungen** sind und wie Sie sie vermeiden können.

Wenn Sie Infektionskrankheiten lernen wollen, die mit einem Exanthem auftreten, werden Sie, ausgehend vom Erscheinungsbild, feststellen, daß diese Krankheiten in ihren Symptomen vielfache Ähnlichkeiten, gelegentlich sogar die gleichen Symptome aufweisen, z. B. die katharrhalischen Erscheinungen bei Masern, Röteln und Exanthema subitum,
die Leukozytose bei Masern, Scharlach, Ringelröteln, Fleckfieber und Variola,
die geschwollenen Lymphknoten bei Masern, Röteln, Scharlach und Exanthema subitum
oder die Temperaturerhöhungen, die bei so gut wie allen akuten Infektionen mit Exanthem auftreten.
Solche Krankheiten in einem Lernprozeß lernen zu wollen, könnte zur Hemmung durch inhaltliche Nähe (Ähnlichkeitshemmung) führen, weil sich die wenig differenzierten Informationen beim Einprägen gegenseitig behindern. Man sollte deshalb Lernarten wählen wie das unterscheidende Lernen, in unserem Fall also das Lernen differentialdiagnostisch wegweisender Merkmale. Damit kann die Ähnlichkeitshemmung überwunden werden. Das Nicht-ähnliche wird besonders betont, z. B. mit der Frage: Was ist für die eine oder andere Krankheit besonders charakteristisch?
Noch deutlicher wird die Ähnlichkeitshemmung beim Lernen mehrerer ähnlicher Sprachen (spanisch, portugiesisch, italienisch), wenn man sie im gleichen Zeitraum lernt. Auch hierbei erfordert das Lernen mehr Zeit und Arbeitsaufwand, und die Ähnlichkeitshem-

mungen werden um so stärker, je ähnlicher die beiden Sprachen sind. Verstärkt werden kann die Ähnlichkeitshemmung dann noch, wenn man die Lektionen jeweils kurz hintereinander lernt, dann kommt es zur **Intervallhemmung.**
Ähnlichkeits- und Intervallhemmung können durch Pausen gemindert werden, ein Grundsatz, den man sich beim Sport als Intervalltraining zunutze gemacht hat.

Regel

Hemmungen des Lernprozesses sind um so stärker,
1. je schneller eine zweite Information der ersten folgt (Intervallhemmung),
2. je ähnlicher die beiden Informationen sind (Ähnlichkeitshemmung) und
3. je intensiver ein emotionaler Reiz den vorangehenden, konkurrierenden Lernvorgang übertönt (emotionale Lernhemmung).

Fragen wir nach den Konsequenzen der informativen oder emotionalen Lernhemmungen für Ihr Studium, so werden Sie leicht die Be-

---

Unter dem Strich
Untersucht werden die postmentalen Prozesse von Rohracher*. Er setzt die bewußten Erlebnisse den mentalen Erregungen des Gehirns gleich, die unbewußten Erregungen nennt er postmental. Sie sind gleichzusetzen mit „Einprägungsprozessen“, die Zeit benötigen. Durch Hinzukommen mentaler Erregungen während des Einprägungsprozesses wird der postmentale Prozeß überlagert. Es kommt zur „partiellen Erregungskollision“ (**Intervallhemmung**). Sie ist um so störender, je früher überlagernde mentale Prozesse einsetzen und je größer die inhaltliche Nähe (Nachbarschaft) beider Informationen ist. Wahrscheinlich beruht die Hemmung durch inhaltliche Nähe (**Ähnlichkeitshemmung**) auf der Erregung identischer Hirnregionen, ein Vorgang, dessen Konsequenzen Sie sich beim Vergleich mit gleichzeitiger elektronischer Speicherung bei begrenzter simultaner Speicherkapazität auf Datenträgern leicht ausmalen können. Die Dauer postmentaler Prozesse, die gestört werden können, beträgt je nach Lernstoff wenige Sekunden bis Minuten. Geben Sie also beim Lernen Ihren „kleinen grauen Zellen“ die Chance, die aufgenommenen Informationen richtig zu speichern.

---

* Rohracher, Hubert: Einführung in die Psychologie. 13. Aufl. Psychologie Vlgs Union, München 1988.

deutung des unsinnigen, maschinenhaften Paukens erkennen, bei dem man gelegentlich mit der zu eiligen linken Hand das wieder einreißt, was man mit der rechten gerade aufgebaut hat.

Bedenken Sie aber auch die rückwirkende Hemmung unmittelbar vor dem Examen. „In letzter Minute Gelerntes" ist während des Examens noch außerordentlich labil, denn nach der Vergessenskurve vergißt man unmittelbar nach dem Lernen besonders rasch. Darüber hinaus können die neu gelernten Informationen die Reproduktion früher gelernten Stoffes behindern. Das werden Sie leicht nachvollziehen können, wenn Sie daran denken, daß Vergessen nicht als passives Absinken von Gedächtnisinhalten, sondern eher als Überlagerung durch neue Informationen zu bezeichnen ist.[1]

Lernen Sie deshalb nicht unmittelbar vor Prüfungen!

Lassen Sie uns die Lernhemmungen zusammenfassen und daraus Regeln für Ihr Studium ableiten:

1. Der Lernprozeß besteht aus einer (bewußten) mentalen Wahrnehmungsphase und einer (unbewußten) postmentalen Verarbeitungsphase.
2. Das postmentale Einprägen nimmt Zeit in Anspruch. Abgesehen von der Störung *beim* Lernen sind daher Störungen unmittelbar *nach* der mentalen Lernphase möglich als
   Hemmung durch zu kurze Aufeinanderfolge der Lerninhalte (Intervallhemmung),
   Hemmung durch inhaltliche Verwandtschaft der Lerninhalte (Ähnlichkeitshemmung),
   Hemmung durch unmittelbar folgende emotionale Ereignisse (emotionale Lernhemmung).
3. Die Hemmungen summieren sich, wenn man Ähnliches kurz hintereinander lernt.
4. Sie können Störungen in der Verarbeitungsphase dadurch vermeiden,
   daß Sie beim Lernen Intervalle (Pausen) einplanen,
   daß Sie die Lerninhalte durch Wechsel der Stoffgebiete und durch Phasenverschiebung variieren,
   daß Sie beim Lernen emotionale Störungen meiden.

[1] Unterscheiden Sie Extinktion und Vergessen, bei dem nur das spontane Reproduzieren nicht mehr möglich ist.

5. Denken Sie daran, daß unmittelbar vor einer Prüfung aufgenommenes neues Wissen die ungehinderte Reproduktion gesicherten alten Wissens stören kann.

Alles Lernen ist also nicht nur ein Kampf gegen das Vergessen, sondern auch gegen die Hindernisse auf dem Weg zum Behalten.

Pausenregelung

Der Tip „Mach mal Pause!" hat sicher zur Humanisierung mancher Arbeitseinteilung beigetragen. Einen Examenskandidaten macht der Begriff Pausenregelung dann nervös, wenn er die Zeit, die er ohnehin nicht mehr hat, auch noch mit Pausen vertun soll. Diese Auffassung enthält zwei Denkfehler:
- Der kluge Mann fängt zeitig an.
- Pausen sind keine vertane Zeit.
  (Denken Sie an die postmentale Verarbeitung.)

Was halten Sie von der Pausenregelung des Herrn X? Er ist Medizinstudent im 4. Semester und bei seinen Vorbereitungen für das Physikum. Nachts gegen 1.00 Uhr stellt er fest, daß er zwar seit den frühen Morgenstunden Physiologie lernt, aber nicht wie vorgesehen 100, sondern nur 80 Seiten geschafft hat. Mittags 5 Minuten Zeit für das Essen, dabei das Gelesene überdacht, zwischendurch 2 Tassen Kaffee zum Aufmuntern. Abendbrot am Schreibtisch. Jetzt stocksauer, weil Ziel nicht erreicht.

Das kann man sicher besser und lernwirksamer machen. Bedenken Sie aber, daß auch die Pausenregelung besonders stark individuellen Bedürfnissen angepaßt werden muß.

9.3 Vorschläge zur effektiven Pausenregelung

Berücksichtigen Sie für die Pausenregelung fünf Grundsätze:
1. Arbeiten Sie auch in der härtesten Prüfungsvorbereitung nicht länger als 10 Stunden pro Tag.
2. Kalkulieren Sie zwanzig Prozent Ihres Arbeitstages für Pausen ein.
3. Je anstrengender der Lernstoff, desto mehr Pausen.

4. Machen Sie nicht erst dann eine Pause, wenn Erschöpfungserscheinungen auftreten (I). Effektive Pausenregelung heißt nicht, abgefallene Leistungsfähigkeit wieder aufbauen, sondern gute Leistungsfähigkeit erhalten (II).

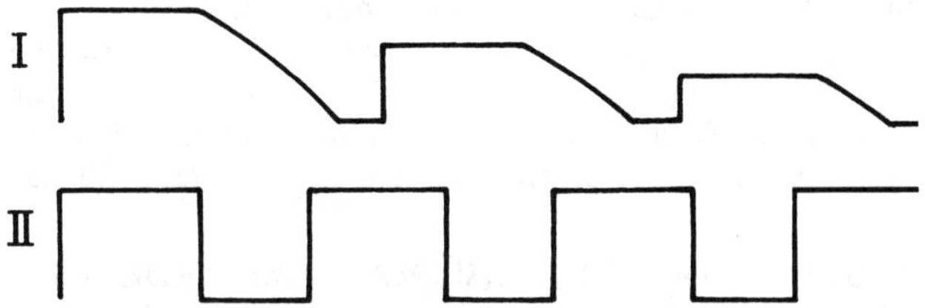

Aufgabe 72

Welche Hypothesen stellen Sie auf, die zur Klärung der beiden Lernverläufe dienen können?

a) Die Effektivität (Aufwand : Ergebnis) ist für (I)
____

b) Verglichen mit (II) wird (I) durch abfallenden Lernerfolg ______________________________

c) In bezug auf die mit Lernen verbrachte Zeit arbeitet (I)
____

5. Streben Sie für die zeitliche Verteilung Ihrer Pausen eine gewisse Regelmäßigkeit an. Suchen Sie Ihren **persönlichen** „Pausenrhythmus". Unsere Pauseneinteilung ist daher nur als Anregung zu verstehen.
Z. B.: Nach 15 Minuten Arbeit: **Verschnaufer** am Arbeitsplatz bis zu einer Minute.

Alle 30 Minuten: **Kurzpausen** von 3–5 Minuten. Man kann sich darauf freuen!

Alle zwei Stunden: **Erholungspausen** von 10–15 Minuten. Kaffeepause.

Nach vierstündiger Arbeit: **Entspannungspausen** von mindestens 30–60 Minuten. Leibliches Wohl? Laufen? Siesta?

Berücksichtigen Sie für den Inhalt Ihrer Pausen (Pausenform) die „Ähnlichkeitshemmung", d. h. machen Sie möglichst etwas ganz anderes, denn das Nichtstun in den Pausen läßt Ihre Gedanken zu leicht zum Lernstoff zurückkehren. Unsere Pausenregel heißt deshalb:

MACHEN SIE IN DER PAUSE MAL WAS ANDERES!

Verlassen Sie mindestens bei den Erholungs- und Entspannungspausen Ihren Arbeitsplatz. Als aktive Pauseninhalte bieten sich an: Unterhaltung, Musik, einmal die Treppe rauf und runter, den Freund oder die Freundin anrufen, Spazierengehen, Tischtennis, Schwimmen usw.

Wenn Sie einen Tag lang angestrengt arbeiten, sollten Sie daran denken, daß Müdigkeit oder Unlust auch ihre Ursachen in einem leeren Magen haben können. Notfalls stellt flüssige Nahrung Ihr Wohlbefinden wieder her.

Dehnen Sie andererseits während Ihres zehnstündigen Arbeitstages Entspannungspausen nicht über zwei Stunden aus. Dadurch könnte eine längere Anlernphase nötig werden, mit der Sie Zeit verlieren. Den Begriff „lohnende Arbeitspause" finden Sie ausführlich bei O. Graf besprochen.

9.4 Der Schlaf und die effektive Pausenregelung

Es ist sinnlos, gegen echte Müdigkeit anzulernen. Geben Sie Ihrem Schlafbedürfnis nach. Mit einem Zwanzig-Minuten-Schlaf können Sie nicht nur Ihre Leistungsfähigkeit wiederherstellen, sondern auch sich selbst bei Laune halten. Müde Menschen arbeiten nicht nur lustlos, sondern können auch quengelig und damit zur Plage für ihre Mitmenschen und sich selber werden (siehe emotionale Motivationsstörungen).

In einem fortgeschrittenen Stadium Ihrer Ausbildung werden Sie es wahrscheinlich ohnehin lernen, Gelegenheiten zum Kurzschlaf immer dann wahrzunehmen, wenn sie sich anbieten oder wenn Sie müde sind. Ein Kurzschlaf macht Sie fit für drei Stunden intensiver Arbeit. Einschlafübungen zum Kurzschlaf setzen nur wenig voraus, nämlich die Fähigkeit, kurzfristig wirklich an nichts zu denken. Haben Sie schon einmal versucht, für wenige Minuten den Kopf völlig frei von Gedanken zu halten? Wenn Ihnen diese Einschlaftechnik trotz mehrfacher Übung nicht gelingen sollte, lesen Sie nach bei J. H. Schultz: Das autogene Training. 19. Aufl. Stuttgart, Thieme-Verlag, 1991.

Regel:

Schlafen Sie, wenn Sie müde sind. Jeder Versuch, Ihr physiologisches Schlafbedürfnis zugunsten des Lernens zu überwinden, wird mit enormem Energieaufwand und unverhältnismäßig großem Leistungsabfall erkauft, ist also sinnlos.
Noch einmal die wichtigsten Punkte für die Pausenregelung:

1. Pausenregel: Machen Sie in der Pause mal **was anderes.**
2. 20% der Arbeitszeit sollten für Pausen **eingeplant** werden.
3. Machen Sie **regelmäßig** Pausen:
   Verschnaufer = nach 15 Min. angestrengter Arbeit
   Kurzpausen = 3– 5 Min. nach 30 Min. angestrengter Arbeit
   Erholungspausen = 10–15 Min. nach 2 Std. angestrengter
   Entspannungspausen = 30–60 Min. nach 4 Std. angestrengter Arbeit
4. Teilen Sie Ihre Examensvorbereitungen so ein, daß Sie mit einem **zehnstündigen Arbeitstag** auskommen. Was darüber hinaus geht, ist wenig effektiv und führt auf die Dauer zu einem unfruchtbaren Überhang am nächsten Morgen. Man spricht vom Lernkater.
5. Das beste Mittel gegen Müdigkeit ist selbst in der Examensvorbereitung der **Schlaf.**

Aufgabe 73

Entwerfen Sie für sich selbst einen Pausenplan für die 24 Stunden eines Tages in der Examensvorbereitung. Berücksichtigen Sie dabei die Grundsätze der effektiven Pausenregelung.
Benutzen Sie für die Themenangaben Kapitelüberschriften und Seitenangaben gängiger Lehrbücher.
Wie viele Stunden Arbeit und wie viele Stunden Pausen enthält Ihr Plan?

Gruppenarbeit
Aufgabe X, Y, Z

X: Diskutieren Sie Ihre Lernkurven aus Aufgabe 71 in der Gruppe. Bilden Sie dann Durchschnittswerte für den 1., 2. und 3. Durchgang, zunächst ohne Rücksicht auf die richtige Zuordnung. Legen Sie eine gemeinsame Lernkurve (schwarz) für alle Teilnehmer an.
Berechnen Sie dann die Durchschnittswerte der richtigen Antworten für alle Teilnehmer und tragen Sie mit rot die Gesamtleistung der Gruppe für die Zahl der richtigen Antworten ein. Formulieren Sie eine Begründung für Gemeinsamkeiten und Abweichungen.

Y: Stimmen Sie Ihre Ergebnisse zu Aufgabe 72 in der Gruppe mit dem Ziel ab, zu einer verbindlichen Aussage zu kommen, über die in der Gruppe Konsens besteht. Diskutieren Sie nicht nur einen Kurvenabfall, sondern auch eine Anstiegshemmung.

Z: Sehen Sie gemeinsam Ihre Pausenpläne (Aufgabe 73) für einen 24-Stunden-Tag durch. Achten Sie darauf,

daß alle vier Pausenarten – Verschnaufer, Kurzpausen, Erholungspausen, Entspannungspausen – berücksichtigt wurden. Formulieren Sie ggfs. Alternativvorschläge und machen Sie zu jeder hier genannten Pausenart mindestens drei Vorschläge, wie man die Pausen nach dem Motto „Mach mal was anderes" füllen kann.
Kontrollieren Sie für den 10stündigen Arbeitstag, ob 20% der Arbeitszeit tatsächlich für Pausen eingeplant wurden.
Individuelle Variationen sollen dabei toleriert werden.

Der rote Faden 9

Hemmungen im Alltagsleben entstehen meist dadurch, daß man mehr möchte, als man darf.
Ganz ähnlich treten Lernhemmungen auf, wenn man versucht, die zu erlernenden Informationen in zu kurzen Zeitabständen aufzunehmen (Intervallhemung), bzw. wenn man ähnliche Inhalte gleichzeitig lernen will (Ähnlichkeitshemmung).
In diesem Kapitel haben Sie auch erfahren, daß die eigene emotionale Beteiligung an lernfremden Vorgängen den beabsichtigten Lernprozeß erheblich stören kann.

*

Unsere Vorschläge zur Pausenregelung „Mach mal was anderes" sind nicht nur im Sinne des Wiederaufbaus abgefallener Leistungsfähigkeit zu verstehen, sondern mit einer vernünftigen Pausenregelung soll auch vermieden werden, daß sich Lernprozesse gegenseitig hemmen.
Im folgenden Kapitel werden wir Prüfungsformen besprechen, die zur Zeit in den Hochschulen üblich sind und auf das Prüfungsverhalten eingehen, mit dem Sie fehlendes Wissen zwar selten kompensieren, gute Leistungen aber in das rechte Licht rücken können.

10. Kapitel: Prüfungsformen und Prüfungsverhalten

10.1 Schriftliche Prüfungen; 10.2 Multiple-Choice-Aufgaben; 10.3 Mündliche Prüfungen; 10.4 Gruppenprüfungen.

Während des Studiums müssen Sie schriftliche und mündliche Prüfungen als Klausuren oder Praktikumsaufgaben, An- und Abtestate usw. bestehen. Scheine, die Sie als Nachweis der regelmäßigen und erfolgreichen Teilnahme an einem Kurs erhalten, können von Prüfungen abhängig gemacht werden. Es ist also zweckmäßig, sich auf derartige Prüfungssituationen vorzubereiten.

Herkömmliche Prüfungen haben zwei Nachteile:

1. Viele sind mit dem Makel abschließender „Quittungen" behaftet, d. h. sie geben dem Studenten keine für seinen Lernprozeß brauchbare Rückmeldung über seinen Lernerfolg und damit keine Chance, sich mit diesem Lernerfolg zu motivieren. Studien**begleitende** Prüfungen könnten diesen Mangel ausgleichen.
2. Die wenigsten Prüfungen in der Hochschule sind darauf angelegt, den Lehrenden zu zeigen, wo Schwächen im Ausbildungsbemühen und im Ausbildungssystem liegen.

Lernziele

Im folgenden Kapitel werden Sie lernen,

- wie man sich in schriftlichen Prüfungen in bezug auf Themenwahl, Beschränkung, Gliederung, Definitionen und Formalien zweckmäßig verhält und
- wie man die verschiedenen Typen der Multiple-Choice-Aufgaben beantwortet.
- Sie werden für das Prüfungsverhalten in mündlichen Prüfungen Regeln zur Beantwortung von Fragen, zum Eingehen auf den Prüfer, zur Gesprächsführung, aber auch für den Fall, daß Sie eine Frage nicht beantworten können, kennenlernen.
- Schließlich sollen Sie zwei Grundsätze für Ihr eigenes Verhalten in Gruppenprüfungen beherzigen.

10.1 Prüfungsverhalten in schriftlichen Prüfungen

Für die Ausarbeitung von Essay-Aufgaben, Stellungnahmen und Fachaufsätzen gelten fünf Erfolgsregeln:

1. Ein einziges Thema gestattet zwar Varianten in der Ausführung, legt Sie aber thematisch fest; Wahlthemen bieten Ihnen mehr Freiheit. Lassen Sie sich nicht dazu verleiten, eventuelle Vorlieben des Prüfers zu berücksichtigen, sondern **entscheiden Sie** bei **Wahlthemen „eiskalt"** danach, zu welchem Thema Sie am besten vorbereitet sind.
2. Versuchen Sie nicht, Ihr gesamtes Wissen über ein Fach in der Stellungnahme zu einem begrenzten Thema unterzubringen. **Kein Prüfer liest gerne Weitschweifigkeiten;** er könnte es als Zumutung empfinden. Hüten Sie sich auch davor, Ihrem Wissen einseitig in der Richtung die Zügel schießen zu lassen, in der Sie am besten informiert sind. Das könnte am Thema vorbeiführen und bringt Sie selbst bei größter Wissensflut um den Erfolg. Achten Sie bei sich selbst auf Warnzeichen für prüfungsbedingte Weitschweifigkeit. Dazu gehören Formulierungen wie „darüber hinaus ...", „außerdem ...", „zusätzlich ..." usw.
3. Eine gute **Selbstkontrolle und Hilfe bei der Gedankenführung ist eine sorgfältige Gliederung.** Lösen Sie hierzu die folgende Aufgabe.

Aufgabe 74

Schreiben Sie zunächst auf einen freien Bogen Papier eine Stichwortsammlung in der Reihenfolge, wie Sie Ihnen einfällt, zu dem Thema „Wie kann man die eigene Lernmotivation fördern?". Arbeiten Sie nur nach Ihrem Gedächtnis, ohne Zuhilfenahme des Textes.

Teilen Sie dann einen DIN-A4-Bogen (kariert, quer) in drei senkrechte Spalten.

	1	2	3
Motivation	1.	1.1 1.2	1.1.1 1.1.2 1.1.3 usw.
	Abschnitte	Informa-tionsgruppen	Lernschritte

Schlagen Sie dann das Kapitel über die Motivation auf und ordnen Sie Ihre Stichwortsammlung anhand der Gliederung für dieses Kapitel. Die Abschnittüberschriften (rot) kommen in die erste Spalte, die (grünen) Informationsgruppen in die zweite Spalte. Arbeiten auch Sie dabei mit einem Dezimalsystem und gehen Sie bei der senkrechten Platzverteilung großzügig vor. Sie brauchen den Platz für die weitere Unterteilung in Spalte 3, in der Sie dann nochmals Ihre Gliederung mit „Lernschritten" (blau) aus dem Text erweitern.

Sie haben jetzt in der Form des aktiven Lernens das Thema Motivation und die hierarchische Form einer Gliederung wiederholt, die Sie für die Frage des Einprägens schon kennengelernt hatten. Gleichzeitig haben Sie gelernt, wie man eine offene Gliederung erstellt, ohne ständig in Zeilennot zu geraten oder seine Gliederung wiederholt niederschreiben zu müssen.

Für größere Arbeiten empfiehlt sich eine ähnliche Aufteilung: Die Übersicht der Gliederung auf einer ersten Seite beschränkt sich auf erste Dezimalstellen (Informationsgruppe z. B. 1.1); für jede zweite Dezimalstelle – Lernschritte – sollten Sie dann schon eine gesonderte Seite anlegen. So behalten Sie die Übersicht. Denken Sie bei schriftlichen Semesterarbeiten daran, daß Sie die Gliederung mit abgeben, Sie erleichtern dem Beurteiler die Arbeit.

4. **Beginnen Sie** wissenschaftliche Stellungnahmen möglichst **mit kurzen Definitionen** der Begriffe, die im Thema enthalten sind. Vergessen Sie nicht, diese Definitionen nach Abschluß Ihrer Ausführungen in bezug auf ihre Gültigkeit noch einmal zu überdenken. Definitionen helfen, sich Klarheit über die Aufgabe zu verschaffen. Weniges mißfällt einem Prüfer so sehr wie Kandidaten, die entweder unbeabsichtigt mit unscharfen Begriffen arbeiten oder sich mit möglichst abstrakt gehaltenen Jonglierbegriffen Spielraum für Ausweichmanöver zu verschaffen suchen.

5. **Berücksichtigen Sie Formalien.** Sie erleichtern dem Prüfer mit leserlicher Schrift, auf Anhieb verständlichen, kurzen Sätzen und mit der Einteilung des Geschriebenen durch Absätze und Numerierungen die Durchsicht.

Aufgabe 75

a) Wiederholen Sie zunächst schlagwortartig die fünf Regeln für das Prüfungsverhalten in schriftlichen Prüfungen und kennzeichnen Sie die Regeln, die Sie ohnehin schon bewußt bei früheren Prüfungen angewandt haben. Die restlichen Regeln sind für Sie von besonderer Bedeutung.

b) Erinnern Sie sich, welche fünf Formalien in schriftlichen Prüfungen berücksichtigt werden sollten?

________ ________ ________ ________ ________

c) Warum sollte man Definitionen, die man am Anfang gegeben hat, nach Fertigstellung der Arbeit noch einmal überdenken?

____

10.2 Wie man Multiple-Choice-Fragen beantwortet

Aufgabe 76

Versuchen Sie, aus Ihren bisherigen Prüfungserfahrungen und mit dem gesunden Menschenverstand folgende Fragen zur Bearbeitung von Multiple-Choice-Aufgaben richtig zu beantworten. Wie würden Sie sich verhalten?

	Richtig	Falsch
1. Zunächst intensiv die schwierigen Fragen bearbeiten?	☐	☐
2. Fragen, die Ihnen Schwierigkeiten bereiten, zunächst überspringen?	☐	☐

	Richtig	Falsch
3. Die Reihenfolge der gestellten Fragen einhalten?	☐	☐
4. Die Reihenfolge der gestellten Fragen einhalten, aber in mehreren Durchgängen vom Leichten zum Schweren fortschreiten?	☐	☐
5. Die Reihenfolge nach der Zusammengehörigkeit der Themen wählen?	☐	☐
6. Für alle Fragen konsequent die vorgegebene Zeit pro Frage verwenden?	☐	☐
7. Bei Unklarheiten Randbemerkungen machen?	☐	☐

Vergleichen Sie bitte Ihre Antwort mit den folgenden Hinweisen.

Hinweise zur Lösung von Multiple-Choice-Aufgaben

Es ist sicher zweckmäßig, bei einer ersten Bearbeitung von Multiple-Choice-Aufgaben alle sofort beantwortbaren Fragen zu beantworten. Dabei sollten Sie wegen der Sortierung der Aufgaben nach Typen **in der Reihenfolge der gestellten Aufgaben** arbeiten, allerdings alle Fragen für einen späteren Durchgang aufheben, die Ihnen Schwierigkeiten bereiten.
Machen Sie sich auch hierfür einen Zeitplan: Sie haben für jede Aufgabe 1 1/2 Minuten. Viele Aufgaben werden Sie schneller lösen

und sich damit einen **Zeitpuffer** erarbeiten. Kontrollieren Sie nach dem ersten Durchgang, wieviel von der Gesamtzeit Ihnen für wie viele ungelöste Aufgaben geblieben ist. Teilen Sie die Restminuten durch die Zahl der noch nicht gelösten Aufgaben und bearbeiten Sie beim 2. Durchgang wiederum die weniger schwierigen Aufgaben zuerst. Arbeiten Sie erst beim **3. Durchgang konsequent nach der Restzeit pro Aufgabe.** Wenn Sie eine Aufgabe in dieser Zeit nicht lösen können, streichen Sie **auf jeden Fall die wahrscheinlichste Lösung** an (20% Ratewahrscheinlichkeit bei 5 Alternativen). Eine Ausnahme von dieser Regel gilt nur dann, wenn in den Prüfungsbedingungen ausdrücklich festgelegt ist, daß falsche Lösungen als Fehler von den richtigen Lösungen abgezogen werden (Minuspunkte).
Überdenken Sie jetzt noch einmal Ihre Lösungen der vorangehenden Aufgabe.

In der Medizin haben sich in den letzten Jahren Kenntnisprüfungen in Form von Multiple-Choice-Prüfungen durchgesetzt, die in dieser Form bei anderen Fächern bereits zur Nachahmung geführt haben. Es ist damit zu rechnen, daß auch in anderen natur- und geisteswissenschaftlichen Bereichen ähnliche Prüfungen Anwendung finden werden. Deshalb gehen wir hier ausführlicher auf Multiple-Choice-Examina ein.
Beispiele und Erläuterungen zur Aufgabenstellung wurden mit freundlicher Genehmigung den „Praktischen Hinweisen zur Durchführung der schriftlichen Prüfungen nach der Approbationsordnung für Ärzte“ des Instituts für Medizinische und Pharmazeutische Prüfungsfragen entnommen.

In den „Praktischen Hinweisen ...“ ist der Prüfungsablauf, der Aufbau der Aufgabenhefte und der Antwortbögen beschrieben. Sie finden dort auch technische Hinweise zum Markieren der Antwortbögen.

> Falls Sie Medizin studieren, sollten Sie sich die Hinweise von Ihrem zuständigen Landesprüfungsamt vor der Prüfung beschaffen, damit Sie mit der Prüfungstechnik rechtzeitig vertraut sind.

1. Allgemeine Bedingungen und Hinweise

Art der Aufgaben

Jede m.-c.-Aufgabe besteht aus einem Aufgabenstamm (Frage, Behauptung usw.) und 5 Antworten A–E, von denen **eine und nur eine** die **Lösung** der Aufgabe ist. Man unterscheidet je nach Konstruktionsart einer Aufgabe verschiedene Aufgabentypen, die wir Ihnen anhand von Beispielen im Kapitel 2 dieser Anleitung erläutern.

Darbietung der Aufgaben

Die Prüfungsaufgaben werden Ihnen in einem Aufgabenheft vorgelegt. In diesem Heft sind die Aufgaben nach Aufgabentypen angeordnet und fortlaufend numeriert. Rechts oberhalb jeder Aufgabe ist das entsprechende Fachgebiet angegeben (vgl. die Beispiele in Kapitel 2).

Aufgaben-bearbeitung

Für die Bearbeitung jeder Aufgabe (Lösung **und** Markierung auf den Antwortbogen) stehen im Durchschnitt $1^1/_2$ Minuten zur Verfügung. Um diese Zeit optimal auszunutzen, schlagen wir Ihnen vor, zunächst die Aufgaben zu lösen, deren Beantwortung Ihnen leichtfällt. Befassen Sie sich mit den für Sie schwierigen Aufgaben erst in einem zweiten Arbeitsdurchgang.

Bedeutung der Antwortbogen

Zur Erfassung Ihrer Lösungsangaben werden Ihnen Markierungs-Antwortbogen bereitgestellt (vgl. Kapitel 3). Beachten Sie, daß **nur die Markierungen auf den Antwortbogen die verbindliche Grundlage für die Feststellung Ihres Examensergebnisses bilden.**

Aufgabenbewertung

Eine Aufgabe gilt als **richtig gelöst,** wenn **nur die als zutreffend festgesetzte Antwort** auf dem Antwortbogen **markiert wurde.** Eine Aufgabe, die **nicht bearbeitet** wurde oder für die **mehrere Antworten** markiert wurden, wird als **nicht richtig gelöst** gewertet. Markieren Sie deshalb immer eine Antwort, auch wenn Sie die richtige Lösung nicht kennen, und vermeiden Sie Mehrfachmarkierungen.

Technische Hinweise

Wie Sie Ihre Lösungen auf den Antwortbogen markieren müssen und was dabei zu beachten ist, haben wir Ihnen in Kapitel 4 zusammengestellt. Bitte beachten Sie genau diese schreibtechnischen Regeln, denn nur so kann Ihr Examensergebnis schnell und ohne Fehlinterpretationen ermittelt werden.

2. Aufgabentypen

Nachfolgend wollen wir Ihnen die verschiedenen Aufgabentypen anhand von Beispielen vorstellen. Diese Beispiele sind durch Erläuterungen ergänzt, die jeden Aufgabentyp näher charakterisieren und Ihnen Empfehlungen für die Bearbeitung geben. Die Aufgabenbeispiele entsprechen in ihrer Form den Prüfungsfragen in Ihren Aufgabenheften.

2.1 **Aufgabentyp A** = Einfachauswahl

Beispiele:

Physiologie

1 Welche Aussage trifft zu?

Als Hämatokrit bezeichnet man

(A) die zur Aufrechterhaltung des Kreislaufs erforderliche Mindestblutmenge
(B) den Anteil der Erythrozyten an der Gesamtblutkörperchenmenge in Vol.-%
(C) den Anteil der Blutkörperchen am Gesamtblut in Vol.-%
(D) den Gehalt der Erythrozyten an Hämoglobin
(E) Keine der Angaben trifft zu.

Anatomie

2 Welche Aussage trifft nicht zu?

Im Keilbein liegen folgende Ein- oder Austrittsstellen für Nerven und Gefäße:

(A) Foramen ovale
(B) Foramen rotundum
(C) Foramen spinosum
(D) Canalis opticus
(E) Canalis facialis

Akut-lebensbedrohende Zustände

3 Welche Aussage trifft zu?

Die häufigste Ursache von Atemstörungen bei Unfallverletzten ist

(A) eine Verlegung der oberen Luftwege
(B) eine Verlegung der tiefen Luftwege
(C) ein zentraler Atemstillstand
(D) eine Verletzung der Thoraxwand
(E) eine Verletzung der Lunge

Erläuterungen:

Wie Sie den vorangestellten Beispielen entnehmen können, folgen bei diesem Aufgabentyp auf eine Frage oder unvollständige

Aussage 5 mit A–E gekennzeichnete Antworten oder Ergänzungen.

Von diesen Antworten sollen Sie eine einzige auswählen, und zwar:

entweder	die einzig richtige	(Beispiel 1: Lösung C)
oder	die einzig falsche	(Beispiel 2: Lösung E)
oder	die beste von mehreren möglichen	(Beispiel 3: Lösung A).

2.2 Aufgabentyp B = Aufgabengruppe mit gemeinsamem Antwortangebot – Zuordnung –

Beispiel:

Anatomie

Ordnen Sie bitte jeder der in Liste 1 genannten Zellarten die für sie charakteristische Eigenschaft (Liste 2) zu.

Liste 1	Liste 2
4 Plasmazellen	(A) zeigen ausgeprägte Phagocytoseaktivität
5 Histiozyten	(B) sind mehrkernig
	(C) besitzen eosinophile Granula
	(D) produzieren Gamma-Globuline
	(E) sind die Stammzellen für die Zellen der Stützgewebe

Erläuterungen:

Dieser Aufgabentyp besteht aus:

a) einer Liste mit numerierten Begriffen, Fragen oder Aussagen (Liste 1 = Aufgabengruppe)

b) einer Liste von 5 durch die Buchstaben A–E gekennzeichneten Antwortmöglichkeiten (Liste 2).

Sie sollen zu **jeder** numerierten Aufgabe der Liste 1 aus der Liste 2 die eine Antwort A–E auswählen, die Sie für zutreffend halten oder von der Sie meinen, daß sie im engsten Zusammenhang mit dieser Aufgabe steht. Beachten Sie bitte, daß eine Antwort aus Liste 2 auch für mehrere Aufgaben aus Liste 1 die richtige Lösung bilden kann!

In unserem Beispiel ist D die Lösung für Aufgabe Nr. 4 und A die Lösung für Aufgabe Nr. 5.

Wenn Sie Ihre Lösungen im Aufgabenheft kennzeichnen wollen, schreiben Sie sich am besten – wie im nachfolgenden Beispiel – die Lösungsbuchstaben A–E an die entsprechende Aufgabennummern.

Anatomie

Ordnen Sie bitte jeder der in Liste 1 genannten Zellarten die für sie charakteristische Eigenschaft (Liste 2) zu.

	Liste 1	Liste 2
D	4 Plasmazellen	(A) zeigen ausgeprägte Phagozytoseaktivität
A	5 Histiozyten	(B) sind mehrkernig
		(C) besitzen eosinophile Granula
		(D) produzieren Gamma-Globuline
		(E) sind die Stammzellen für die Zellen der Stützgewebe

2.3 Aufgabentyp C = Kausale Verknüpfung

Beispiel: Anatomie

6 Die erste Rippe ist an ihrem sternalen Ende durch die Haut nicht tastbar,
weil
die erste Rippe vom Schlüsselbein verdeckt wird.

Erläuterungen:

Dieser Aufgabentyp besteht aus drei Teilen:

Teil 1	(Aussage 1)	Die erste Rippe ist an ihrem sternalen Ende durch die Haut nicht tastbar
Teil 2	(Aussage 2)	die erste Rippe vom Schlüsselbein verdeckt wird
Teil 3	(Kausale Verknüpfung)	weil

Prüfen Sie zunächst, ob Aussage 1 richtig oder falsch ist.
Prüfen Sie dann, ob Aussage 2 richtig oder falsch ist.
Wenn beide Aussagen richtig sind, müssen Sie noch prüfen, ob die kausale Verknüpfung beider Aussagen (weil) richtig oder falsch ist.

Wenn Sie die einzelnen Teile geprüft haben, sehen Sie in die nachfolgende Tabelle:

Antwort	Aussage 1	Aussage 2	Verknüpfung
A	richtig	richtig	richtig
B	richtig	richtig	falsch
C	richtig	falsch	–
D	falsch	richtig	–
E	falsch	falsch	–

Dieses Lösungsschema ist im Aufgabenheft auf allen Seiten aufgeführt, die Aufgaben von diesem Typ enthalten.
Hier sind die mit A – E gekennzeichneten möglichen Antworten aufgeführt. Wählen Sie anhand dieser Tabelle die richtige Antwort aus. Für unser Beispiel bedeutet das:
Aussage 1: richtig
Aussage 2: richtig
Die kausale Verknüpfung ist richtig,
also ist A die Lösung.

Für diesen Aufgabentyp geben wir noch folgendes Beispiel:

Pharmakologie

7 Zur Behandlung der durch Halothan induzierten Blutdrucksenkung ist eine Noradrenalininfusion zweckmäßig,
<u>weil</u>
die Blutdrucksenkung in der Halothannarkose mit einer negativ inotropen Wirkung am Herzen verbunden ist.

Bei dieser Aufgabe ist die Aussage 1 falsch und die Aussage 2 richtig. Eine Überprüfung der kausalen Verknüpfung entfällt somit. Die richtige Antwort lautet D.

2.4 **Aufgabentyp D** = Aussagenkombination

Beispiel:

Chemie

8 Welche der folgenden Reaktionen sind Redoxreaktionen?
(1) $CO_2 + H_2O \longrightarrow H_2CO_3$
(2) $2\,H_2 + O_2 \longrightarrow 2\,H_2O$
(3) $2\,Br^- + Cl_2 \longrightarrow Br_2 + 2\,Cl^-$
(4) $H_3PO_4 + H_2O \longrightarrow H_2PO_4^- + H_3O^+$

(A) nur 4 ist richtig
(B) nur 1 und 2 sind richtig

(C) nur 2 und 3 sind richtig
(D) nur 3 und 4 sind richtig
(E) nur 2, 3 und 4 sind richtig

Erläuterungen:

Dieser Aufgabentyp besteht aus:

a) einer Frage oder unvollständigen Aussage
b) mehreren durch eingeklammerte Zahlen gekennzeichneten Aussagen, sowie
c) mit den Buchstaben A – E gekennzeichneten Antworten (Aussagenkombinationen).

Prüfen Sie zunächst alle durch die eingeklammerten Zahlen gekennzeichneten Aussagen und markieren Sie diejenigen, die Sie im Sinne der Aufgabe für richtig halten. Hierbei können eine oder keine Aussage, aber auch mehrere Aussagen richtig sein. Anschließend wählen Sie aus den mit A–E gekennzeichneten Antworten diejenige aus, die nach Ihrer Meinung zutreffend ist.

Auf unser Beispiel bezogen, bei dem die Aussagen (2) und (3) richtig sind, würde als Lösung C angekreuzt werden.

Aufgabentyp E = Bildmaterial

Beispiel:

Physik

9 In welcher Abbildung ist die Amplitudenfunktion einer gedämpften harmonischen Schwingung dargestellt?

(A)

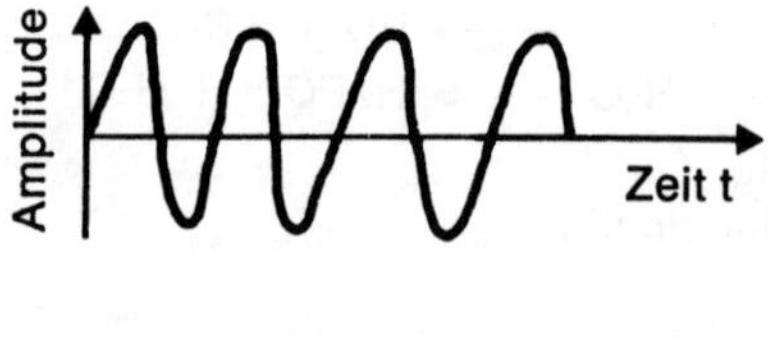

(B)

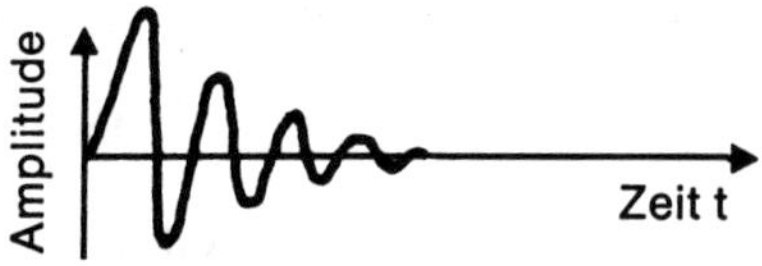

(C)

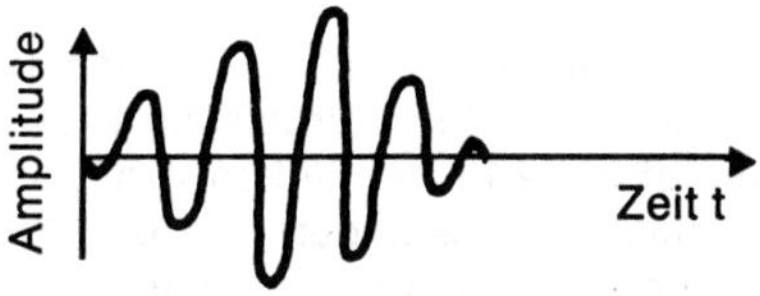

(D)

(E)

Erläuterungen:

Wie Sie dem Beispiel entnehmen, enthalten die Aufgaben des Typs E Fragen, die sich auf Bildmaterial (graphische Darstellungen, Röntgenbilder usw.) beziehen. In unserem Beispiel ist B die richtige Lösung.

Aufgaben, die Bildmaterial enthalten, können im übrigen formal wie alle vorher beschriebenen Aufgabentypen konstruiert sein. So kann z. B. eine Zeichnung die unter 2.2 beschriebene Liste 2 ersetzen.

2.6 Aufgabentyp F = Aufgabengruppe mit Fallbeschreibung

Beispiele: Innere Medizin

Die folgenden Angaben beziehen sich auf die Aufgaben Nr. 10–12.

Ein 50jähriger Mann wurde von einem starken, zusammenschnürenden Schmerz in der linken vorderen Brustseite aus dem Schlaf gerissen. Der Schmerz strahlte in den linken Arm aus und ließ auch, nachdem der Patient in Abständen von je 5 Minuten 10 Nitroglycerintabletten genommen hatte, kaum nach.

Befunde:

Kalter Schweiß.

Blutdruck 100/80 mm Hg; Puls 100/Min., regelmäßig. Feuchte Rasselgeräusche über den unteren Lungenpartien, leise Herztöne, keine Geräusche oder Arrhythmien. Periphere Pulse alle tastbar.

10 Die wahrscheinlichste Diagnose ist:
- (A) Angina pectoris
- (B) Aneurysma dissecans der Aorta
- (C) akute Lungenembolie
- (D) akuter Myokardinfarkt
- (E) akute Perikarditis

11 Welche der folgenden Maßnahmen ist am besten geeignet, die Diagnose zu sichern?
- (A) Bestimmung der Serum-LDH
- (B) Messung des Zentralvenendrucks
- (C) Hämatokritbestimmung
- (D) Lungenübersichtsaufnahme
- (E) EKG

12 Welcher der folgenden Enzym-Serumspiegel ist bei diesen Patienten kurz nach dem akuten Ereignis meist erhöht?

(A) alkalische Phosphatase
(B) SGOT
(C) saure Phosphatase
(D) Amylase
(E) CK (Creatin-phosphokinase)

Erläuterungen:

Bei diesem Aufgabentyp folgt auf eine Fallbeschreibung eine Reihe von Aufgaben. Bei jeder Aufgabe ist die Lösung aus den 5 angebotenen Antworten (A) bis (E) auszuwählen. Im vorstehenden Beispiel entspricht die Aufgabenform dem Typ A = Einfachauswahl. Es können jedoch auch andere Aufgabentypen, gegebenenfalls unter Verwendung von Bildmaterial, im Anschluß an eine Fallbeschreibung folgen. Wesentlich ist, daß Sie bei der Bearbeitung mehrerer Aufgaben bei demselben „Fall" bleiben.

Die Zahl der Aufgaben, die sich an eine Fallbeschreibung anschließen können, ist nicht fixiert. Es wird jedoch eindeutig gekennzeichnet, welche Aufgaben sich jeweils auf eine Fallbeschreibung beziehen, indem wie in unserem Beispiel der Fallbeschreibung folgender Text vorangestellt wird:
„Die folgenden Angaben beziehen sich auf die Aufgaben Nr. XX–YY."

Die Lösungen in unserem Beispiel sind:
10 D, 11 E, 12 E.

10.3 Prüfungsverhalten in mündlichen Prüfungen

„Prüfer“ sind bei maschinell auszuwertenden Prüfungsaufgaben meist nur anwesende Respektspersonen, die illegale Aufgabenlösungen verhindern sollen. Bei schriftlichen Essay-Prüfungen und mündlichen Prüfungen sollte man als Prüfling auch die persönliche Situation des Prüfers berücksichtigen.

Stellen Sie sich vor, daß ein Dozent zehn Jahre lang nach jedem Semester 20–30 Prüflinge, vielleicht sogar mehr prüfen muß, meist zu immer wiederkehrenden Themen, meist mit denselben oder sehr ähnlichen Fragen. Leiten Sie daraus die Schlußfolgerung ab, daß Sie dazu beitragen wollen, die **Prüfung nicht zu einer öden Pflichtübung werden zu lassen.** Wie macht man das?

1. Versuchen Sie, aus der **Prüfung ein Gespräch** zu machen. Antworten Sie deshalb auf Fragen nicht mit einer möglichst kurzen „Minimal-Antwort“. Der Prüfer stellt Fragen nicht nur, um die Antwort zu hören, sondern auch, um Ihnen einen Faden zuzuspielen, den es zu knüpfen gilt. Zeigen Sie, daß Sie den Prüfungsstoff nicht nur aufgenommen haben und vokabelartig wiedergeben können, sondern daß Sie ihn verarbeitet haben. Ihre Gedanken dazu, auch kritische Äußerungen, verhindern das Aufkommen von Langeweile.
2. Bieten Sie unterschiedliche **Auffassungen, Interpretationen** an, **vergleichen** Sie, stellen Sie auch dar, welche Fragen noch ungeklärt sind. Hüten Sie sich vor sogenannten „bewiesenen Tatsachen“. Versuchen Sie, den Prüfer in eine echte Diskussion des Problems zu verwickeln, und er wird sich nicht langweilen.
3. Aber vermeiden Sie es, zu antworten „wie aus der Pistole geschossen“. Kluge Prüflinge **denken erst und reden dann.** Sie werden gut daran tun, sich blitzschnell eine Gliederung der Antwort zurechtzulegen, die nach dem Grundmuster „erst die Hauptsache, dann die Verpackung“ aufgebaut sein sollte. Zeigen Sie, daß Sie einen gewissen Überblick haben. Dagegen ist eine Minimalantwort schnell gegeben, und Sie zwingen den Prüfer, sich eine neue Frage auszudenken, für Sie ein neues Risiko.
4. Wenn Sie einen Stoff wirklich beherrschen, ein Spezialthema haben, sollten Sie mit Vorsicht versuchen, das **Thema anklingen zu lassen.** Aber dazu gehört Geschick.

5. Für mündliche Prüfungen ist es gut zu wissen, auf welchem Gebiet **der Prüfer selbst arbeitet.** Mit diesen Kenntnissen läßt sich am leichtesten eine Diskussion entwickeln, die in jedem Fall der kurzatmigen Frage-Antwort-Prüfung vorzuziehen ist.
6. Achten Sie **genau auf die Fragestellung** und antworten Sie mindestens zuerst unmittelbar auf die Frage, indem Sie zunächst das Wichtigste sagen. Sie stellen damit vorrangig den Prüfer zufrieden und können dann etwas weiter ausholen.
7. Weder grob sichtbares Ausweichen auf ein Thema, das man beherrscht, **noch billige Entschuldigungen** („gestern hab' ich's noch gewußt") sind auf Ihrem Niveau angebracht.
8. Lassen Sie sich ruhig für die Antwort etwas Zeit. Bedenken Sie aber auch, daß man einen geduldigen Prüfer durch zu langes Herumdrucksen aus der Ruhe bringt. Wenn Sie dennoch **mehr Zeit als üblich zum Nachdenken** brauchen, gibt es zwei **Auswege.** Einmal können Sie mit der **Bitte um Wiederholung** der Frage versuchen, zusätzliche Denkhilfen und Zeit zu gewinnen („Ich habe die Frage nicht recht verstanden, können Sie bitte noch einmal fragen?"), oder Sie können ganz offen einräumen, daß Ihnen zu der Frage **nichts einfällt,** und um eine neue Formulierung der Frage bzw. um eine andere Frage bitten. Wenn Sie eine Frage überhaupt nicht beantworten können, sollten Sie das zugeben. Ausreden gehören nicht in akademische Prüfungen.

Versuchen wir, die wesentlichen Punkte noch einmal schlagwortartig zusammenzufassen, die Sie bei mündlichen Prüfungen berücksichtigen sollten:

- Auf die Frage antworten.
- Zunächst nachdenken, dann gliedern, dann antworten.
- Den Prüfer nicht langweilen.
- Das Gespräch anstelle der Frage-Antwort-Prüfung anstreben.
- Bei der Antwort von der Hauptsache zum weniger Wesentlichen fortschreiten.
- Ggfs. versuchen, den Prüfer zu steuern.
- Wissen, worüber der Prüfer selbst arbeitet, dann aber auch mit Fakten argumentieren.
- Wenn Sie Fragen nicht beantworten können, das zugeben. Ausreden gehören nicht in akademische Prüfungen.

10.4 Gruppenprüfungen

Die für die Einzelprüfungen gegebenen Hinweise gelten auch für die Gruppenprüfungen. Achten Sie darüber hinaus in Gruppenprüfungen darauf, daß Sie sich mit Antworten auf Fragen, die anderen gestellt werden, **nicht vordrängen,** daß Sie den anderen Prüfling nicht herabsetzen (Herr Schulz kann nicht antworten und Herr Schmidt wird gefragt: „Wissen Sie das?“ – „Ja, ja, natürlich ...“). Richten Sie

1. Ihr Verhalten in Gruppenprüfungen nach der **Grundregel des fairen Wettbewerbs**, der ohne negative Bezugnahme auf die Mitbewerber erfolgt.
2. In der Gruppenprüfung kann eine Frage jederzeit an Sie gestellt werden und auch jederzeit von einem Prüfling auf den anderen übertragen werden. **Denken Sie deshalb mit**, auch wenn Sie eben erst ausführlich zu Worte gekommen sind. Sollten Sie dennoch die Frage, die einem Kommilitonen gestellt wurde, nicht aufgefaßt haben, wenn sie an Sie weitergegeben wird, so ist es besser, das Nicht-zugehört-haben einzuräumen als ein Nichtswissen. Wird dann die Frage wiederholt, die ursprünglich nicht Ihnen gestellt war, so ist es ein Zeichen der Kollegialität, wenn Sie vor der Beantwortung zunächst noch einmal mit einem Blick Ihrem Mitprüfling eine Chance geben. Vielleicht hat er inzwischen die Antwort doch gefunden.

Aufgabe 77

Stellen Sie stichwortartig positive und negative Auffassungen zu Gruppenprüfungen zusammen und überlegen Sie sich, wie man die Vorteile einer Gruppenprüfung nutzen und die Nachteile ausgleichen kann.

Prüfungsregeln

Stellen wir die Regeln zusammen, die Sie diesem Kapitel entnehmen konnten:

Der Prüfer

1. soll weder gelangweilt noch verärgert werden;
2. legt Wert darauf, daß man seine Fragen beantwortet;
3. ist nicht an einer starren oder gar engen Prüfungssituation interessiert, sondern eher an einem Gespräch.

Schriftliche Prüfungen als Stellungnahme

1. Halten Sie sich strikt an das Thema.
2. Nehmen Sie sich die Zeit für eine Gliederung.
3. Ein Dezimalsystem trägt zur klaren Gedankenführung bei.
4. Geben Sie Ihre Gliederung mit ab.

Praktikumsaufgaben usw.

1. Geben Sie bei Zeitmangel mindestens den Lösungsweg an.
2. Kontrollieren Sie mit Überschlagsrechnungen Ihre Ergebnisse.

Multiple-Choice-Aufgaben

1. Gehen Sie der Reihe nach vor, aber lösen Sie zunächst die Aufgaben, die Ihnen leicht von der Hand gehen.
2. Behalten Sie die Übersicht über die verstrichene Zeit.
3. Benutzen Sie beim 2. Durchgang für jede der schwierigeren Fragen nicht mehr als die anteilige Restzeit.
4. Kreuzen Sie, falls Sie in dieser Restzeit nicht die richtige Lösung gefunden haben, die Lösung an, die Ihnen am wahrscheinlichsten erscheint (abgesehen von anderslautenden Prüfungsvorschriften).

Mündliche Prüfungen

1. Gliedern Sie auch mündlich gegebene Antworten.
2. Bemühen Sie sich, den Prüfer nicht zu langweilen.

3. Streben Sie anstelle der „risikoreicheren“ Frage-Antwort-Prüfung ein Gespräch an.
4. Ausreden gehören nicht in akademische Prüfungen. Wenn Sie etwas nicht wissen oder können, sollten Sie das zugeben.

Gruppenprüfungen

1. Nehmen Sie Rücksicht auf Ihre Mitprüflinge.
2. Denken Sie mit, auch wenn andere gefragt werden.

Aufgabe für die Gruppenarbeit

Diskutieren Sie Ihr Ergebnis der Aufgabe 74 in der Gruppe mit dem Ziel, zu einem gemeinsamen Vorschlag für die Gliederung des Themas zu kommen.

Wiederholen Sie abschließend – wie Sie es auch bei anderen Lehrbüchern tun sollten – hier anhand des Roten Fadens die Kapitel 1 bis 10.
Jeder Teilnehmer sollte dazu ein oder zwei Kapitel unter Verwendung des Roten Fadens in einem Kurzreferat zusammenfassen.

Der rote Faden 10

Wenn alle Vorbereitungen getroffen sind, kommt das Examen. In diesem Kapitel haben wir Ihnen Hinweise für zweckmäßiges Prüfungsverhalten gegeben, das zum Erfolg beitragen kann, aber kein Ersatz für wirkliches Wissen ist. Dennoch – was nützt ein geschlossenes philosophisches System oder die noch so sorgfältig erhobene Anamnese, wenn der Prüfer sie nicht lesen kann oder Ihre Gedankenführung nicht versteht?

Als Grundsatz für mündliche Prüfungen spielt wahrscheinlich die Banalität „Prüfer sind auch Menschen" eine weit größere Rolle, als Prüflinge vor und in der Prüfungssituation einsehen können. Sie sollten also versuchen, sich auf den Prüfer einzustellen, dabei kann Ihnen die Kurzfassung der angebotenen Prüfungsregeln am Tag vor dem Examen nützlich sein.

Aufgabe für die Gruppenarbeit

Schlagen Sie zurück zu Aufgabe A auf Seite 3 und kommen Sie zu einem gemeinsamen Urteil darüber, ob Ihre damals genannten Erwartungen an dieses Buch erfüllt wurden.

Zusammenfassung – das Wichtigste noch einmal in Kürze

1. Bereiten Sie Lernprozesse dadurch vor, daß Sie schon Bekanntes „mobilisieren" und daran anknüpfen.
2. Begreifendes Lernen heißt Strukturen = Zusammenhänge verstehen. Suchen und verwenden Sie deshalb beim Lernen Strukturierungsmerkmale.
3. Motivieren Sie sich selbst; halten Sie sich immer wieder vor Augen, was Sie mit dem Erlernten erreichen wollen (primäre Motivation).
4. Richten Sie beim Lernen Ihre Energie ausschließlich auf das Lernen. Schalten Sie alles Ablenkende ab.
5. Unterteilen Sie den Stoff in kurze, lernfreundliche Einheiten. Jede bewältigte Einheit stärkt Ihre Motivation.
6. Lassen Sie Gruppenarbeit nicht zu Plauderstunden entarten. Es ist Ihre Zeit, die dann verschwendet wird.
7. Die effektivste Lernform ist handelndes Lernen:
   - Strukturieren Sie in Gedanken Gehörtes,
   - gliedern Sie mit Papier und Bleistift Gelesenes,
   - organisieren Sie Ihr eigenes Handeln nach Plan.
8. Strukturieren ist das Zauberwort effektiven Lernens.
   - Strukturierendes Lernen heißt, im Lernstoff Gefüge durchschauen und Zusammenhänge begreifen.
   - Die Methode der Wahl ist die progressive Abstraktion.
   - Das Hilfsmittel ist die Codierung mit Suprazeichen.
9. Planen Sie Ihre Prüfungsvorbereitung rechtzeitig und zielgerichtet. Kontrollieren Sie Ihren Lernerfolg!
10. Lernen mit sinnvollen Pausen führt eher zum Erfolg als ermüdender Lern-Dauerlauf. Nutzen Sie die Lernpausen, um Ihren Lernerfolg zu genießen.

Vergessen Sie nicht:
Erfolgreiches Lernen macht Spaß!

Lösungsvorschläge zu den Aufgaben

Lösungsvorschläge bieten wir Ihnen nur zu Aufgaben an, für die eine einheitliche Lösung möglich ist. Zu vorprogrammierenden Aufgaben, wie den Aufgaben 1 und 2, selbständigen Formulierungen und Fragen, die unmittelbar auf nachfolgende Textstellen Bezug nehmen, machen wir keine Lösungsvorschläge.

5: Fundierte Aussagen über effektives Lernen setzen Maß und Zahl voraus.

6: Richtig ist **nur das 4. Beispiel.** Im Erste-Hilfe-Kurs ist es beabsichtigt und erkennbar, daß man Verbände anlegen lernt. Ändert der Student sein Verhalten nach dem Kurs gegenüber seinem „Vorverhalten“, dann hat er in unserem Sinne gelernt. Die Beispiele 1 und 2 sind nicht beabsichtigtes Lernen; in Beispiel 3 ist „Kennenlernen“ keine unmittelbar meßbare Verhaltensänderung.

7:

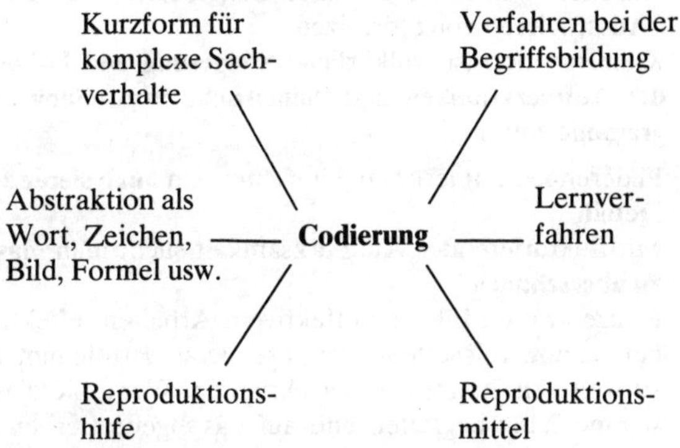

8: Codierung heißt, komplexe Sachverhalte in Formeln bringen o. ä.

9: Ihren aktiven Wortschatz und damit Ihre Gedächtniskapazität können Sie dadurch erweitern, daß Sie

- Worte mit **Gehalt anfüllen** und damit zu Begriffen machen,
- alles, was Sie lernen, zu **veranschaulichen** suchen und
- durch **Übersetzungen** Ihren Wortschatz aktivieren.

10: Codieren heißt, **komplexe Sachverhalte in Formeln bringen.** Die häufigst gebrauchten Formeln sind **Worte.**
Je größer Ihr aktiver Wortschatz, desto größer **die Gedächtniskapazität als Voraussetzung des Lernens.**
Seinen Wortschatz vergrößert man zum Beispiel durch **Erläuterungen, Veranschaulichungen** oder **Übersetzungen.**
Die Gestaltpsychologie versucht, das Lernen als das Aufnehmen von **Gestalten** zu erklären, die behavioristische Theorie **von einzelnen Bestandteilen.**
Man lernt Einzelheiten leichter, wenn man den **Zusammenhang** überblickt, zu dem die **Einzelheiten** gehören.

11: **Die progressive Abstraktion hilft Gedächtniskapazität sparen.**

12: Reiz ist der **Anlaß,** etwas zu lernen; Reaktionen erfolgen (als Verhaltensänderung) auf **Reize;** Verstärkung erfahren Sie durch **Erfolgserlebnisse** o. ä.

13: Aufmerksamkeit ist bewußte **Ausrichtung** auf etwas und **„Ausschalten"** von Störreizen.
Konzentration ist willkürliche **Steigerung und Fokussierung der Aufmerksamkeit** und **thematische Einstellung (Vorprogrammierung).**

14a: Fixierende Aufmerksamkeit richtet sich **analysierend auf das Detail.**
Mit flukturierender Aufmerksamkeit sucht man, **das Ganze zu überschauen.**

b: Konzentration führt zu effektivem Arbeiten, effektives Arbeiten zu Erfolgserlebnissen, Freude am Erfolg motiviert Sie zu weiterem konzentrierten Arbeiten. Wenn Sie diesen Zusammenhang begreifen und auf das eigene Lernen anwenwenden, wird Ihnen das Lernen leichter fallen!

c: Der gedankliche Zusammenhang zwischen „Dem Buch unter dem Kopfkissen" und dem effektiven Lernen besteht in der **unbewußten Weiterbeschäftigung** mit dem Thema.

15: Die erste Zehnergruppe heißt **10** und erhöht sich bei jedem der sechs Schritte um **1.**
Die zweite Zehnergruppe heißt **24** und verringert sich bei jedem der sechs Schritte um **2.**

16 a: Die Subsumierung von Informationen unter Oberbegriffe heißt **progressive Abstraktion.**

b: Der Vorteil der Codierung ist das **Einsparen von Gedächtniskapazität.**

c: Die Darstellung B lernt sich leichter.

d: Etwa: Mit durch Zwischenüberschriften strukturierte Informationen (Codierung) lassen sich Informationsmengen leichter lernen.

17 a: Für die beiden Lernformen Assoziieren und Konditionieren werden die Begriffe **Reiz** und **Reaktion** verwendet.

b: Beim Konditionieren wird der unbedingte (unmittelbare) Reiz **durch einen bedingten** (mittelbaren) Reiz ersetzt.

c: **Schema 1**

Reiz ———→ Reaktion

Schema 2

Reiz ———→ Reaktion
↓ ↗
bedingter oder mittelbarer Reiz

d: Die **Speicherung** von Informationen (Verhaltensmustern) im Gedächtnis ist die Grundlage allen dauerhaften Lernens.

e: Aus dem Momentgedächtnis werden Eindrücke besonders **durch akustisch-verbale Reize** in das Kurzzeitgedächtnis übertragen.

f: Die drei Schlagworte als Voraussetzung einer Engrammbildung sind **Wiederholung, Strukturierung, Bedeutungsgehalt.**

g: Etwa: Die Konzentration der Aufmerksamkeit erleichtert die Speicherung der Informationen im Gedächtnis, auf die sich die Aufmerksamkeit richtet.

h: Der Zusammenhang zwischen Gedächtnis und Lernen besteht darin, daß ohne Gedächtnis als Speicher die dauerhafte Prägung von Reaktionsbereitschaften nicht möglich wäre.

i: Die progressive Abstraktion benutzen Sie, um Informationen unter Oberbegriffe zu subsumieren.

k: Ungegliederte Informationen kann man mit **Zwischenüberschriften** strukturieren.

19 a: Der positive Nacheffekt **verstärkt die Verbindung** zwischen Reiz und Reaktion (das Lernen).

b: Verstärkung heißt **Vergrößerung der Wahrscheinlichkeit,** daß auf einen bestimmten Reiz dieselbe Reaktion erfolgt, das erlernte Verhalten also zum Tragen kommt.

c: Den bewußten Einsatz des Lernerfolges als Motivator zum Lernen nennt man **Shaping.**

d: Durch negative Nacheffekte wird das Lernen **erschwert** o. ä., nach Thorndike schwächt der negative Nacheffekt die Bindung zwischen Reiz und Reaktion.

e: Sie können sich von der Anerkennung durch Dritte unabhängig machen, indem Sie sich den **eigenen Lernerfolg** möglichst deutlich **vor Augen führen.**

f: Über Durststrecken des Lernens kommen Sie durch Aufteilung des **Gesamtzieles in Teilziele** und damit des angestrebten Lernerfolgs in **kleine, aber häufige Erfolgserlebnisse.**

g: Die Verstärkung muß **möglichst unmittelbar** auf den Lernprozeß folgen.

h: Zum Beispiel schlagen Sie die Lösung unmittelbar nach dem Bearbeiten einer (ganzen) Aufgabe nach, aber vermeiden Sie es, die Lösung der folgenden Aufgabe vorwegzunehmen.

20 a: Zum Beispiel der erfolgreiche Studienabschluß.

b: Zum Beispiel das Bestehen eines Zwischenexamens.

c: Zum Beispiel Ihre nicht ganz zufriedenstellende Antwort auf die Frage 19 d dadurch verbessern, daß Sie die beiden Regeln zum Thema „Motivation durch Erfolg“ noch einmal überdenken und dann mit eigenen Worten die Aufgabe 19 d lösen ... Sie werden dann erkennen, daß Erfolg motiviert.

21 a: Motivation ist die Gesamtheit unserer Antriebe, die auf Werte gerichtet sind und sich in dem Bestreben des Lernenden zeigen, Erfolg zu haben o. ä.

b: Die „Kräfte der Umwelt“, die Bedürfnisse wachrufen, sind Werte, nach deren Erkenntnis oder Verwirklichung sich unsere Antriebe richten o. ä.

22 a: Motivation ist der **Kraftstoff** des Lernens.

b: Primäre Motivation entsteht durch Einsicht in den **Sinn (Wert) der Sache.**

c: Sekundäre Lerngründe sind **nicht** in der Sache selbst begründet.

d: Wissen, warum man lernt, ist eine **Voraussetzung dafür,** daß Lernen Spaß macht.

e: Belohnung ist ein Beispiel für **sekundäre** Motivation.

f: Umweltkräfte, die Lernbedürfnisse wachrufen, nennt Lewin **Valenzen.**

g: Relevante Teilziele müssen möglichst **unmittelbare Voraussetzungen** für das Erreichen des Ausbildungszieles darstellen.

h: Mit der gedanklichen Bezugnahme auf übergeordnete Ziele können Sie sich ständig **selbst motivieren.**

i: Falls Sie niemanden nach dem **Zusammenhang** zwischen dem, was Sie gerade lernen, und **übergeordneten Teilzielen** fragen können, helfen operational **definierte Lernziele.**

k: z. B. Relevanz → Motivation → effektives Lernen

Verstärkung → Motivation; Verstärkung → effektives Lernen; effektives Lernen → Erfolgserlebnisse

Verstärkung ← Erfolgserlebnisse

23: Die sechs genannten Motivatoren sind:
Wertbezug, Erfolg, Funktionslust, Wissensdrang, Vollendungsstreben, Sport.

24: Intrinsische Motivation entsteht dadurch, daß Sie die Sache für wert halten, sich damit zu beschäftigen (**Wertbezug**).

26: Etwa: Die klare Zielsetzung ist die Voraussetzung dafür, daß eine Motivation entsteht und zur Handlung führt.

30:
1. Die Informationsgruppe dient der gegenseitigen Information (Seminar).
2. Die Trainingsgruppe dient der Übung von Fertigkeiten (Techniken).
3. Die Diskussions- oder Koordinationsgruppe dient der Besprechung gewonnener Informationen, der Abstimmung der Gruppenmitglieder und der Lösung spezifischer Aufgaben.
4. Die Problemlösungsgruppe dient dem gemeinsamen Auffinden gedanklicher Synthesen und setzt ausführliche Beschäftigung mit dem Gegenstand voraus.

31: Wird es häufig nötig, an das Thema zu erinnern, so fehlt es an **Lokomotion.**
Wenn man die anderen nicht ausreden läßt, kommt es zu einem Mangel an **Kohäsion,**
und wenn mehrere Mitglieder unbeteiligt bleiben, fehlt es an **Interaktion.**

32a: Zum Beispiel: Welche intellektuellen, emotionalen, sozialen Vorteile der Gruppenarbeit können Sie nennen?

b: Zählen Sie drei Voraussetzungen für die effektive Gruppenarbeit auf.
Welche vier Konferenzarten müssen berücksichtigt werden?
Welche drei psychologischen Begriffe spielen ... eine Rolle?
Welche drei Vorbereitungsbereiche darf man ... nicht vernachlässigen?

33: Orientieren: z. B. Zielfestsetzung;
Informieren: z. B. persönliches oder materielles Informationsangebot;
Diskutieren: z. B. Informationen gemeinsam abwägen und beurteilen;
Evaluieren: z. B. ob die Informationen wesentlich, ausreichend, aktuell waren;
Beschließen: z. B. als gemeinsame Entscheidungen über die durchzuführenden Maßnahmen;
Fixieren: z. B. in einem Protokoll die Ergebnisse.

34: Der Diskussionsleiter fördert die **Lokomotion** durch Ankündigung, Betonung und im Auge behalten des Konferenzzieles, durch Herstellung des Bezuges zwischen den Ausführungen und dem Konferenzziel,
durch Zwischenzusammenfassungen, die wiederum auf das Konferenzziel Bezug nehmen,
durch Kurzhalten von Abweichungen, durch Pausen zum Nachdenken und durch Aufforderung zu kurzen Statements.
Der Diskussionsleiter fördert die **Interaktion,** indem er Zurückhaltende zur Beteiligung einlädt,
Monologe rechtzeitig begrenzt,
keine Dozentenrolle übernimmt,
dafür sorgt, daß jeder ausreden kann,
daß er die Diskussion mit Fragen oder Thesen anregt,

daß er selbst besonders gut auf das Thema vorbereitet ist.
Der Diskussionsleiter fördert die **Kohäsion** in der Gruppe, indem er
persönliche Kritik unterbindet,
Streit vermeidet oder schlichtet,
gemeinsame Motive besonders betont,
die Erfüllung gemeinsamer Erwartungen anstrebt
und Konsens betont, aber Cliquenbildung vermeidet.

35 a: Für die Diskussion fehlte die vorausgegangene Information.

b: Herr Schön blieb unbeteiligt.

c: Positive Hinweise zur Lokomotion finden sich bei 3.2 (gemeinsame Sache) und 2.3 (Frage nach dem Thema).

d: Die Kohäsion wird gestört durch 3.1 (Sinn gemeinsamer Arbeit wird angezweifelt) und 2.2 („Cliquenbildung").

e: Die Kohäsion wird gefördert durch 3.2 (Gemeinsamkeiten, Aussage zur Zusammenarbeit).

f: Organisatorisch hätte die Konferenz durch 2.1 (rechtzeitige Verteilung), inhaltlich durch 2.3 (Festsetzung eines gemeinsamen Zieles) und personell durch Hinzuziehung des Betriebspsychologen besser vorbereitet werden können.

36:

Vorteile der Lernkanäle	Nachteile der Lernkanäle
I Hören:	
am wenigsten aufwendiges, schnelles Kommunikationsmittel	sehr flüchtig
II Sehen (Lesen):	
wenig aufwendig, unmittelbar, wiederholbar, übersichtlich, Gewöhnung	wenig anschaulich, Abbildung der Wirklichkeit über das Verbale hinaus nur mit zunehmendem Aufwand möglich

Sehen von Modellen:

Abstraktion auf das Wesentliche	semireal; meist abweichende Größe und Materialien

Reales Sehen:

Unmittelbare Anschaulichkeit	größerer Aufwand nötig; abstrakte Begriffe bleiben von der realen Anschaulichkeit ausgeschlossen

III Aktives Lernen durch Handeln:

Mehrere Sinne sind beteiligt, dadurch größte Anschaulichkeit; größte Lernintensität	größere Aktivität des Lernenden und größerer Aufwand erforderlich

37: Besonders geeignet ist jeweils der Lernkanal, der den praktischen Anforderungen gerecht wird, die später an den Lernenden gestellt werden. Das Schienen lernt man am besten durch **praktisches** Schienen.

38 a: Die ärztliche Untersuchung lernt man am besten mit dem Lernkanal III. Begründung: Der Student soll nicht nur wissen, wie man untersucht, sondern er **soll es tun können.**

b: Der Biochemiestudent liest Grundlagenwissen über die anorganische Chemie am besten nach (II). Begründung: Grundlagenwissen erwirbt man am einfachsten aus **Textbüchern.**

c: Schnellen Überblick über neue Forschungsergebnisse gewinnt man am besten durch eine Vorlesung (I). Begründung: Neue Forschungsergebnisse liegen selten in einer gedruckten Form vor, die einen **schnellen Überblick** gestattet.

d: Maßstäbe für die Beurteilung von Lernkanälen sind die **Lernziele,** die **Gewöhnung** der Adressaten und der **Aufwand.**

39: Vier Regeln zum Einlesen sind: Eigendefinition (Vorprogrammieren), Lexikon (allgemeinverständliche Erklärung), Einführung (sicheres Fundament), Formalien (als Entscheidungshilfen).

40: Die Formalien vor der Lektüre eines Buches sind: **Persönlichkeit des Autors, Erscheinungsjahr, Auflagen, Kurzfassung, Inhaltsverzeichnis.**

41 a: Sich selbst vorprogrammieren heißt, schon vor der Stoffaufnahme mit dem aktiven, handelnden Lernen (III) beginnen.

b: Die Kurzfassung gibt Ihnen eine **Übersicht.**

c: Das Inhaltsverzeichnis hilft bei der **Vorprogrammierung** und bei der **Selektion.**

42: Z. B.: Der aktiv Lesende beginnt mit einem **eigenen** Grundschema (Kategorien) **und ordnet** nachfolgende Informationen diesem Grundschema **zu.** Damit gewinnt und behält der Leser die Übersicht über das Gebiet und kann selbst Einzelinformationen zuordnen und damit schneller lernen, besser behalten und leichter reproduzieren.

43: Bei der Einarbeitung in ein Thema dient orientierendes Lesen der Entwicklung, Festigung und Erweiterung des Grundschemas bis zum „persönlichen Raster". In einer späteren Studienphase hat orientierendes Lesen die Bedeutung von selektivem Lesen, das nur sinnvoll ist, wenn Sie sich schon ausführlich mit einem Thema beschäftigt haben.

44: Das Grundschema bietet **Kategorien = gedankliche Schubfächer,** mit deren Hilfe man Informationen ordnen, schneller lernen, länger behalten und leichter reproduzieren kann.

45: Die Methode, mit der Sie sich selbst vorprogrammieren, heißt **ständige Vorschau (Vorgriff).**

48 a: Beim strukturierenden Lernen kann der primäre Zeitaufwand größer sein als beim unstrukturierenden Lernen. Mit dem Strukturieren allerdings steigen Behaltens- und Reproduktionsfähigkeit so stark an, daß insgesamt gesehen der **Zeitaufwand beim strukturierenden Lernen geringer ist,** d. h. strukturierendes Lernen ist effektiveres Lernen.

b: Die Reproduktion strukturierter Informationen fällt **leichter.**

49 a: Das Zusammenhangsverständnis als Grundlage des strukturierenden Lernens bewirkt ein **längeres Behalten** des Gelernten.

b: Zusammenhangsverständnis als Lernmethode wird beim **strukturierenden Lernen** eingesetzt.

50:

1.0					
1.1		1.2		1.3	
1.1.1	z. B. Zange	1.2.1	z. B. Radio	1.3.1	z. B. Teller

51a: Etwa: In diesem Strukturschema werden Informationen horizontal und vertikal geordnet. A-1-a sind vertikal geordnete Informationen auf **unterschiedlichem** Abstraktionsniveau. Dabei stehen die Oberbegriffe immer in der nächsthöheren Reihe.

1-2 oder a-b sind horizontal geordnete Begriffe. Ihre **Gemeinsamkeiten** gestatten die Anordnung auf einem gemeinsamen Abstraktionsniveau gleichberechtigt nebeneinander.

53: Der Sammlung von Einzelinformationen wird eine **Hypothese über den Zusammenhang** hinzugefügt.

55: Formale Strukturierung — durch Blockbildung
Inhaltliche Strukturierung — durch Analyse und Bildung von Superzeichen
Funktionale Strukturierung — durch durchschauendes Verstehen von Zusammenhängen

56: Zielplan: Zusammenstellung konkret erreichbarer und für Sie verbindlicher Lernziele
Stoffverteilungsplan: Zeit-Inhalts-Schema vor Augen haben
Erfolgskontrolle: Erfolgserlebnisse für die Selbstmotivation

57: Vorschlag:

- 8.2.1 Prüfungsstoff
  - 8.2.1.1 schriftl. Material
    - 8.2.1.1.1 Lehrbücher
    - 8.2.1.1.2 Skripten
    - 8.2.1.1.3 Basistexte
    - 8.2.1.1.4 Prüfungsfragen
    - 8.2.1.1.5 Prüfungsordnungen
    - 8.2.1.1.6 Gegenstandskataloge
  - 8.2.1.2 AV-Material
  - 8.2.1.3 persönliche Helfer
    - 8.2.1.3.1 Kommilitonen
    - 8.2.1.3.2 Dozenten

59a: Pufferzeiten brauchen Sie in der Prüfungsvorbereitung, um **Überhänge (Streß)** zu vermeiden.

b: Die Sammlung des schriftlichen Materials sollte in der **Informationsphase** durchgeführt werden.

c: Die unmittelbare Prüfungsvorbereitung sollte **drei Monate** dauern.

d: Prüfungsprioritäten können Sie festlegen nach dem **Umfang der Prüfungen, Punktwerten der Fächer** und **Zahl der Prüfungsfragen.**

61a: Zur Vorbereitungsphase gehören **Zeitplan** und Materialbeschaffung.

b: Der **Zeit-Stoff-Plan** wird aufgestellt nach **Fächern** und **Kapiteln.**

c: Eine brauchbare Dreier-Einteilung mit farbiger Markierung ist
Lernschritte blau,
Informationsgruppen grün und
Abschnitte rot.

d: Die aktive Auseinandersetzung kann mit **Fragen und Antworten** gelingen.

Lösung Aufgabe 63 (Das Muster für ein Strukturschema finden Sie im 7. Kapitel, unter 7.2.5)

8.0 Lernplanung als gezielte Prüfungsvorbereitung 8.1 Drei Regeln 8.2 Was, wie, wann wird geprüft?
8.3 Praktische Examensvorbereitung **Durchführung gezielter Prüfungsvorbereitung (8.4. usw.)**

1.0 Vorbereitung	2.0 Übersichtsphase – 1. Durchsicht	3.0 Strukturierungsphase – 2. Durchsicht	4.0 Einprägen – memorieren des Lernen	5.0 Rückgriff und selektive Bearbeitung der Lücken	6.0 Kontrollphase	7.0 Wiederholungsphase
1.1 Zeit-Stoff-Plan	2.1 Durchsicht des Gesamtmaterials	3.1 Blaue Kennzeichnung (Lernschritte)	4.1 Wiederholung	5.1 Selektive Bearbeitung der Lücken	6.1 Fragenformulierung	7.1 Wann wiederholen?
1.2 Materialbeschaffung	2.2 Übersichtslisten (Kapitelüberschriften)	3.2 Grüne Markierung (Informationsgruppen)	4.2 Reizworte und Antworten		6.2 Entwicklung einer Fragensammlung	7.2 Gruppenarbeit für das Wiederholen
	2.3 Schwarze Lernstoffkennzeichnung	3.3 Rote Markierung (Abschnitte)	4.3 Lückenmarkierung		6.3 Fragenbearbeitung	
		3.4 Schema für Gesamtübersicht	4.4 Behaltenskurve		6.4 Kontrolle in Gruppenarbeit	
		3.5 Gesamtgliederung in Frageform				

e: Die vollständige Beantwortung der Fragen fördern Sie durch das Hinzufügen von **Zahlen** für die zu erwartenden Antworten.

63: Siehe Schema Seite 232.

63a: In der Phase des Einprägens beschränken Sie sich auf den **schwarz markierten eigentlichen Prüfungsstoff.**

b: Die aktive Bearbeitung des Stoffes erfolgt mit **Fragen** und **Antworten.**

c: Beim Rückgriff konzentrieren Sie sich **selektiv auf markierte Lücken.**

d: Drei Gründe für die Kontrolle des Lernerfolges sind: **Motivation, Leistungsstand (Lücken)** und **selektive Wiederholung.**

e: Schlagworte für die Fragenformulierung sind: Offene Frage, Fragewort, Numerierung, Liste, Antwortnachweis, schriftliche Formulierung, ein Satz oder eine Aufzählung als Antwort, Platz für Plus- oder Minus-Bewertung.

f: Sie können Ihre Fragensammlung nach dem Prinzip der **progressiven Abstraktion** entwickeln.

g: Bei **weniger als 70% richtigen Antworten** sollten Sie ganze Teilthemen wiederholen.

h: Die 7 Phasen heißen: Vorbereitung, Übersicht, Strukturierung, Einprägen, Rückgriff, Kontrolle und Wiederholung.

i: Bei Gruppensitzungen zur unmittelbaren Prüfungsvorbereitung sollten ausführliche **Diskussionen** vermieden werden.

k: Gruppenarbeit hat nur dann einen Sinn, wenn alle Teilnehmer **vorbereitet** sind.

72a: I arbeitet **weniger effektiv**

b: I wird durch den abfallenden Lernerfolg **weniger motiviert**

c: I **arbeitet länger**
(Die Pausen wurden nicht als Arbeitszeit bewertet)

75b: Formalien, die Sie bei schriftlichen Prüfungen berücksichtigen sollten, sind **leserliche Schrift, verständliche und kurze Sätze, Einteilung durch Absätze und Numerierungen.**

c: Überdenken sollte man Eingangsdefinitionen am Ende der Arbeit, **um Widersprüche zwischen Definition und Text zu vermeiden.**

76: Vergleichen Sie bitte Ihre Lösungen mit dem auf diese Aufgabe folgenden Text.

Literatur

Abercrombie, M. L. J.: Aims and techniques of group teaching. 3rd ed., SRHE, London 1974.

Ausubel, D. P.: The use of advance organizers in the learning and retention of meaningful verbal material. J. Educ. Psychol. *51*: 267–272 (1960).

Ausubel, D. P.: The psychology of meaningful verbal material. Grune and Stratton, New York 1963.

Ballew, N. H.: Discovery learning and critical thinking in algebra. High School J. *50*: 261–270 (1967).

Beard, R.: Lehren und Lernen an der Hochschule. Pädagogischer Verlag Schwann, Düsseldorf 1972.

Beer, U.: Methoden der geistigen Arbeit. 7. Aufl. Katzmann, Tübingen 1978.

Bergius, R. (Hrsg.): Lernen und Denken. Bd. I, 2. Handbuch der Psychol., Göttingen 1964.

Bönsch, M., J. Dahmer: Unterrichtsvorbereitung für Gruppenarbeit. Didakta medica *3 + 4*: 98–104 (1972).

Breinersdorfer, A., K. Atzinger, R. Brehm, W. Zimmerling u. a.: Prüfungsvorbereitung. Ein Ratgeber für alle Studierenden. Wilhelm Heyne, München 1990.

Brocher, T. H.: Gruppendynamik und Erwachsenenbildung. 16. Aufl. Westermann, Braunschweig 1981.

Bruner, J. S.: The act of discovery. Harvard Educ. Rev. *31*: 21–32 (1961).

Caselmann, C.: Vom Abiturienten zum Studenten, Stuttgart 1964.

Cole, L.: Student's guide to efficient study, 4th ed., New York 1961.

Correll, W.: Lernpsychologie. Verlag Ludwig Auer, Donauwörth 1961. 7. Aufl. 1969.

Dahmer, J.: Fragensammlung zu: Grundbegriffe der Inneren Medizin und Neurologie von A. Sturm, Fischer, Stuttgart 1971.

Dahmer, J.: Basistexte oder Skripten? Münch. med. Wschr. *113*: 624–630 (1971).

Dahmer, J., H. Deicher: Tutorial. Medizinische Hochschule Hannover. Didakta medica *3 + 4*: 74–79 (1971).

Dahmer, J.: Ausbildungsziel Arzt. Daten, Thesen, Stellungnahmen zur Reform des Medizinstudiums. Thieme, Stuttgart 1973.

Dahmer, J.: Der Hochschullehrer als Studienplaner und Studienorganisator. Dtsch. Ärztebl. *32*: 2093–2097 (1973).

Dahmer, J.: Multiple-Choice-Fragen. Sinn und Konstruktion. Med. Welt *24*: 1117–1119 (1973).

Dahmer, J.: Psychologische Konsequenzen lernzielorientierten Unterrichts. Med. Welt *25*: 717–720 (1974).

Dahmer, J.: Lernziele operational definieren. Eine programmierte Anleitung mit praktischen Beispielen für das Medizinstudium. Schattauer, Stuttgart – New York 1975.

Dahmer, J.: Schlichtung zwischenmenschlicher Konflikte. Med. Welt *27*: 631–633 (1976).

Dahmer, J.: Gruppenarbeit – Wie ist sie realisierbar? Med. Welt *27*: 1449ff. (1976).

Edmiston, R. W.: The effects of emphasizing „How-to-Learn" upon knowledge of course content and course marks. J. Educ. Psychol. *28*: 371–381 (1937).

Fiegen, L.: Besser lernen. Heyne, München 1996.

Fonck, L.: Wissenschaftliches Arbeiten. 3. Aufl., Innsbruck 1926.

Foppa, K.: Lernen, Gedächtnis, Verhalten. Kiepenheuer und Witsch, Köln – Berlin 1965. 9. Aufl. 1975.

Fuchs, H., W. U. Graichen: Bessere Lernmethoden. mvg, München 1990.

Graf, O.: Arbeitszeit und Arbeitspausen. In: Handbuch der Psychologie Bd. 9. Göttingen 1961.

Grandjean, E.: Physiologische Arbeitsgestaltung. Leitfaden der Ergonomie. 4. Aufl. Ecomed, Landsberg 1991.

Haseloff, O. W., E. Jorswick: Psychologie des Lernens. 2. Aufl. de Gruyter Berlin 1971.

Heigl-Evers, A. u. F. Heigl: Gruppendynamik und Lernmotivation, Gruppenpsychotherapie und Gruppendynamik. 4. 3. 1970.

Heyde, J. E.: Technik des wissenschaftlichen Arbeitens. 9. Aufl., Berlin 1964.

Hofstätter, P. R.: Gruppendynamik. Rowohlt, Hamburg 1971.

Jahnke, J.: Das selbständige Arbeitsverhalten (Study Habits) von Oberschülern und Studenten. In: Duhm, E. (Hrsg.): Praxis der klinischen Psychologie *1*: 139–156 (1969).

Jahnke, J.: Empirische Untersuchungen über das Arbeitsverhalten im akademischen Studium. Psychologia universalis, Bd. 20, 1971.

Jenne, M. et al.: Student im Studium. Stuttgart 1969.

Joshi, J. N., S. Chandhari: Study habits of industrious students. J. psychol. Res. *10*: 140–142 (1966).

Kidd, J. R.: Wie Erwachsene lernen. Georg Westermann Verlag, Braunschweig 1979.

Kliemann, H.: Anleitungen zum wissenschaftlichen Arbeiten. 8. Aufl., Freiburg 1973.

Knabe, G.: Schneller lernen. Econ, Düsseldorf und Wien 1978.

Koeder, K. W.: Studienmethodik. Selbstmanagement für Studienanfänger. 2. Aufl., Vahlen, München 1994.

Koenig, K., W. J. McKeachie: Personality and independent study. J. Psychol. *50*: 132–134 (1959).

Kröber, W.: Kunst und Technik der geistigen Arbeit. Quelle & Meyer, Heidelberg 1969. 7. Aufl. 1971.

Krumboltz, J. D., W. W. Farquhar: The effects of three teaching methods on achievement and motivation outcomes in a how-to-study course. Psychol. Monogr. 71, 1957 (zit. nach Weinert, F. (Hrsg.): Pädagogische Psychologie, Köln 1967).

Kugemann, W. F.: Kopfarbeit mit Köpfchen. Moderne Lerntechnik. 16. Aufl. Pfeiffer, München 1994.

Kugemann, W.: Lerntechniken für Erwachsene. Rowohlt, Reinbek 1978.

Kutzner, O.: Allgemeine Methodik des Studiums. 2. Aufl., Heidelberg 1950.

Leitner, S.: So lernt man lernen. Herder, Freiburg 1995.

Lohmann, D.: Dialektisches Lernen, Klett, Stuttgart 1973.

Mace, C. A.: The psychology of study. Penguin A 582, Harmondworth 1965 (rev. ed.).

Maddox, H.: How to study. Pan Books Ltd., London 1963 und 1967.

Maddox, H.: Advice on how-to-study versus the actual practice of university students. Percept. Mot. Skills *16*: 202 (1963).

Mager, R. F.: Lernziele und Unterricht. Beltz, Weinheim 1983.

Mager, R. F.: Developing attitude toward learning. Fearon Publishers/Lear Siegler, Inc., Belmont, California 1968.

Mager, R. F.: Motivation und Lernerfolg. Beltz, Weinheim - Berlin - Basel 1970.

McKeachie, W. J.: Motivation, Lehrmethoden und Lernen in Hochschulen. In: Weinert, F. (Hrsg.): Pädagogische Psychologie, Köln 1967.

Metzig, W., Schuster, M.: Lernen zu lernen. 3. Aufl. Springer, Berlin 1996.

Morgan, C. T., J. Deese: How to study. New York 1957.

Naef, R. D.: Arbeitsbuch Lernen lernen. Beltz, Weinheim - Berlin - Basel 1971.

Newman, S. E.: Student vs. instructor design of study method. J. Educ. Psychol. *48*: 328–333 (1957).

Niesel, W.: Schnellesen im Lernprozeß. Didakta medica *3 + 4*: 76–83 (1972).

Ott, E.: Optimales Lesen. Rowohlt, Reinbek 1972.

van Parreren, C. F., W. C. Schutte-Poen: Studiengewoonten van Psychologiestudenten. Nederl. Tiydschr. Psychol. *18*: 255–268 (1964).

van Parreren, C. F. et al.: Erfolgreich studieren. Freiburg 1969.

Pauk, W.: How to study in college. Houghton Mifflin Company, Boston 1962.

Popper, K. R.: Objektive Erkenntnis. 3. Aufl. Hoffmann & Campe, Hamburg 1995.

Preston, R., M. Bote: How to study. Science Research Ass. Inc., Chicago 1956 und 1957.

Preston, R. C.: Improving the item validity of study habits inventories. Educ. Psychol. Measmt. *21*: 129–131 (1961).

Robinson, F. P.: Effective study. New York 1961 (rev. ed.).
Rohracher, H.: Einführung in die Psychologie. 13. Aufl., Psychologie Vlgs Union München 1988.
Rosenfeld, G.: Theorie und Praxis der Lernmotivation. 6. Aufl., VEB Deutscher Verlag der Wissenschaften, Berlin 1971.
Ruprecht, H.: Lernen für das Älterwerden. Quelle & Meyer, Heidelberg 1972.
Sader, M. et al.: Kleine Fibel zum Hochschulunterricht, München 1970.
Schräder-Naef, R. D.: Rationeller Lernen lernen. 18. Aufl. Beltz, Weinheim 1994.
Skowronek, H.: Lernen und Lernfähigkeit. Juventa, 6. Aufl., München 1975.
Sloane, H. N. Jr., D. A. Jackson: A guide to motivating learners. Educational Technology Publications, Inc., Englewood Cliffs, New Jersey 1974.
Spandl, O. P.: Methodik und Praxis der geistigen Arbeit. 4. Aufl., Ehrenwirth München 1977.
Spandl, O. P.: Sinnvolles Lernen. 2. Aufl., Geretsried 1971.
Sperling, E.: Was stört Studenten am Unterricht? Neue Sammlung *9*: 34–41 (1969).
Schmid, B. A., W. Zöller: Lernfragen. Springer, Berlin – Heidelberg – New York 1972.
Schm idt, G.: Rationelles Studieren (Bibl.). 2. Aufl., Leipzig 1964.
Steudel, W.-I., F.-R. Golling: Medizinstudium und ärztliche Weiterbildung. Thieme, 4. Aufl. Stuttgart 1989.
Stordahl, K. E., C. M. Christensen: The effect of study techniques on comprehension and retention. J. Educ. Res. *49*: 561–570 (1956).
Strang, R.: Students perception of factors affecting their studying. Ment. Hyg. (N.Y.) *41*: 97–102 (1957).
Strang, R.: An introspective approach to study problems. J. Educ. Res. *51*: 271–278 (1957).
Traxler, A. E.: The improvement of study habits and skills. Educ. Rec. Bull *41*: (1954).
Tresselt, M. E.: The how-to-study course. J. Psychol. *34*: 31–35, 1952.
Tresselt, M. E., M. Richlin: Differential prognosis in a college study methods course. J. Psychol. *31*: 81–89 (1951).
Vester, F.: Denken, Lernen, Vergessen. Deutscher Taschenbuch Verlag, München 1978.
Werneck, T., F. Ullmann: Dynamisches Lesen. Wilhelm Heyne, München 1982.
Werneck, T., F. Ullmann: Moderne Arbeitsmethodik. Wilhelm Heyne, München 1973.
Weidemann, F.: Geistig mehr leisten. Wege erfolgreicher Denkarbeit für Vielbeschäftigte. 16. Aufl., Forkel Wiesbaden 1988.

Wrenn, C. G.: Study habits inventory. Stanford University Press. 1941 (rev. ed.).
Zielke, W.: Leichter lernen, mehr behalten. Verlag Moderne Industrie, Wolfgang Dummer & Co., München 1967. 4. Aufl., 1970.
Zielke, W.: Schneller lesen selbst trainiert. 11. Aufl. Fourier, Wiesbaden 1990.
Zielke, W.: Schneller lesen, intensiver lesen, besser behalten. 4. Aufl. mvg, Landsberg 1991.
Zielke, W.: Handbuch Lerntechniken, Denktechniken, Arbeitstechniken. Gondrom, Bindlach 1992.
Zubulake, G. R.: A study of the learning by discovery, controversy in science teaching. Unpublished Ph. D. Thesis, University of Michigan 1970.
Zwicky, F.: Entdecken, Erfinden, Forschen im Morphologischen Weltbild. Droemersche Verlagsanstalt Th. Knaur Nachf., 2. Aufl. München – Zürich 1989.

Sachverzeichnis

Abschnittsmarkierung 158
Abschnittüberschriften, Bedeutung 123
Ablenkung 63
Ablenkungsvalenzen 63
Abstraktion als Prozeß 17
–, progressive 34, 118
Abstraktionsniveau 114, 115
Advance Organizer 52, 53
Ähnlichkeitshemmung 187
Aha-Erlebnisse 139
Analyseschritte 125
Antimotivation 64
Assoziative Reihung 133
Assoziieren 28
Aufgaben als Strukturierungshilfe 158
–, Lösungsvorschläge 221
Aufgabenbewertung 204
Aufgabentypen 205
Aufmerksamkeit 22, 23
–, fixierende 24
–, fluktuierende 23
– und Aufwand für das Lernen 24
– und Bewußtseinsinhalte 23
–, unwillkürliche 23

Begriffe, Definition 11
Behalten und Vergessen 38
Behaviorismus 14
Beschlußfassung 84
Bit 16
Blockbildung 121

Codesystem 118
Codierung 17, 34, 124
–, Definition 10
– und Lernen 10
Codierung und lernpsychologische Schulen 14
– zum Reproduzieren 10
– zur strukturierenden Informationsverkürzung 35
Codierungsformen 11

Denkkategorien 126
Dezimalsystem 128
Diskussionsgruppe 77
Diskussionsleiter 87
Diskussionsphase 84

Einlesen 98, 106
Einprägen 161
Einzelinformationen 122
–, Kennzeichnung 156
Engrammbildung 31
Entspannungspausen 191
Erfolg als Verstärkung 19, 20
Ergebnisse 85
Erholungspausen 191
Evaluation 84
Examensvorbereitung, hierarchisches System 153
–, Informationsphasen 153
–, praktische 153
–, Prioritäten 153

Fallbeschreibung 212
Fragen, Bewertung 167
Fragensammlung 168
–, die Arbeit mit der 169
Funktionslust 55

Gedächtnis 33
–, akustisches 31
–, Grundlage aller Lernformen 26

Gedächtnis als Speicherung 28,30
–, visuell 30
Gedächtnisformen 30
–, Bedeutung für das Lernen 31
Gedächtnisspeicher vergrößern 12
Gegenstandskataloge 148
Gestaltpsychologie 14
Gliederungsschlagwörter 157
Grundschema 101
Gruppe, Zugehörigkeitsgefühl 56
Gruppenarbeit 71
–, Ablauf 83
–, Arten 76
–, emotionale Vorteile 74
–, intellektuelle Vorteile 73
–, Nachteile 72
–, psychologische Aspekte 78
–, soziale Vorteile 74
–, Vorbereitung 80, 81, 82
–, Vor- und Nachteile 72
Gruppenbewußtsein 74
Gruppendruck 65
Gruppenprüfungen 216
Gruppenstatus 65

Handeln 94
Hören 93
HOSTES-Verfahren 84

Informationen, Aufnahme 17
Informationsblöcke 121
Informationsgruppe 76
Informationsphase 83, 153
Interaktion 78
Intervallhemmung 186

Klassifikation, numerische 129
–, sequentielle 129
Kohäsion 79
Konditionieren 28
–, Definition 29
Kontrollphase 164
Konzentration 22, 24
–, Definition 24
–, Ermüdung 25
– und das Unbewußte 25
Konzeptbildung 35
Kooperation, kollegiale 74
Kurzpausen 191
Kurzzeitgedächtnis 30, 32
– und Verbalisierung 32

Langzeitgedächtnis 31, 32
–, Engrammbildung 33
Langzeitmotivation 61
Lernen 7
–, aktives, durch Handeln 94
– als absichtlicher Vorgang 8
– und die Abstraktion, progressive 16, 34
– und Assoziationen 27
– als Assoziieren 28
–, codierendes 35
–, Definition 8, 9
–, durchschauendes und entdeckendes 135, 137
– durch Einsicht 50
– und Erfolg 24
– als bloße Informationsübernahme 18
– als Konditionieren 28
–, konzentriertes 24
–, memorierendes 33, 161
–, orientierendes 106, 107
–, psychologische Voraussetzungen 22
–, strukturierendes 108, 130
– als Verhaltensänderung 8
–, vorprogrammiertes 7
Lernerfolg 43
–, Bedeutung von Erwartungen 2
Lernfaktoren 19
Lernformen 106
Lernhemmungen 176

– durch inhaltliche Nähe 187
– durch zeitliche Nähe 186
–, emotionale 186
Lernkartei 46
Lernplanung 62, 143
–, drei Regeln 143
Lernplateaus 130
Lernprozeß, postmentaler 186
Lernschritte 121
Lernstoff und Lernzeit 163
Lernzeit 163
Lernziele, allgemeine 4
–, Aufteilung 62
–, Definition 53
–, Feinziele 61
Lesen, orientierendes 106
Lewin-Valenztheorie 50, 51
Lösungsvorschläge 221
Lokomotion 79
Lücken füllen 164

Mentale Nachbilder 30
Momentgedächtnis 30, 32
Monotonie 24
Motivation 43
–, Definition 49
– durch Erfolg 45
– durch Relevanz 51
–, extrinsische, intrinsische 67
– und Lernziele 61
–, primäre und sekundäre 49
– und Verstärkung 43
Motivationshelfer 58
Motivationshilfen 65
Motivationsregeln 59
Motivationsstörungen 63
Motivationstraining 58
Motivator 54, 55
– und Erfolg 55
Multiple-Choice-Fragen 200
–, Aufgabentypen 205 ff.
–, Hinweise zur Lösung 201

Nachbilder 31

Orientierungsphase 83

Pausenregel 192
Pausenregelung 176, 189
–, effektive 190
– und Schlaf 192
Pawlow 28
Pawlowscher Hund 28, 29
Probleme und ihre Lösung 150
Problemlösung 18
Problemlösungsgruppe 77
Problemspannung 56
Progressive Abstraktion 124, 168
– als Prozeß 17
Protokollführung 85, 86
Prüfungen, mündliche 150
Prüfungsformen 196
Prüfungsfragen 147
Prüfungsmaterial 147
Prüfungsordnungen 148
Prüfungsregeln 214, 217
Prüfungsstreß 151
Prüfungsverhalten 196
– in mündlichen Prüfungen 214
– in schriftlichen Prüfungen 197
Prüfungsvorbereitung 154
Pufferzeiten 151

Rahmenplan 5
Reaktion 19
Reihung 133
Reiz 19
Reiz-Reaktions-Schema 27
Response 19

Sehen 94
Stimulus 19
Struktur und Gestalt 14
Strukturieren 109

Strukturierendes Lernen 125
– Prinzip 111, 112, 113, 114
Strukturierung 35, 121
–, formale 132
–, funktionale 132
–, horizontale und vertikale 114
–, inhaltliche 132
Strukturierungsmethoden 131
Strukturierungsmittel 117
Strukturierungsphase 157
Suchhilfen 166
Superzeichen 118
Syntheseschritte 126

Teamarbeit 75
Textgliederung, ihre Benutzung 119
Thorndike, Gesetz vom Nacheffekt 44
Trainingsgruppe 77

Übersichtsphase 156

Valenztheorie 50
Vergessen 39
Verschnaufpausen 191
Verständnisniveau 17
Verstärkung 19, 43
–, Auswirkung auf den Lernprozeß 45
–, Definition 45
Vollendungsdruck 56
Vorbereitungsphase 155
Vorbild 65
Vorprogrammierung 99
Vorschau, ständige 103

Wiederholung, Notwendigkeit 170
Wiederholungsphase 170
Wir-Bewußtsein 74
Wissensdrang 56
Wortschatz, vergrößern 12
– und Gedächtnis 11

Zeitpuffer 202
–, Antwortbögen 203
Zielvorstellungen und Lernen 51